教 | 育 | 知 | 库

经典促班级管理新视野

——基于读、研、润、学的多维思考

陈群英——

主编

光明日报出版社

图书在版编目（CIP）数据

经典促班级管理新视野：基于读、研、润、学的多维思考 / 陈群英主编 . -- 北京：光明日报出版社，2022.3

ISBN 978-7-5194-6575-9

Ⅰ.①经… Ⅱ.①陈… Ⅲ.①中小学—班级—学校管理 Ⅳ.① G632.421

中国版本图书馆 CIP 数据核字（2022）第 072012 号

经典促班级管理新视野：基于读、研、润、学的多维思考

JINGDIAN CU BANJI GUANLI XINSHIYE: JIYUDU、YAN、RUN、XUE DE DUOWEI SIKAO

主　　编：陈群英

责任编辑：郭玫君　　　　　　　责任校对：崔瑞雪
封面设计：中联华文　　　　　　责任印制：曹　净

出版发行：光明日报出版社
地　　址：北京市西城区永安路 106 号，100050
电　　话：010-63169890（咨询），010-63131930（邮购）
传　　真：010-63131930
网　　址：http://book.gmw.cn
E - mail：gmrbcbs@gmw.cn
法律顾问：北京市兰台律师事务所龚柳方律师

印　　刷：三河市华东印刷有限公司
装　　订：三河市华东印刷有限公司
本书如有破损、缺页、装订错误，请与本社联系调换，电话：010-63131930

开　　本：170mm×240mm
字　　数：306 千字　　　　　　印　　张：20
版　　次：2022 年 3 月第 1 版　　印　　次：2022 年 3 月第 1 次印刷
书　　号：ISBN 978-7-5194-6575-9

定　　价：85.00 元

编　委：

　　王　巧　　王苏芳　　孙丹娟　　沈巧艺　　张国红　　张晓英

　　张　燕　　罗海平　　林惠英　　林　玲　　娄吟莺

（排名按照姓氏笔画，不分先后）

目 录
CONTENTS

第一章

向上生长团队

一、工作室基本资料

台州市"陈群英名班主任工作室"成立于2018年7月3日。工作室以"素读润童心，经典促管理"为研究宗旨，以优秀班主任学员为主体，在领衔人的带领下学习、交流、研究提高班主任的道德、知识、能力、心理等综合素养，加速台州市优秀班主任带头人的成长。

工作室成立三年来采取"四六"模式，即四种研究方法："导师培养、专家引领、自主研修、榜样示范。""六种"培养途径："学习培训、班会观摩、教育叙事、课题研究、无主论坛、交流展示。"这些研究与培养的模式贯穿于整个研修活动之中。三年来，学员迅速成长，无论是理论、实践还是管理班级的能力都有了长足的提升。同时，在经典的浸润下打造出了一支"德艺双馨，理实一体"的智慧型班主任队伍，同时有效地辐射了学员所在学校的其他班主任。

领衔人陈群英，杜桥小学校长，高级教师。先后被评为"中华传统文化教育优秀个人"、浙江省第二十一届"春蚕奖"、"浙江省中小学师德楷模"、CCTV和光明日报"寻找最美乡村教师"大型公益活动入选人物、"台州市名班主任工作室领衔人""台州市名班主任""台州市师德先进个人"、临海市

名师、临海市第九届教坛新秀等诸多荣誉。

陈老师传承经典，浸润童心，二十五年矢志不渝；她将中华经典融入管理班级中，所任班级成绩年年名列前茅；近几年，她受邀于浙大、北师大、中华书局、山东、安徽、新疆、广东、海南等地举行《经典润德》专题班主任讲座上百场；她钻研的"素读经典课"在"千课万人""浙江省百人千场名师送教活动"的大舞台上授课。她的"素读经典 浸润童心"为主题的市级课题优秀结题，多篇论文获奖。

王巧，女，汉族，本科学历，学士学位，于2006年毕业于杭州师范学院，现在就职于台州市黄岩区西江小学教育集团。教过的每一个孩子都喜欢甜甜地叫她"巧克力老师"。她爱孩子们，更挚爱这个能与孩子们一起喜怒哀乐的班主任岗位。

2018年，进入台州市"陈群英名班主任工作室"。三年来，跟随领衔人陈群英老师用国学经典去塑造、滋养孩子，实践用国学经典管理班级，并摸索出了"经典浸润、格言修身、故事励志、主题活动导行"的班级管理模式。实践与研究，她的《基于国学经典〈增广贤文〉班级管理模式研究》获得区级结题。《小学中段以国学经典促良好班风建设》获得市级立项并结题。《"山水育人"走富有特色的乡村少先队之路》市级结题，其成果获得市级二等奖。班主任案例《和男孩过招的日子》获得台州市"关键事件"评比二等奖，还有多篇班主任相关论文在区级获得一、二等奖。在黄岩区两届班主任技能大赛中，更是以过硬专业的素养两次获得了区一等奖。2019年被评为工作室年度优秀学员，2020年被评为黄岩区优秀少先队辅导员，2021年顺利通过高级教师的职称评定。

乐于观察，善于思考，广于阅读，善于积累，她努力做一个科研型的班主任。

林惠英，三门县海游街道中心小学教师。持心理健康教育B级证书，曾获台州市心理健康优质课二等奖，三门县语文教学大比武一等奖，台州市语文教学大比武三等奖，全国中小学电视公开课三等奖，三门县德育导师基本功大赛一等奖，台州市三等奖，负责主持过五项市级课

题，二项县级课题，其中四项是德育专项课题。工作22年，当班主任22年。对于班主任工作，因为喜欢，所以忽略班主任工作的烦琐，在与孩子的相处中，找到点点滴滴的心动与温暖，获得工作的动力和源泉；也因为执着，所以总能在每天周而复始的忙碌中寻找着教育的灵感与契机，快乐着自身与孩子的成长，享受着班主任这一职业的幸福！

"陈群英名班主任工作室"是一片沃土，她就是一粒种子。三年来，种子发芽、成长，孕育希望，承载梦想。

以科研引领班级管理：

2019年5月，论文《浅析经典国学中的箴言警句在勤学教育中的渗透》获县一等奖。

2019年6月，论文《以经典国学中的箴言警句促学习内驱力提高的探索》获市三等奖。

2020年1月，市工作室专项课题《学〈弟子规〉促儿童雅行养成的策略研究》顺利结题。

2020年6月，管理类论文《以经典蒙学智慧促一年级学生的雅行养成》获县一等奖。

2020年12月，台州市规划课题《正面管教：儿童学习适应能力的培养策略》立项。

以经典诵读浸润班级管理：

2019年5月，所带的班级被评为县"书香班级"。

2019年5月，被评为三门县"书香教师"。

2019年9月，被评为三门县"十佳班主任"。

以自身成长带动青年教师：

2019年1月，在工作室举行的"案例论文课题研究"专项培训中，作了题为《经典国学中的"箴言警句"在勤学教育中的渗透》的讲座。

2019年4月，被台州学院聘为实习生指导老师和班主任指导师。

2019年10月，在海游街道中心小学四校教育集团中开设了讲座《蒙以养成 我的雅行教育之探索》。

2020年9月，被三门县教育局聘为小学语文学科的指导教师。

　　2020年10月，在雏鹰计划新教师培训中做了《以经典促儿童雅行养成的践行探索》的县级专题讲座。

　　张国红，女，汉族，本科学历，中共党员，高级教师，黄岩区教坛新秀，黄岩区四星级班主任。1996年中师毕业分配工作，现任台州市黄岩区永宁小学语文老师、班主任，兼副校长、教科室主任。

　　任教25年来，爱岗敬业，为人师表，勤奋踏实、探究创新，竭尽全力引导着全体学生健康成长，获得了学校领导、师生和家长的高度赞扬。在班主任工作中，以"自主、互助、进步"为班训，关心爱护全体学生，致力于人人实现价值，关注学生的全面发展。将爱心、耐心、细心洒向每一位学生，努力创新班级管理，做智慧型班主任。

　　自2018年7月加入台州市"陈群英名班主任工作室"以来，在导师的引领下，与工作室伙伴一起行走在"素读润童心，经典促管理"的探索路上。她熟读中外各类教育教学著作和《老子》《大学》等诸多经典，始终坚持学思用结合，将学习、反思、实践融合成工作常态。先后评为区优秀党员、区优秀班主任、区优秀辅导员和台州市名班主任工作室优秀成员。她善于提炼总结，有多篇论文在省、市、区获奖，参加全国班主任大赛获二等奖和最佳风采奖。2019年获台州市文学创作二等奖，台州市现场书法比赛三等奖；参编市精品课程1项；班队设计获市三等奖。她所带班级班风好，多次被评为优秀班级、区优秀中队、区优秀小队等，所辅导学生在各级各类比赛中取得了佳绩。此外，她积极带领学校老师开展教育教学研究，主持的多项省、市课题结题；她乐于助力教师成长，积极组织参加各类进修培训活动，并多次为校内外老师开讲座传经验。

罗海平，女，汉族，中共党员，学历本科，工作于台州市路桥小学。自1999年走上这平凡而神圣的三尺讲台，凭着自己对教育事业的执着与热爱，勤勤恳恳教书，兢兢业业育人。"不必扬鞭自奋蹄"，她默默地如老黄牛般不懈努力，用心拥抱这份神圣的事业。2012年，她被评为路桥区新秀班主任；2013年，她被评为台州市优秀班主任；2014年，她获得路桥区教学能手奖；2015年，她成为路桥区首批优秀班主任工作室成员之一；2018年，成为台州市"陈群英名班主任工作室"成员之一。她主持或参与了多项市、区级课题，有10多篇论文分别在省、市、区获奖，组织的优质中队活动曾获台州市二等奖，路桥区一等级；

一、经典浸润，班级管理喜丰收：

1. 所带班级被评为路桥区先进班集体；

2. 被评为路桥区骨干班主任；

3. 在路桥区主题征文比赛中荣获优秀指导教师。

二、名师导航，理论知识初见涨：

1. 案例《素质拓展活动之报名风波》获台州市"关键教育事件"征文二等奖。

2. 教学论文《践行积极德育理念，提高学生生命品质》班级管理论文《促立志奋发，扬立德树人》等多篇论文分别在市、区获奖。

3. 负责的市规课题《借力〈弟子规〉，助新生养成"一日常规"的实践探索》已顺利结题。

4. 做了题为《含英咀华践行经典》的市级讲座。

这一切都鞭策着她要更加努力，改进方法，继续朝着"成为孩子们成长道路上的优秀引领者"不断前行。

娄吟莺，女，汉族，本科学历，工作于浙江省天台小学。工作了22年，也当了22年的班主任。班主任工作中，她注重孩子习惯的养成教育，用习惯来促进孩子良好品格的形成，从而培养孩子健全的人格，努力做好学生锤炼品格的引路人。一路走来，她关爱班级里的每一位学生，让学生的成长与爱同行。班主任工作常做常新，她常在班级管理上出新点子支新招。她是一位学生喜欢、家长放心的班主任。

2018年，她有幸成为台州市"陈群英名班主任工作室"的一名学员，在领衔人陈群英老师的带领下，和工作室伙伴共探"品读国学经典，促进班级管理"之路，引领孩子们徜徉于国学经典，让经典浸润童心。在工作室学习的三年时间内，她被评为台州市智慧班主任；台州市优秀班主任；台州市班主任工作室优秀学员；天台县名班主任；天台县优秀班主任；天台县十佳少先队辅导员；被台州学院聘为实习生教学兼班主任指导师；在台州市"最美班组"岗位建功竞赛中获二等奖；在天台县中小学班主任基本功比赛获得一等奖；负责的市课题结题3项；市论文二等奖2篇；市案例二等奖1篇；县论文一、二等奖3篇。她所带的班级被评为全国动感中队、台州市十佳小红萌中队，连续5个学期被评为五星班级。

教育的艺术，不在于传授，而在于鼓舞和唤醒。前行路上，她将继续勤学善思，且行且思，继续用爱和智慧，与孩子们一起编织故事。娄老师说，这是班主任工作的意义，也是她的幸福所在。

沈巧艺，女，汉族，本科学历，学士学位，于2007年毕业于台州学院。

2018年，有幸加入了台州市"陈群英名班主任工作室"。三年来，跟随领衔人陈群英老师学经典、用经典，践行用国学经典管理班级。岁月荏苒，一晃三年已过，稍有成就：自己素读了《学记》《论语》《大学》《陈琴带班格

言100句》等国学经典，也带领班级孩子积累国学《大学》《论语》；有多篇班主任相关论文在区级获得一、二等奖。在黄岩区两届班主任技能大赛中，获得了区一、二等奖。2018年被评为黄岩区优秀少先队辅导员。2019年所带班级被评为优秀班级。

在班主任专业修炼的道路上，她还刚起步。"不忘初心持宏志，撸起袖子加油干"，要走得沉稳、坚定与长远，那就继续学习、实践，期待谱写出一曲"素读润童心，经典促管理"的班主任工作新篇章。

张燕，女，汉族，本科学历，天台县实验小学语文老师。1996年毕业于黄岩师范，25年来以满腔热情耕耘在三尺讲台上，一直担任班主任工作。她始终坚持自己的"一"字真言：一笔一画地教，一字一句地育，一心一意地做，蹲下身来爱孩子，沉下心来当主任。她公平治班，阳光操作，让班级人人有事做，事事有人做，所带的班级班风正，学风好，学生文明有礼，学习、

生活习惯都好，活泼向上，团结友爱，得到了家长和同事的一致好评。

2018年，她经推荐和遴选成为台州市"陈群英名班主任工作室"的一名学员，从此跟着陈群英老师笃定地行走在"品读国学经典，浸润孩子心灵，促进班级管理"的道路上，并开展了相关的市课题研究3项，一项获市优秀结题，县成果一等奖，论文获市二、三等奖6篇，国家级刊物发表一篇。在这三年里，她先后被评为台州市最美班主任；台州市智慧班主任；台州市育人先锋；台州市名班主任工作室优秀学员；天台县优秀班主任；在天台县中小学

班主任基本功大赛获一等奖。她所带的班级成被评为全国优秀动感中队；全国"红旗飘飘 引我成长"优秀班集体。她还在成果展示中上了一堂市级微班会《思英雄 话担当》。

她始终坚信"真教育是心心相印的活动，唯独从心里发出来的，才能打到心的深处"。唯独我们拥有了心灵对心灵的尊重，才会具备明察秋毫的教育敏感和化险为夷的教育智慧。

王苏芳，女，本科学历，台州市椒江区中山小学教师。喜欢音乐，热爱诵读，是孩子和家长心目中阳光、有活力的老师。在教育的这片芳草地上默默耕耘了23年，凭着一份热情、一份执着，一路坎坷、一路收获。她先后获得区优秀教师、市十佳辅导员、市优秀班主任、区最美班主任、区教育系统优秀共产党员、区教育教学管理工作先进个人、市名班主任工作室优秀学员等荣誉称号。

2018年7月，她加入台州市"陈群英名班主任工作室"，这好似为她的教学生涯打开了另一扇天窗。在导师的引领下，她与工作室小伙伴一起行走在"素读润童心，经典促管理"的探索路上。三年来，带领学生诵读《弟子规》《三字经》《增广贤文》等经典，并探索利用《弟子规》这双隐形的翅膀促进班级管理，并取得了显著的成效。她寓研于教，教研并举，勤于积累，善于笔耕。主持2项市课题和2项区课题，均已顺利结题；市区论文获奖4篇，省级刊物发表2篇；编制的《素读〈弟子规〉》获市中小学微课程评比一等奖。

同时，她还带动一批教师的专业成长，共同前行。她选取3~5位中青年班主任作为自己的合作、教研团队，着手编写《学在经典，行在生活》德育精品课程。带领同年级老师将素读经典全面铺开，一起探索通过素读经典来促进班级管理。在工作室结业成果展示中作《班级管理中隐形的翅膀——〈弟子规〉》市级讲座，与大家分享成功经验。

孙丹娟，本科学历，中共党员，台州市实验小学教师，从事语文教学兼任班主任至今18周年。教出的学生品行端正、成绩优秀，敬业奉献的育人理念使她赢得了学生的喜爱，家长的好评。

她曾先后获得市优秀班主任、市优秀少先队辅导员、市直机关优秀共产党员、市经典诗文优秀指导老师、区优秀教师、区优秀少先队辅导员、区教育系统优秀共产党员、区教育系统优秀党务工作者等荣誉称号。

2018年7月加入"台州市陈群英名班主任工作室"以来，跟着领衔人陈群英老师与工作室学员们一起行走在"素读润童心，经典促管理"的探索之路上，三年来开展了相关的市课题研究2项，区课题1项，均已顺利结题；2篇德育案例在区、市比赛中获一、二等奖，2篇论文在省级刊物上发表；还获得区微党课比赛二等奖，区读书征文比赛二等奖。她带领学生诵读《弟子规》《大学》《论语》等经典，并探索利用这些经典促进班级管理，取得了显著的成效，她所带的班级被评为市优秀少先队中队。

"捧着一颗心来，不带半根草去"是她的教育格言，始终坚持用心教书，用爱育人，辛勤耕耘，甘于奉献。星光晨曦中，校园里活跃着她忙碌的身影；课余饭后，生活中有她谈不完的教育教学话题；灯光月下，有她的苦苦探索，认真思考……"痴心教坛，矢志不渝"，是她过去和将来永远的追求。

张晓英，女，汉族，中共预备党员，学历本科，现任教于仙居县第一小学。从教22年，一直担任班主任。一路行来，她刻苦钻研，谦虚好学，精耕细作，精细管理，从青涩、幼稚到成长、成熟。她的教学格言是："学然后知不足，教然后知困。知不足，然后能自反也；知困，然后能自强也。故曰：

教学相长也。"她就像一朵蒲公英，在孩子心中播撒"爱"与"智慧"的种子，所带班级班风优良，多次被评为先进班集体，她本人被评为仙居县优秀班主任，台州市智慧班主任，获仙居县班主任德育导师大赛一等奖，仙居县教学大比武一等奖，课例被评为浙江省优课等，获得了同事、家长、学生们的好评。

2018年，她有幸加入台州市"陈群英名班主任工作室"学习，阅读了大量经典书籍，如《学记》《道德经》《论语》等，并进行了"以经典促班级管理"的有效探索。三年来，她在班级管理中特别关注学困生的个别辅导，撰写的案例获县一等奖；主持一项市课题，参与一项省课题研究，都已顺利结题；疫情期间，指导学生参加仙居县综合实践成果评比获二等奖；在工作室活动中为参加台州市班主任培训的老师做了一次讲座。

教学艺术的追求永无止境。不忘初心，方得始终！

林玲，女，汉族，学历本科，现年34岁，于2008年毕业于台州学院现代教育技术专业。从教以来，教学上一直兢兢业业，勇于探索，积极反思，主动实践，虚心求教，一直不敢松懈分毫。在担任班主任的13年里，一直都以

"每个人都在最大限度地发掘自己的潜能，提高自身素质；最大限度地释放自己的热量，为整个集体增光添彩"的带班目标来用心带好每一届孩子，无论是学生还是自身，都提出并践行高要求，并做出了一些成绩，获得了同事、家长及学生的一致好评。

2018年，她经过单位推荐和工作室领衔人的选拔，有幸成为台州市"陈群英名

班主任工作室"中的一员,就跟着陈群英老师走上了"读国学经典,浸心促管理"的班级管理的道路。通过陈老师的引领和工作室成员们的互相学习,她积累了一些相关成果。至今,连续三年被评为"区优秀教师";区教师朗诵比赛二等奖;主持1项省级课题结题并获优秀结题;主持2项市课题均已结题,并有一项在研究市课题即将结题;参与省级课题一项,并获得省优秀成果评比三等奖;区级精品课程2项;论文在省级刊物发表一篇;市主题征文比赛获二等奖;市三全育人机制案例评比或三等奖;区级论文、案例评比中获一、二等奖6篇;台州市班主任工作室优秀学员;曾被评为"区新秀班主任""区骨干班主任";所带班级被评为"区优秀班集体"。她还在工作室优秀成果展示中带来了一节市级微班会《聊聊"孝"》。

她始终坚信:只有自己努力取得更大的成就,这样她的孩子们才会更有动力去努力。

二、工作室定位

本工作室扎根小学教育,关注当下,放眼未来,努力建设成为"班主任研修的平台、学生教育的前沿阵地和班级管理进步的阶梯"。

三、工作室目标

(一)名班主任工作室的挂牌负责人与核心成员的个人提升与工作室初步建成并发挥作用。

在规范管理班级的基础上,本工作室得到快速进步与提升,系统学习德育、心理健康、班级管理的前沿理论和课程改革理论,向班级管理个性化、艺术化、专业化方向发展,重点做好带队伍、抓项目、做展示、出成果等工作,使工作室真正成为促进班主任教育管理工作发展的平台。建立导、帮、带的互动开放型模式,进一步提升优秀班主任的专业技能和素养。

(二)建立并逐步完善一整套管理培育机制。

1.带领本工作室成员"走出去、请进来",亲近名师,学其所长,学习有关德育教育和班级管理的前沿理论与方法,反思自身业务水平与教育管理差距,努力融合,不断超越。

2.定期组织各类教育研讨活动，并要求成员积极参加工作室确定的科研课题，工作室将定期跟踪课题实施进度，检查阶段性成果、汇编成员的课题研究成果。

3.注册名班主任工作室博客，架设网盘，成立微信群，借助网络交流信息平台，传播与交流先进的教育理念和管理方法，定期开展在线沟通、专题研讨，将本工作室工作开发成一个可持续、可延伸的班主任学员工作支持系统，更好、更多地服务于全体班主任队伍。

四、工作室"六个一工程"

工作室要求每一位学员，每天教育随笔一篇，每天读书一篇，每学年市（县）论文（案例）发表一篇，每学期镇（县、市）开设讲座或主题班会课一次，三年完成至少一个课题，三年工作室出版班主任相关课程一套。

五、工作室核心理念

"素读润童心，经典促管理。"

六、工作室成员专业成长和专业发展的目标

（一）每学期精读研究至少一本教育类书籍，并做好相应的随笔记录与心得撰写，并随时把自己的收获和反思整理到博客上提高理论知识素养。

（二）在班集体建设中，争取把自己所带的班级，塑造成一个先进班集体，对于问题班级，提报出切实可行的班级发展目标，努力取得较大程度的提升。

（三）积极进行班队活动课的实践探究，把专题研究和课堂教学结合起来，认真上好观摩课。倾听专家指导做好记录，反思自己的班主任管理工作，找出不足加以改进。

（四）通过班主任工作室群体活动，较快接受教育管理新理念，着眼于班主任专业知识、技能和科研能力的提升，实现班主任专业化的螺旋式发展，每学期争取发表一篇论文或在班主任论坛上进行重点经验介绍与交流一次。

七、工作室成员专业成长和专业发展的主要措施

（一）制度保障

根据学校的统一部署与要求，由工作室负责人领衔，组织各成员共同协商，拟定工作室的章程。明确本工作室会议时间、组织分工、阶段目标与各项规章制度，并对制度落实情况进行监督。

（二）制订计划

工作室成员认真总结个人成长的经历制订出本人专业发展的计划，明确自己专业发展的目标和落实措施。

（三）理论学习

领衔人推荐必读书目和选读书目，每位成员依据自己的情况制订读书计划，每年完成不少于10万字的读书量。定期集中和开展个人读书交流等各种研修的交流活动，撰写3篇个人学习心得笔记。

（四）主题研修

定期集中，组织各成员进行班级管理的热点、焦点和难点问题进行沙龙、研讨。

（五）评价措施

在管理模式上采取对工作室成员建立成长档案袋的管理制度，对工作室成员施以诊断性评价和终结性评价的同时，重点进行形成性评价。

八、工作室经典促管理德育课程系列

（一）"经典润德"课程体系支撑书籍

一年级:《三字经》

二年级:《弟子规》

三年级:《老子》《幼学琼林（选篇）》

四年级:《中庸》《增广贤文》

五年级:《论语》

六年级:《史记》选篇

每个年段都穿插其中的经典书籍《唐诗》《宋词》《古文观止》《楚辞》。

（二）"经典润德"课程体系

第一板块为"习惯养成篇"（第一学段），内容为"行走习惯""卫生习

惯"读书习惯""写字习惯""说话习惯""课堂习惯""生活习惯"和"处事习惯"，让学生在素读经典等活动过程中感受中华传统文明的魅力，在学习中养成良好的学习习惯。

第二板块为"勤勉治学篇"（第二学段），内容为"学习兴趣""学习意义""学习方法""学习态度"和"学习品质"。学生借助"心灵课堂"，结合"心灵倾诉"板块进行能力训练，以陈琴歌诀乐读法等素读形式积累经典，并在实践中学会如何有效学习。在素读经典活动过程中养成自主学习的能动性，成为文质彬彬的君子。

第三板块为"修身立德篇"（第三学段），内容为《孝亲》《谦逊》《宽厚》《谨言》《慎行》《自强》《自醒》和《爱国》，借助注释理解翻译《孝亲》《论语》和《道德经》等经典内容。学生在经典素读活动身体力行中华传统文明，在学习中养成儒雅风度。

九、工作室考核细则

台州市名班主任工作室学员管理考核细则

所在工作室：陈群英名班主任　　　　姓名：　　　　总分：

一级指标	二级指标	分值	自评	核评
一、日常工作 （30分）	1. 积极参与工作室建设方案的制订工作，并有个人三年发展规划和年度工作计划。	5		
	2. 有年度工作总结。	5		
	3. 认真完成工作室负责人指定的各项任务。	10		
	4. 积极参与工作室组织的各项活动。	10		
二、能力提升 （45分）	1. 在名班主任指导下，完成公开课或讲座1次（有证书），其中区级得10分，市级及以上得15分。	15		
	2. 主持或参与工作室的教学课题1项（有证书），其中区级得10分，市级及以上得15分。	15		
	3. 积极撰写各类培训心得、管理案例、论文等，每完成一篇得2分；县级获奖每篇5分，市级二等奖及以上的每篇得10分，省级及以上获奖或者发表的得15分。	15		

续表

一级指标	二级指标	分值	自评	核评
三、专业成果（10分）	1.参加优质课比赛，县级获奖得5分，市级二等奖及以上得10分。	10		
	2.参加班主任技能等素质比赛，县级获得奖5分，市级二等奖及以上得10分。			
	3.参加其他各类教学比赛，如"一师一优课"等，县级获奖得5分，市级二等奖及以上得10分。			
	4.获"区优秀班主任"得5分，获"市优秀班主任"及以上等荣誉称号的得10分。			
四、资源建设（15分）	积极上传各类本人撰写的班级管理案例、论文、读书心得等有一定质量的原创资源到名师工作室网络平台，每完成一篇得1分。	15		

注：学员考核总分在70分及以上的为"合格"，70分以下的为"不合格"，优秀比例不超过工作室成员的15%。年度缺席工作室活动次数超过工作室活动总次数20%的，一律为不合格。

第二章

相衔共长缘起

读书　实践　写作

浙江省台州市黄岩区西江小学教育集团　王巧

在即将奔四的年龄，又一次逼迫自己重新走上攀登的路。加入台州市"陈群英名班主任工作室"着实令我喜悦。想着有人在我教学研究之路上为我指点迷津，这是一件多么幸运和幸福的事情。作为工作室的成员，我深知自己是基础和悟性最不够的那个"学生"，但是，俗话说"勤能补拙"，所以我会更加严格要求自己，更加努力提升自己。未来三年我给自己6个字的目标"读书 实践 写作"。因此，我对未来三年做如下规划：

一、个人现状分析

（一）自身优势

1. 热爱班主任这个工作，从事班主任工作12年，对班主任这个职业有着深厚的感情和实践管理的经验。

2. 所带班级每学期被评为全优文明班，还被推荐评为浙江省雏鹰中队、区优秀雏鹰中队、雏鹰小队。

3. 有着上进的事业心，积极参加各类评比，多次被评为市优秀辅导员、区优秀大队、中队辅导员，区班主任基本功大赛一等奖、多篇德育论文获得区一等奖。

（二）自身不足

1. 班主任相关专业书籍阅读量少，理论功底不扎实。

2. 能反思班主任工作中存在的问题，但仅限于思考，笔头懒，没有及时总结和整理，写文章、论文、课题数量不多，质量还不够高。

3. 从教多年，凭借经验管理班级，缺乏进一步思考，缺乏创新思想。

二、个人发展目标

三年内在课题、论文、班主任工作上努力实现以下目标：

（一）读书

读书能开阔视野，增长智慧，更新理念。只有丰厚的文化和理论功底，才能在实践中游刃有余、得心应手地去管理班级。订阅《班主任》《班主任之友》等刊物，诵读国学经典的书籍，《给教师的一百条建议》《班主任专业成长读本》《课堂上究竟发生了什么》等班主任工作相关的书籍。

（二）实践

有句话叫作"实践出真知"，班主任的经验都来自"实践"，我们在"实践"中不断锻炼自己的各方面能力，提升自己的班主任专业能力。努力上一节市级的班级活动课，上一节区级的中队课。

（三）写作

我觉得一个人要想在专业上真正获得成长，还必须不断记录自己的经验、想法，总结自己作为班主任的管理心得和经验。作为一线班主任，工作极为繁忙，长篇大论很容易让我们坚持不下去，所以我给自己定的目标是首先多写一些教育叙事，把自己怎么想的、怎么做的，原生态地记录下来，然后再进行总结，并且不断进行反思和总结。

最后，以科研促进自己素养发展，积极开展工作室的课题研究，努力在市教科研成果中获奖。多撰写班主任工作案例、德育论文。

三、具体实施计划

（一）在工作室领衔人的指导下，制定培养周期内的个人发展目标和具体实施计划，定期参照个人发展目标和计划，督促自我发展。

（二）积极参加省市区教学研讨和学术交流活动。参加本工作室组织开展的各项教育教学研究及实践活动，按时、保质、保量完成工作室规定的学习任务、科研任务和其他必需的相关任务。

（三）在工作室领衔人的引领下，其他学员的经验分享下，加强理论学习，不断更新教育观念和班级管理理念，树立适应现代化建设的教育观、育人观和质量观。

（四）坚持每天记录自己的教育随笔和教育故事，具备及时观和积累意识。在三年培养周期内，定期发表论文（每年必须在市级及以上发表或参与评比一篇），必须在省市级以上公开刊物或由相应教研机构发起的评比活动中至少发表论文一篇。

（五）以上的课题立项，并参与研究成果评比，争取市级及以上获奖。

（六）在全市开设至少一次以上公开课或讲座。通过自身开课，开设讲座等方式，形成班级管理剖析、优秀班级管理策略或优质课例实录。

（七）制订目前所带班级四五六年段学生国学经典诵读、背诵的学段计划，每一学年指导学生完成一本适合年段学生的国学经典著作诵读和背诵，并以此不断在国学浸润中影响学生习惯的养成。

（八）三年内，通过实践，总结探索一套科学可行的"国学经典促班级管理"的操作模式，将工作室的学习、研究成果真正落在实处。

（九）跟着工作室领衔人陈群英老师进行每天打卡，完成《学记》《道德经》《论语》《增广贤文》等诸多国学经典名著的诵读，并写下读书体会。

路漫漫，其修远兮，吾将上下而求索！

经典引领思辨践行共育"雅"

浙江省台州市三门海游街道中心小学　林惠英

一、指导思想

很荣幸成为台州市"陈群英名班主任工作室"的一员，希望在陈老师"经典促管理"理念的引领下，努力学习，不断更新自己的知识面，使自己具有丰厚的班主任教育理论素养和学术功底，以便更好地服务学生、服务教学。

二、个人专业发展现状分析

（一）思想现状

本人参加工作以来，一直从事班主任工作。20年的班级管理中，亲和力强，对学生温柔而坚定，善于观察，对学生心理状态的把握比较准确，富有同理心，能站在学生的角度去看问题。我乐于吸收新知识，喜欢用新观念、新方法来教育学生，做事情公平、公正，能把握好和学生、家长的关系。这么多年来，我始终以饱满的热情与活力投入工作中，有较强的事业心和上进心，一丝不苟地做好自己的事情。

（二）管理现状

多年的教学和班主任管理经历，使我积累了一些管理经验，能了解大多数学生各方面的特长和不足，有针对性地做学生的思想工作。我重视班集体建设，注重培养优秀的小干部，任教班级多次被评为优秀班集体。我善于动脑思考，乐于与人沟通，具备较强的组织能力。

三、个人专业发展三年总目标

三年努力做到"六个一工程"：每天教育随笔一篇，每天读书一篇，每学年市（县）论文（案例）一篇（或发表），每学期镇（县、市）开设讲座或主题班会课一次，三年完成至少一个课题，三年工作室出版班主任相关课程一套。

（一）加强理论学习，丰富理念

积极参加每一次教育理论学习，珍惜每一次培训的机会，用心完成每一次的培训作业。要抓住这一个良好的契机，提升自我的理论水平。坚持阅读，读经典，丰富内涵；积极进取，转变观念，积极利用空余时间学习教育理论，不断拓宽自己知识视野，不断丰富自己的教育理念。

（二）立足"经典育人"的日常班级管理

坚持"古为中用"，在日常的班级管理中以文化人，以文育人。在"陈群英名班主任工作室"的理念引领下，将工作室的资源尽量地充实和完善，充分做立德树人的执行者。

（三）以科研促素养发展

认真实践规划课题，积极开展工作室的课题研究，努力在市教科研成果中获奖。

（四）做好班主任工作的带头人，共同发展

作为名班主任工作室的成员，除了要努力学习，深入研究，提升自身素

质之外，还要充分发挥自己的作用，总结教育教学方法，创新班级管理模式，带动本校青年班主任快速成长。每学年在校内外班主任论坛上，做报告或专题讲座一次以上，至少撰写两篇以上与班主任工作有关的专业论文，每学年安排一次主题班会公开课。

四、个人专业发展年度计划

（一）第一阶段：2018—2019 年

1. 积极参加台州市教育局组织的关于"陈群英名班主任工作室"创建的各次会议，积极参与到名班主任工作室创建的各项工作中，制定切实可行的个人三年发展规划。

2. 每日撰写一篇教育随笔，提交班级心理辅导、育人策略、学生评价、管理创新等典型案例不少于两篇。

3. 通过读书等多种途径，提高自己的班级管理能力，撰写与学生的教育故事、德育案例。在导师引领下，每日读《学记》《论语》等经典，并撰写阅读心得体会，丰厚自己的内涵。引领学生读《弟子规》《增广贤文》等经典，以文化人，润德于无形。

4. 积极投身到名班主任工作室的建设中，认真履行名班主任工作室成员的义务与责任。积极向优秀班主任学习，与校内外的班主任多交流，促进自身、团队的共同成长。撰写一次主题班队活动方案，安排一次主题班会公开课。

5. 做好《以〈弟子规〉促儿童雅行养成的策略研究》课题的实施，以形成"经典育人"的优秀课例，创新主题班队模式的形成。

6. 作阶段性的反思。

（二）第二阶段：2019—2020 年

1. 分析总结第一学年存在的问题，积极探索解决问题的方法。

2. 每日撰写一篇教育随笔，提交班级心理辅导、育人策略、学生评价、管理创新等典型案例不少于两篇。

3. 通过读书等多种途径，提高自己的班级管理能力，撰写与学生的教育故事、德育案例。在导师引领下，每日读经典，并撰写阅读心得体会，丰厚自己的内涵。继续引领学生读经典，以文化人，润德于无形。

4. 积极投身到名班主任工作室的建设中，认真履行名班主任工作室成员的义务与责任。积极向优秀班主任学习，与校内外的班主任多交流，促进自身、团队的共同成长。撰写一次主题班队活动方案，安排一次主题班会公开课。

5. 把教育科研与实践紧密结合起来，在实践中不断探索、感悟和反思。

（三）第三阶段：2020—2021 年

1. 积极参加各类活动，通过多渠道提高。

2. 每日撰写一篇教育随笔，提交班级心理辅导、育人策略、学生评价、管理创新等典型案例不少于两篇。

3. 通过读书等多种途径，提高自己的班级管理能力，撰写与学生的教育故事、德育案例。引领学生读经典，以文化人，润德于无形。

4. 积极投身到名班主任工作室的建设中，积极向优秀班主任学习，与校内外的班主任多交流，促进自身、团队的共同成长。

5. 继续开展"经典育人"课题专项研究，注重积累经验材料，反思提高。

有幸加入"陈群英名班主任工作室"，在今后的学习工作中，我将牢记领衔人寄语："慎终如始，则无败事。"不忘初心，借工作室这一平台努力学习，虚心求教，传承名班主任的工作精神，期待在经典育人的道路上行得更远！

不忘初心　砥砺前行　且行且思

浙江省台州市路桥街道实验小学　林玲

本人有幸成为台州市首家名班主任工作室的一员，我明白我应在这有限而宝贵的三年时间里，自加压力，确立目标，借助名班主任工作室这个平台，提升自身的专业理论素养，进行教育教学探索和实践活动，全面推进自身专业化进程的发展。为了更好地实现自身的专业成长和班级管理能力的提升，特制订本年度发展计划。

一、指导思想

依据"陈群英名班主任工作室"实施方案相关精神为总的指导思想，进一步落实和贯彻工作室发展目标，认真履行工作室成员的义务，并以各级各类活动为契机，力争做到认认真真，踏踏实实，兢兢业业地学习、培训、工作，努力提高自身教育教学水平，不断增强自身能力和专业素养。

二、发展状况自我分析

从事小学教育工作已是第11个年头了，也做了10多年的班主任。作为一名中青年教师，有着充沛的精力、饱满的热情和较强的学习接受新事物的能力，更容易接近学生；对于自身的发展有很明确的目标，在论文、课题的撰写上能够在每年都有一个市级课题和4篇的论文参与评比；有一些课堂教学及班级管理心得的积累，对班级管理有一定的见解；喜欢国学吟诵，能够主动进行多渠道学习，并学着总结和运用到学生上，指导学生积累国学知识，诵读、背诵国学。弱势是自身的教育教学技能还是比较薄弱的，有时对于学生缺乏耐心，如何使教学效果最优化、最大化，这还是一个不断学习和摸索的过程。有些理论与实际操作脱节，要加强理念与实践相结合的探索。

三、发展具体规划

（一）加强学习。有这样一句话："活到老，学到老。"告诫人们活着就要学习，它不论在任何时候，任何地方。而我选择最为方便的学习方式就是读书，进行全面、系统地阅读学习，对书中的建议、想法、案例，方法进行分析与反思，做到及时摘录，认真写好深刻的学习体会，每学期至少一篇。

（二）注重积累。教师的成长需要积累。时间的积累，经验的积累，知识的积累，总之教师的积累尤为重要。我要努力做到：每天进步一点点。每天想到一点点；每天学到一点点；每天领悟一点点；每天反思一点点；每天写下一点点。俗话说：好记性不如烂笔头。想到的、反思的就一定要及时写下来。要让做过的事情留有痕迹，要让瞬间的精彩成为永恒。

（三）树立风格。认真上好每一堂课，钻研教材，勤写教学反思。主动承担观摩课、示范课的教学任务，学习名师的教学特色和经验，努力形成自己独特的教学风格。

（四）课题研究。提倡教科研一体化。在做好教学工作的同时还要进行专项课题的深入研究，以研促教，使教学和科研更有机地结合，做到相辅相成。带领学校相关教师完成市级课题《"核心素养"下经典吟诵主题课程建设的策略研究》。

（五）撰写论文。通过撰写论文不断提升教育教学的理论素养，提高写作水平和能力。为了撰写好一篇高质量的论文，我要努力做好平时课堂教学实践的积累，尤其是教学中精彩的片段，有趣的活动、新颖的设计、巧妙的安排、有效的方法、合理的组织等，将每一个素材进行分析与总结。每学年完成一篇高质量的论文。

四、预期发展目标达成

（一）力争在市班队优质课评比活动中获奖，提高自己的知名度。

（二）力争获得"台州市优秀班主任"称号。

（三）撰写的论文在国家级、市级论文评比中获奖。

（四）顺利完成市区级立项课题的各项工作。

五、具体实施计划

（一）在工作室领衔人的指导下，制定培养周期内的个人发展目标和具体实施计划，定期参照个人发展目标和计划，督促自我发展。

（二）积极参加省市区教学研讨和学术交流活动。

（三）积极参加本工作室组织开展的各项教育教学研究及实践活动，按时、保质、保量完成工作室规定的学习任务、科研任务和其他必需的相关任务。

（四）在工作室领衔人的引领下，其他学员的经验分享下，加强理论学习，不断更新教育观念和班级管理理念，树立适应现代化建设的教育观、育人观和质量观。

（五）坚持每天记录自己的教育随笔和教育故事，具备及时观和积累意识。在三年培养周期内，定期发表论文（每年必须在市级及以上发表或参与评比1篇），必须在省市级以上公开刊物或由相应教研机构发起的评比活动中至少发表论文1篇或市级二等奖及以上。

（六）工作室以"经典促班级管理"主题为着力点，围绕此主题，三年内完成2个及以上市级及以上的课题立项，并参与研究成果评比，争取获市级及以上获奖。

（七）在全市开设至少1次以上公开课或讲座。通过自身开课，开设讲座等方式，形成班级管理剖析、优秀班级管理策略或优质课例实录。以期不断提高教学水平、教学能力和班级管理水平，形成教学管理和班级管理风格，创造教学和管理业绩，力争成为名师，更能有能力推广自己的研究成果。

（八）积极发挥在自己学校和区域的骨干引领作用，促进班级管理质量的提高和教师队伍的建设。

（九）每年完成3本以上关于班级管理和教育教学的著作的阅读，并撰写心得体会（每年不少于1万字），向工作室上交两到三篇读书心得。

（十）抓住机会多外出学习、听课，充实关于国学经典诵读及对班级管理指导的理论知识和技巧，并撰写听课反思，再结合自己的思考对班级管理进行创新、实践和总结。

（十一）制订具体的学生国学经典诵读、背诵的学段计划，每一学年指导学生完成一本适合年段学生的国学经典著作的诵读和背诵，并以此不断在潜移默化中影响着学生优良习惯的养成，从而达到"国学经典促班级管理"的工作室研究目标。

（十二）三年内，制定出一套科学可行的"国学经典促班级管理"的操作模式，以期在三年培养周期结束后仍然能够"不忘初心，砥砺前行"！将工作室的学习、研究成果真正落在实处！

（十三）每一学期跟着工作室领衔人陈群英老师进行每天打卡，坚持完成《学记》《道德经》《论语》《增广贤文》等诸多国学经典名著的诵读，并写下读书体会。

以上是2018—2020学年以及每一学年我要完成和探索的目标，为此我会努力工作提升自己，在名师工作室同仁们的帮助下，取得更大的进步！

脚踏实地仰望星空

浙江省台州市天台县天台小学　娄吟莺

2018年7月，我有幸加入了"陈群英名班主任工作室"。与其说这是一场令我热血沸腾的相遇，不如说这是开启我今后努力"练功"的重要一步。为了督促自己，努力提高自身的专业水平，使学习目标更加明确，特制定个人三年发展规划。

一、发展状况自我分析

从事小学教育工作已有20个年头，也做了20年的班主任，自己依然热爱教育事业，依然喜爱班级里的孩子们。工作上，一直是认认真真、踏踏实实，初步养成了在实践中思考的习惯，有一定的反思能力。对待孩子时，能尊重他们，有足够的耐心与他们进行沟通，也积极尝试新的与家长交流方式。自己也有一颗积极、向上、好学的心，有着较强的学习接受新事物的能力。喜欢国学吟诵，能够主动进行多渠道学习，并学着总结和运用到学生上，指导学生积累国学知识，诵读、背诵国学。

自己存在的不足之处有：不善于与家长沟通，没有发挥出家长的强大能量；管理班级的能力有待提高：在应对班级里的突发事件，有时处理起来不能得心应手；面对班级里的特殊学生，有时会束手无策。在忙碌的工作中，不善于总结和积累经验，这些都需要自己不断学习、不断修炼。

二、三年规划总目标

（一）成为一名学生爱戴、家长敬重的班主任。

（二）成为一名在管理班级上具有自己特色的班主任。

（三）一年内至少要读两本教育教学理论书籍。

（四）三年内至少完成一项县市课题。

（五）每天及时书写教育随笔，每年撰写一篇教学教育论文。

（六）每年至少开出校级公开课一节，三年内县或市公开课一节。

三、个人发展目标

（一）通过名师团队引领，结合个人实际，提高班主任管理水平，开展"国学经典促班级管理"的实践和研究。

（二）积极参加名师工作室的各项培训活动，勤交流，乐于合作，认真完成工作室的课题研究任务。

（三）努力提升自己的教学能力和管班能力，尤其是在经典促班级管理方面争取获得一定的科研成果。

（四）潜心学习，不断提升自身的专业水平。合理规划，养成良好的学习习惯，成为具有终身学习和创新能力的特色班主任。

四、个人发展计划落实方案

（一）端正学习态度，不断加强理论学习

加入工作室后，我要借助这个机会，为自己充电，不断丰富自己的知识。保证每天都有一定时间的阅读、学习。每年潜心阅读至少3本教育专著及每月份《班主任》等教学杂志，阅读相关教育专著，如陈琴的《经典即人生》、李镇西的《做最好的班主任》等，并认真撰写读书体会。

（二）积极参与工作室活动和观摩课活动

在工作室里学习，会有不少的学习机会，我会带着一颗谦虚之心，向名师学习，向各位学员学习，并不断反思自己的工作，取长补短，不断完善自我。

（三）学会在工作中积累经验，不断反思自我

"好记性不如烂笔头"，我要每天认真写一篇教育随笔，及时记录下工作中的点点滴滴，在记录中总结经验，在记录中反思自我、完善自我，并提升自我。

（四）培养和锻炼独立的科研能力

积极参与工作室组织的教学研究活动，进一步加强自己对相关知识的关注和探索，在工作室名师们的帮助、锤炼熏陶下，培养自己科研能力，争取在对经典促班级管理方面有所突破，将自己对教育领域的一些浅见形成一定的成果，鼓励和督促自己有更多的东西可以拿出来交流分享。

（五）形成具有个人特色的班级管理的风格

有人说，一个人走得很快，但一群人走得更远。我希望在陈老师的带领下，和团队伙伴们一起携手共进，在用经典管理班级的这条路上走得更远、更稳健。

学不可以已

浙江省台州市路桥小学　罗海平

这次能成为"陈群英名班主任工作室"的一员，很荣幸，这对我是一种鞭策。我将全身心地在学习、实践与探索中，从实践型教师向研究型教师迈进，严格要求自己，促进自身的专业发展。为了督促自己、努力提高自己的综合素质，使学习目标更加明确，依据"名班主任工作室"的规划和指示精神，结合个人实际，特制定个人发展三年规划。

一、个人现状分析

（一）基本情况：参加工作20年，在班主任管理中积累一定的教育经验，能够灵活驾驭小学的德育管理工作，在路桥区班主任团队中属于骨干力量，具有引领和指导年轻班主任专业发展的能力。

本人有20年班主任管理经历，对团队建设和班级管理的难易程度把握具有较强的能力，对队活动课程的理解和开展具有很好的认识。同时，这么多年我来一直保持学习的状态，使自己永远保持先进的理念。

1.所带班级每学期被评为优秀班级，还被推荐评为路桥区先进班集体。

2.有着上进的事业心，积极参加各类评比，被评为台州市优秀班主任，路桥区新秀班主任，队活动获台州市二等奖，路桥区一等奖。

3.本人劣势：（1）专业知识不够精准、丰富。（2）在日常工作中只有自己个体的研究，没有一个高端的平台，研究无法进行提炼和升华。

二、个人发展目标

（一）通过名师的引领，结合个人实际，开展德育教育实践和研究，不断总结提炼，形成一定的德育与班级管理的风格。

（二）积极研读专业著作，认真拜读《班主任修心养德》《班级文化建设》等书籍，对班级文化建设有一定的思考。

（三）在工作周期结束前，争取在省级及以上公开刊物，发表论文一篇；争取获市级以上立项或成果1项；争取在全市开设一次队活动公开课或讲座，形成班级管理剖析、优秀班级管理策略或优质课例实录，完成各类学习总结和专业发展报告。

三、个人发展计划

（一）不断充电，加强研修。加入工作室后，以此为契机，为自己充电。深入阅读有关教育学、心理学等理论专著，广泛涉猎教育教学报纸杂志，密切关注教育教学前沿动态，自觉做好读书笔记，撰写阅读心得，努力提高自身的教研理论修养。

（二）优化设计，打磨精品。在教育教学中，找到自己与工作室导师，与工作室同伴的差距，取长补短，沉下心来进一步打磨自己，设计一些有特色团队建设方案，设计一些富有特色的中队活动。

（三）进一步提升自己的教研能力，发表一两篇文章，每天坚持进行《学记》《论语》等经典打卡，每天坚持书写班级管理教育随笔。

（四）每学期阅读一至两本班主任管理相关的书籍。每天坚持读经典并带着学生一起读经典，每天坚持书写班级管理教育随笔，每年进行整理与修改。让自己的随笔围绕"经典促管理"这一主题，不断地条理化、层次化、深度化。

（五）积极发挥在各自学校和区域的骨干引领作用，促进班级管理质量提高和教师团队建设。

四、具体达成目标

总目标努力做到"六个一工程"：每天教育随笔一篇，每天读书一篇，每学年市（县）论文（案例）一篇（或发表），每学期镇（县、市）开设讲座或主题班会课一次，三年完成至少一个课题，三年工作室出版班主任相关课程一套。具体如下：

（一）每学期阅读两本以上若干有影响力的教育教学杂志，做好优秀队活动课例的摘记。每月精摘一篇有关经典学习的文章。

（二）勤于钻研，针对自身不足，在队活动课程建设、德育管理研究、课例积累方面加强、提高自己的课程开发能力和活动课堂艺术。努力完成以下三项任务：

1. 虚心学习，积极参加各类教研活动或学习培训活动，及时整理听课笔记，每学期至少完成1篇有质量的听课笔记；

2. 认真设计队活动方案，及时记录活动的成败得失，每月至少完成1篇2000字以上的德育日志；

3. 树立活动方案的精品意识，不断优化自己的设计，争取每学期上一次队活动公开课，积累3个个人的优质课例。

（三）以项目驱动和行动研究提升自己的科研能力，拓宽自己的学术视野，初步形成自己的优势研究领域。坚持行动研究，积极参与工作室课题研究，争取有课题在省市立项。积极撰写论文，争取每学年有一篇在市获奖或发表。

（四）努力把握各种机会不断锻炼自己，将工作室所学辐射到学校，充分发挥自身校内甚至区域内的业务引领作用。主要完成以下三个任务：

1. 至少带徒1人，每学期至少指导1节队活动公开课；

2. 每学期至少承担区级及以上讲座1次；

3. 争取每年至少承担1次区级及以上公开课。

五、具体实施途径

（一）不断加强自身师德修养，工作中充满激情，不断提升教育教学的幸福感。

（二）积极参加工作室的活动，参与工作室课题研究，完成工作室的学习、研究任务，并有相应的成果显示，努力实现培养计划所确定的目标。

（三）积极参加"陈群英名班主任工作室"组织的各项学习活动，在实践中不断提高自己的核心素养。

（四）做一名"善于反思、勤于积累"的班主任，在反思和积累中不断提高。

（五）坚持德育工作探究，注意收集素材和资料，积极撰写论文或德育案例等，争取发表。

荀子有云："学不可以已"，对于我来说，学习是一辈子的事情。三年的时间，很快就会过去。无论怎样，我都会按照既定目标，克服各种困难，一步一个脚印地坚持走下去，并且越走越好。

踏实践行　实现自我

浙江省台州市黄岩区江口街道第二小学　沈巧艺

查士德斐尔爵士曾说过："目标的坚定是性格中最必要的力量源泉之一，也是成功的利器之一。没有它，天才也会在矛盾无定的迷径中，徒劳无功。"人活着就得有目标，人的目标决定或影响着人的前途、命运。如果没有目标，就只能在人生的旅途上徘徊，永远到不了彼岸。作为一名青年教师，对自己的职业有一个长远的目标或规划，使自己在进行教育事业时有一个明确的方向来前进和发展，显得尤其重要。现结合工作室班主任发展规划，制定我个人的三年发展规划，来鞭策激励自我：

一、自我分析：

（一）个人优势

1. 有热情与童心，对学生的热爱是我坚守教育事业的重要支柱。

2. 责任心强，认真负责，严格要求自己，能经常反思自己教学和教育管理中存在的问题，并能虚心向有经验的教师学习，改进教学策略和管理方法。

3. 在处理学生问题时，能站在学生角度去考虑问题。在班主任工作中，善于探索与创新，尤其擅长家校沟通，深受家长喜爱。

4. 能够较熟练地掌握现代信息技术，并灵活有效地为教学所需服务。

（二）个人存在问题

1. 由于每天忙于日常的教学和班级琐碎事情的处理，教学专业知识和班主任管理理论知识学习不够。

2. 教育学生的方式经常会变换，坚持得不够好，对孩子的习惯养成有影响。

3. 对待学生还是缺乏耐心引导，工作时时常出现急躁的情绪。要多体会冷静和淡然的内涵，处理事情多一份思考。

二、个人三年发展规划

（一）第一年（2018年9月—2019年7月）

1. 制订个人发展计划。

2. 带领学生诵经学典，感受经典的魅力。

3. 阅读教育教学专著，同时学习教育教学杂志，边学习边反思，并做一定量的读书笔记。

4. 每一学期争取上一节展示型班课，进一步提高课堂教学的有效性。

5. 完善管理，学习经典促班级管理相关理论，继续做好此方面的科研工作。

（二）第二年（2019年9月—2020年7月）

1. 继续做好学生思想教育和经典学习相结合工作，并能结合实际进行相关问题研究。

2. 积极投身教育科研的改革与实践，在实践中不断探索、感悟、反思，使自己由合格、称职走向成熟。

3. 继续提升班主任专业理论知识的学习和课堂实践能力。

4. 积极参加各类教育教学比赛及培训活动，通过各种渠道提高自身的专业素质。

5. 撰写相关论文。

6. 积极参加班主任相关竞赛活动。

（三）第三年（2020年9月—2021年7月）

1. 继续加强班主任专业理论知识、课堂实践能力及班级管理能力的学习，更新知识结构，提升理论水平和实践能力。

2. 参加班主任工作室学习、研修与培训，使自己尽快更新专业知识，熟练掌握班集体教育管理信息与先进班级管理理念。在专家的引领下，加强经典促班级管理的课题实践研究，提高班级管理理论知识和科研能力。

3. 学校与学校之间、工作室成员之间全面交流班主任工作经验和工作成果。

4. 努力在教育科研方面有所成果，有优秀论文或经验总结发表。

5. 充分利用网络资源观看班主任论坛和教育在线节目，利用网络探讨班级管理中的问题，学习优秀班主任的班级管理案例。

6. 班集体文化建设努力打造"勤学静思、明礼诚信""耕则养生、读则明道"诵经学典的班级特色。

每条河流都有一个梦想：奔向大海。长江、黄河都奔向了大海，方式不一样。长江劈山开路，黄河迂回曲折，轨迹不一样，但都有一种永不言败的精神。我一直信奉一位哲人说过的这样一句话："我不能肯定努力了一定成功，但有一点我能肯定，那就是不努力一定不能成功！"未来的路还很漫长，但我会永远地记住我的职责和使命。

与时间赛跑

浙江省台州市实验小学 孙丹娟

这个世界上体力最好的运动员就是时间，它昼夜不停地走啊走。这个世界最公平的也是时间，它给每个人一天都是24小时。在我还在感叹时光飞逝的刹那，它又从我嘴边轻轻地溜走了。再过一个月，我就四十岁了，从二十几岁刚毕业就进入台州市实验小学工作已经16年了，我也从花样年华迈入不惑之年，我竟有些惶恐不安。半年前，也就是在这种不安中使我萌生了重新奋斗的冲动。于是我报名参加了台州市"陈群英名班主任工作室"的遴选，有缘拜入陈老师门下，希望在导师的引领下我能突破自我，成为一个有更高专业素养的班主任。在未来的三年里，我要与时间赛跑，努力做一个学习型、反思型、科研型教师。依据"名班主任工作室"的规划和指示精神，结合个人实际，特制定个人三年发展规划：

一、个人现状分析

（一）自身优势

1. 热爱班主任工作，当了16年班主任，对班主任这个职业有着深厚的感情，积累了一定的班级管理经验，能很好地处理班级事务，善于挖掘学生干部的管理能力，在学生中有一定的威望与感召力。

2.所带班级每学期被评为文明班，还被评为市级优秀少先队中队。

3.有很强的上进心，积极参加各类评比，被评为市区级优秀中队辅导员、优秀班主任、优秀共产党员。

4.能正确地处理与同事、学生和家长的关系。

（二）自身不足

1.班主任相关专业书籍阅读量少，理论功底不扎实，不够系统和全面。

2.能反思班主任工作中存在的问题，但仅限于思考，笔头懒，没有及时总结和整理，害怕写论文，课题质量不高。

3.学习、研究被各种任务牵绊，没有真正的研究专题，研究不深入，缺乏系统性、连续性、滚动性。

二、个人发展目标

学习周期内，努力实现以下目标：

（一）成为一名在班级管理上有特色的班主任，争取再次评上"台州市优秀班主任"。

（二）一年内至少要读两到三本教育教学理论书籍，订阅班主任相关的期刊。

（三）每天及时书写教育随笔；每年撰写一篇教育教学论文，争取在省市获奖或刊物上发表。

（四）三年内至少完成一项市课题。

（五）每年至少开出校级公开课或讲座一节；三年内区或市公开课或讲座一节。

（六）在自我成长的同时，发挥"传、帮、带"作用。指导师徒结对对象共同学习理论知识和管理班级，促进其在班主任工作上有大的进步。

三、个人发展计划

（一）不断充电，加强研修。加入工作室后，以此为契机，为自己充电。深入阅读有关教育学、心理学等理论专著，广泛涉猎教育教学报纸杂志，密切关注教育教学前沿动态，自觉做好读书笔记，撰写阅读心得，努力提高自身的教研理论修养。

（二）优化设计，打磨精品。在教育教学中，找到自己与导师，与工作室同伴的差距，取长补短，沉下心来进一步打磨自己，设计一些富有特色的中队活动。

（三）进一步提升自己的教研能力，发表一两篇文章。每天坚持读《学记》《论语》等经典打卡。

（四）每学期阅读一至两本班主任管理相关的书籍。每天坚持读经典并带着学生一起读经典，每天坚持书写班级管理教育随笔，每年进行整理与修改。让自己的随笔围绕"经典促管理"这一主题，不断地条理化、层次化、深度化。

四、具体措施

为实现以上发展目标，根据总目标，特拟定以下具体措施：

努力做到"六个一工程"：每天教育随笔一篇，每天读书一篇，每学年市（县）论文（案例）一篇（或发表），每学期镇（县、市）开设讲座或主题班会课一次，三年完成至少一个课题，三年工作室出版班主任相关课程一套。具体如下：

（一）制定个人发展规划。根据自身的实际情况，科学制定出本人的三年发展规划，明确今后自己专业发展的目标和步骤。

（二）保证每天都有一定时间的阅读、学习时间。多渠道广泛学习，从书本中学，从培训活动中学，从诵读经典中学。每天用陈琴歌诀乐读法打卡《学记》《论语》《大学》等经典，每年潜心阅读至少3本教育专著及每月《班主任》等教学杂志，阅读相关教育专著，如陈琴的《经典即人生》，魏书生的《班主任工作漫谈》，李镇西的《做最好的班主任》等，撰写不少于1500字的读书体会。

（三）积极开展工作室的课题研究，扎扎实实做好平时的班主任工作，全面提升本班学生的人文素养。本班孩子已步入四年级学习了，打算从以下几方面着手：重点用陈琴歌诀乐读法来诵读《大学》；继续带学生诵读《中华经典素读范本》；深入地做好课外阅读推广，充分利用经典来浸润孩子们的心灵，以此来促进班级文化的建设和管理。

（四）每天教育随笔一篇。

（五）积极学习先进的班级管理理念，把学到的经验进行推广，争取每学期镇（区、市）开设讲座或主题班会课一次。

子曰："逝者如斯夫，不舍昼夜。"我将不懈努力，每天与时间赛跑。三年内无论遇到什么困难，我要学习导师身上那股奋斗劲，我会按照既定目标，努力奋斗下去。

学·思·行

浙江省台州市椒江区中山小学　王苏芳

在不惑之年，加入台州市"陈群英名班主任工作室"，又一次重新踏上了攀登之路。这是一个全新的团队，没有样板，是在品读国学经典基础上，来探索促进班级管理。我深知与名班主任之间的距离，我深知经典积淀不够深厚。因此，我将以更高的标准要求自己，希望能在导师的引领下，向着名班主任的方向奔跑。因此，我对未来三年做如下规划：

一、个人现状分析

（一）自身优势：

1. 阳光、活泼、开朗始终以饱满的激情投入工作中。关爱、尊重、理解每一位学生，与家长开展良好的沟通互助，全心全意培育好每一位学生。

2. 担任班主任工作20多年，还兼任了4年的大队辅导员和10多年的教研组长和年级组长工作。积累了一定的班主任工作经验，喜欢交流，善于学习别人的好经验、好方法。

3. 有较强的上进心，积极参加各类评比，曾被评为"市十佳辅导员""市优秀班主任""区优秀班主任""区优秀辅导员""区最美班主任"等。

（二）自身不足

1. 班主任工作理论学习不够系统，学识不够厚实。

2. 害怕写文章，没有及时将教育教学中的个案及时地记录、提炼、分析，教学管理工作存在一些随意性，缺乏创新思想。

3.不够细心，有点粗枝大叶。

二、个人发展目标

三年内在课题、论文、班主任工作上努力实现以下目标：

（一）读书

读书能开阔视野，增长智慧，更新理念。多读一些有关班级管理的书籍，跟着陈老师和孩子们一起诵读国学经典的书籍。不惑之年，有书相伴，它平淡，却更醇厚、更悠远。

（二）实践

1.带领孩子在经典的海洋中遨游，共同领略经典的无穷魅力。没有"厚积"，怎能"薄发"？

2.上好每天的诵读课，努力上一节市级或区级观摩课或做一次讲座。

3.借助国学经典，促进班级管理，形成一系列比较规范的管理模式。

（三）反思

反思昨天——在反思中扬长；审视今天——在审视中甄别；前瞻明天——在前瞻中创新。时刻把工作与思考进行有机结合，在思考中工作，在工作中思考，创造性地开展工作。

（四）写作

及时记录工作上的点点滴滴，坚持写教育随笔，形成具有一定质量的教学论文。最后，以逐步科研促进自己素养发展，努力成为学者型、研究型的优秀教师。

三、具体措施

为实现以上发展目标，特拟定以下具体措施：

努力做到"六个一工程"：每天教育随笔一篇，每天读书一篇，每学年市（县）论文（案例）一篇（或发表），每学期镇（县、市）开设讲座或主题班会课一次，三年完成至少一个课题，三年工作室出版班主任相关课程一套。具体如下：

（一）积极参与名班主任工作室创建的各项工作，制定切实可行的个人三年发展规划。

（二）保证每天都有一定时间的阅读、学习时间。多渠道广泛学习，从书本中学，从培训活动中学，从诵读经典中学。每天用陈琴歌诀乐读法打卡《学记》《论语》《古文观止》等经典。

（三）带领学生诵读经典《古文观止》《三字经》《小古文》《弟子规》，感受经典的魅力，让国学经典文化润泽学生心灵。形成一系列比较规范的管理模式，促进班级管理。

（四）坚持写教育随笔。根据课题研究有针对性地学习优秀教育案例，剖析教育现象后的教育理念。勤动笔头，及时将教育的得失记录下来，要让做过的事情留有痕迹，要让瞬间的精彩成为永恒。积累案例素材，争取在导师的指导下，每学期写1~2篇高质量的论文或教育随笔，能在市县级获奖或在刊物上发表。

（五）积极学习先进的班级管理理念，把学到的经验进行推广，争取每学期镇（县、市）开设讲座或主题班会课一次，提高班级管理的水平。

（六）课题等专项研究报告、论文、案例、特色班级文化建设等成果汇编成集。

追求无止境，奋斗无穷期。希望自己经过努力，在教学能力、班级管理上都能有所长进，让自己从"经验型"教师走向"学习型"教师，再走向"科研型"教师。领衔人陈群英老师说："慎终如始，则无败事。"以此勉励自己！

牵手经典，构筑成长的美丽蓝图

浙江省台州市仙居县第一小学 张晓英

"凡事预则立，不预则废"，做任何事情，只有在做之前有一个明确的目的和方向，才能在开展的时候能够比较顺利地进行。进入陈群英"名班主任工作室"后进行自我剖析，制定今后三年的个人发展规划是势在必行，刻不容缓的大事。鉴于自身情况，特制定个人班主任三年发展规划，为自己今后的发展指明方向。

一、专业发展的自我分析

（一）优势分析

1. 有多年的班主任工作经验，能很好地处理班级事务，善于挖掘学生干部的管理能力，在学生中有一定的威望与感召力。

2. 能积极参与各类活动，动手能力较强，特别擅长实践类活动的操作。

3. 教学责任心强，教学积极性高，能积极把新课改理念融入课堂教学中。

4. 能正确地处理与同事、学生和家长的关系，人际关系较好。

5. 能够较熟练地掌握现代信息技术，并灵活有效地为教学所需服务。

（二）存在不足

1. 班主任工作理论学习不够系统、全面，没有将教育教学中的个案及时地记录、提炼、分析，教学管理工作存在一些随意性。

2. 合作研究的机会不足，不同学科领域的整合不够。

3. 沟通时缺乏对学生心理状态、特征的认识和研究。

4. 教育科研方面，往往停留在感性经验的层面。文学积淀不够深厚，底蕴不足。

二、个人三年规划总目标

（一）成为一名在管理班级上有特色的班主任，争取评上"台州市优秀班主任"。

（二）一年内至少要读两到三本教育教学理论书籍，订阅班主任相关的期刊。

（三）每天及时书写教育随笔；每年撰写一篇教学教育论文，争取在省市获奖或刊物上发表。

（四）三年内至少完成一项市课题。

（五）每年至少开出校级公开课或讲座一节；三年内县或市公开课或讲座一节。

三、个人三年发展规划

根据总目标，努力做到"六个一工程"：每天教育随笔一篇，每天读书一篇，每学年市（县）论文（案例）一篇（或发表），每学期镇（县、市）开设讲座或主题班会课一次，三年完成至少一个课题，三年工作室出版班主任相关课程一套。具体规划如下：

（一）第一年（2018年9月—2019年7月）

1. 积极参与名班主任工作室创建的各项工作，制定切实可行的个人三年发展规划。

2. 阅读教育教学专著、刊物等，特别是班级管理和提高教师专业素养方面的书籍，如《班主任》《班主任工作漫谈》等，并做一定量的读书笔记和读书心得。

3. 每天用陈琴歌诀乐读法打卡《学记》《论语》等，每天写教育随笔一篇。

4. 带领学生诵读经典《千字文》《三字经》《小古文》，感受经典的魅力，积累优秀语言文字，得到思想熏陶。

5. 分析总结班级管理中存在的问题，积累经验，提高以经典促管理的实践能力。

6. 充分利用名班主任工作室的平台和网络资源，交流、学习、借鉴优秀班主任的班级管理案例。

7. 抓住一切机会参加校、县、市班主任论坛或德育研讨课等培训学习。每学年上一至两节展示课，提高班级管理的水平。

（二）第二年（2019年9月—2020年7月）

1. 经常反思，在实践中积累经典促班级管理的经验，坚持把在班级管理中的得与失写下来，坚持写德育案例、教育故事、德育论文等，做好交流研讨工作。

2. 积极开展工作室课题《以国学经典促班级良好班风形成的实践研究》的研究。

3. 加强家校联系，取得家长支持，让学生得到更全面的教育，让班级管理与经典更好地结合，充分发挥家校合作的作用，使班集体形成良好的班风。

4. 积极参加各类教育教学比赛及培训活动，通过各种渠道提高自身的专业素质。并以此为契机，努力使自己成为理论与实践并行的名班主任。

5. 为本校班主任举办专题讲座一次。

6. 带领学生诵读经典《增广贤文》等，继续坚持每天用陈琴歌诀乐读法打卡《学记》《论语》《增广贤文》等，每天写教育随笔一篇。

（三）第三年（2020 年 9 月—2021 年 7 月）

1. 在工作室中，通过陈老师的指导与各位成员之间相互的交流与合作，继续改进与创新自己的班级管理，提高自己结合经典促班级管理的能力，形成自己特色的班级教育管理策略和方法。

2. 将自己的所学应用于教学实践中，并在校内与年轻班主任结对，对结帮对象进行二级培训，促进团队发展，发挥带动作用，携手成长。

3. 带领学生诵读经典《大学》等，继续坚持每天用陈琴歌诀乐读法打卡《学记》《论语》《增广贤文》《大学》《古文观止》等，每天写教育随笔一篇。

4. 发展规划、课题等专项研究报告、论文、案例、特色班级文化建设等成果汇编成集。

5. 所带班级朝着特色发展，形成特色鲜明的班级文化。在学校做好经典诵读与班级管理结合的推广工作，引领学校特色班主任工作的开展，促进校园文化建设。

6. 学校与学校之间、工作室成员之间全面交流班主任工作经验和工作成果。

我一直信奉这样的一句话："每天积累一点点，积少成多。"前路漫漫，但我会永远地记住我的职责和使命，在接下来的工作学习当中，一步一个脚印，争取实现个人发展目标，让自己伴随着工作室的发展一同成长。

博学·勤思·笃行

浙江省台州市天台县实验小学 张燕

很荣幸加入台州市"陈群英名班主任工作室"，作为工作室的成员，我深知与名班主任之间的距离，因此，我将以更高的标准要求自己，希望能在导师的引领下，向着名班主任的方向奔跑。"遇见，就是美好的开始。"我对未来三年有着无限的憧憬，我要努力做一个学习型教师、反思型教师、科研型教师。因此，我对未来三年做如下规划：

一、个人现状分析

（一）自身优势

1. 热爱班主任工作，当了22年班主任，积累了一定的班级组织管理经验，对凝聚班集体，小干部培养与班干部队伍建设，中队活动，对学生的思想教育等方面能力与日俱增。

2. 所带班级每学期被评为全优文明班，还被推荐评为全国优秀动感中队、全国优秀少先队中队、市"红旗飘飘引我成长"优秀班集体。

3. 有着上进的事业心，积极参加各类评比，多次被评为县优秀班主任，市智慧班主任，县班主任基本功大赛一等奖，台州市育人先锋比赛特等奖。

（二）自身不足

1. 专业书籍阅读量少，理论功底不扎实，缺乏理论积淀，学识不够厚实。

2. 学习、研究被各种任务牵绊，没有真正的研究专题，研究不深入，缺乏系统性、连续性、滚动性。

3. 能反思班主任工作中存在的问题，但仅限于思考，笔头懒，没有及时总结和整理，害怕写文章，论文、课题质量不高。

4. 教学、科研能力的发展进入"瓶颈期"，有消极思想，创新意识不够。

二、个人发展目标

学习周期内，在课题、论文、班主任工作上努力实现以下目标：

（一）以科研促素养发展。认真实践已立项的市规划课题，积极开展工作室的课题研究，努力在市教科研成果中获奖。

（二）善于思考，加强总结。及时总结班主任工作得失，勤动笔，勤反思，形成书面材料，争取有几篇高质量论文在省市县级获奖或在权威刊物上发表。

（三）立足班级，提升班级管理能力。订阅《班主任》《班主任之友》等刊物，诵读国学经典的书籍，学习《经典即人生》《学记》等更新教学理念，争取上一、两节有教学思想，自己满意的市县级公开课。

（四）积极进取，砥砺前行。在班级管理上更上一层楼，争取评上县、市优秀班主任。

（五）在自我成长的同时，发挥"传、帮、带"作用。指导师徒结对对象共同学习理论知识和管理班级，促进其在班主任工作上有大的进步。

三、个人发展计划

（一）端正态度。态度决定一切。我要虚心学习，俯身请教导师和伙伴，发扬自身优点，对待学习、工作要端正态度、认真严谨、求真求实。积极参加每一次工作室活动，认真完成每一次作业和任务。

（二）加强学习。"活到老，学到老。"认真学习有关班主任的专业知识，充分利用外出学习机会，学习专家和同行们的先进经验，积极探讨班级管理中的困惑问题，努力寻找突破口，提高自己的班主任工作水平。

（三）注重积累。努力做到：每天想到一点点；每天学到一点点；每天领悟一点点；每天反思一点点；每天写下一点点。想到的，反思的，一定要及时记录下来。从现在开始准备一个笔记本，随时随刻记录，使其成为一种习惯。

（四）深入研究。在做好班级管理的同时还要进行专项课题的深入研究，以研促学，培养学生德智体美劳全面发展，促进其各项能力的提高。

（五）形成成果。整理、总结平时积累的教育案例、教育反思、教育随笔，形成具有一定质量的教学论文。通过撰写论文，不断提升班主任的理论素养，提高写作水平，成为学者型、研究型的优秀教师。

四、具体措施

为实现以上发展目标，特拟定以下具体措施：

努力做到"六个一工程"：每天教育随笔一篇，每天读书一篇，每学年市（县）论文（案例）一篇（或发表），每学期镇（县、市）开设讲座或主题班会课一次，三年完成至少一个课题，三年工作室出版班主任相关课程一套。具体如下：

（一）制订个人发展规划。根据自身的实际情况，科学制订出本人的三年发展规划，明确今后自己专业发展的目标和步骤。

（二）保证每天都有一定时间的阅读、学习时间。多渠道广泛学习，从书本中学，从培训活动中学，从诵读经典中学。每天用陈琴歌诀乐读法打卡《学记》《论语》《古文观止》等经典，每年潜心阅读至少三本教育专著及每月份《班主任》等教学杂志，阅读相关教育专著，撰写不少于3000字的读书心得，不少于1500字的读书体会。

（三）工作室的课题《小学高段〈古文观止〉选篇促进班级建设》和《和合文化观下"和乐"班级建设的实践》的市规划课题已立项并积极开展，扎扎实实做好平时的班主任工作，全面提升本班学生的人文素养。本班孩子已步入六年级学习了，打算从以下几方面着手：重点用陈琴歌诀乐读法来诵读《古文观止》；继续推进学校力推的《经典诵读》背诵；深入地做好课外阅读推广，充分利用经典来浸润孩子们的心灵，来促进班级文化的建设和管理。

（四）每天教育随笔一篇。根据课题研究有针对性地学习优秀教育案例，剖析教育现象后的教育理念。勤动笔头，及时将教育的得失记录下来。积累案例素材，争取在导师的指导下，每学期写1~2篇高质量的论文或教育随笔，能在市县级获奖或在刊物上发表。

（五）积极学习先进的班级管理理念，把学到的经验进行推广，争取每学期镇（县、市）开设讲座或主题班会课一次。

今天是一个新的起点，我将与工作室的伙伴们在导师的引领下，一起携手起飞。

第三章

微班会中提炼

人不学　不知义

浙江省三门县海游街道中心小学　林惠英

学习内容：

玉不琢，不成器。人不学，不知义。

——《三字经》

设计理念：

勤奋是中华民族自古以来的传统美德。现在的孩子，大多在父母长辈的呵护下，在蜜罐中泡大的。学习上缺乏意志力，怕吃苦，不知道为什么而学习，没有明确的学习目的。通过思辨、故事、迷你剧场等活动，养成爱学习的品性。

班会目标：

1.通过生活问题讨论，明规则——人不学，不知义。

2.通过故事、迷你剧场等活动，懂得学习的重要。

班会准备：

排练迷你小剧场《磨杵成针》

适合年段：一年级

班会时长：20分钟

班会过程：

一、生活故事入情境

故事：唐唐是一年级的小学生了。可是，上课铃响了，他磨磨蹭蹭不想进教室，只顾自己玩。上课时，小朋友们都跟着老师读课文，他却钻到课桌底下玩了。老师说他，他冲着老师喊："你这个大坏蛋，我要拿炸弹炸了你！"

小朋友，听了这个故事，你想说什么呢？

二、质疑讨论启情境

唐唐，我要对你说：_____。

三、古人智慧明情境

出示：玉不琢，不成器。人不学，不知义。

（一）读准字音，读出节奏和停顿。

玉／不琢，不／成器。人／不学，不／知义。

（二）熟读成诵，读出韵味和情感。

玉／不琢，不／成器。人／不学，不／知义。

师生边拍手边读。

（三）释义明理。

玉不雕琢，会怎么样？人如果不努力学习，怎么样啊？

交流反馈：

玉不打磨雕刻，不会成为精美的器物；人要是不懂得学习，就不懂得礼仪，不能成才。

四、古人故事显情境

迷你小剧场:《磨杵成针》

一生讲故事。

五、小小雅士说情境

（一）齐诵：玉不琢，不成器。人不学，不知义。

拓展一句勤学格言：少壮不努力，老大徒伤悲。

（二）说一说：

假如我是唐唐，我会_____。

我是小学生了，上课铃响了，我会_____；

上课时我会_____。

六、亲身实践养正气

实践作业：完成表格，自评"我是学习小雅士"。

"读书法，有三到，心眼口，信皆要。"			
我做到了"★"			
	铃声响，我坐端正了。	我的学习用品已放在右上角。	课前唱，我听到了自己的歌声。	老师进来了，我微笑盯着老师。
第一节				
第二节				
第三节				
第四节				
第五节				
第六节				

悌于长　宜先知

浙江省三门县海游街道中心小学　林惠英

学习内容：

融四岁，能让梨，悌于长，宜先知。

——《三字经》

设计理念：

现在的孩子大多在父母长辈的宠溺下成长，他们理所当然地享受着关心和疼爱，却不懂得付出。他们习惯以自我为中心，很少知道要谦让。通过讨论、故事、迷你剧场等活动，养成谦让的品性。

班会目标：

1.通过生活问题讨论，明规则——学会谦让。

2.通过故事、迷你剧场等活动，懂得谦让的重要。

班会准备：

《孔融让梨》动画小剧场

适合年段：一年级

班会时长： 20 分钟

班会过程：

一、生活故事入情境

故事：小宇今天有点儿难过，他被爸爸批评了。爸爸今天给他和弟弟买了两件玩具，小宇可高兴了。他一眼就看中了那架狙击步枪，一把抢了过来，弟弟也想玩，跟在他后面直喊："哥哥！哥哥！我也要！我也要！"可小宇假装没听见，飞快地跑去跟小伙伴玩了。弟弟在后面大哭。爸爸狠狠批评了他，把玩具步枪没收了。

小朋友，听了这个故事，你想说什么呢？

二、质疑讨论明情境

小宇，我要对你说：＿＿＿＿＿＿＿＿＿＿＿＿＿＿＿＿＿＿＿＿＿。

三、古人智慧启情境

出示：融四岁，能让梨，悌于长，宜先知。

（一）读准字音，读出节奏和停顿。

融／四岁，能／让梨，悌／于长，宜／先知。

（二）熟读成诵，读出韵味和情感。

融／四岁，能／让梨，悌／于长，宜／先知。

（三）释义明理。

小朋友们，孔融几岁？他是怎么做的？

故事中的小宇，作为哥哥，应该怎样对待弟弟呢？假如你是小宇，

听了《孔融让梨》的故事，你会怎么想？

小宇：＿＿＿＿＿＿＿＿＿＿＿＿＿＿＿＿＿＿＿＿＿＿＿＿＿。

师小结：是啊！融四岁，能让梨。孔融只有四岁，就知道把大的梨让给哥哥吃。小朋友们，无论你是作为哥哥，还是弟弟，姐姐还是妹妹，我们都应该怎么做呢？

四、古人故事显情境

动画剧场:《孔融让梨》

五、小小雅士说情境

（一）齐诵：融四岁，能让梨，悌于长，宜先知。

谦让名言：忍一时风平浪静，退一步海阔天空。

——《增广贤文》

（二）爸爸妈妈有话说：

视频连线小宇的爸爸。

（三）说一说：

写字时，同桌撞到我了，我会＿＿＿＿＿＿＿＿＿＿＿＿＿＿＿。

明明每次排队都要冲到最前面，我想对他说：＿＿＿＿＿＿＿＿＿。

六、亲身实践养正气

践行作业：

（一）写一写：我是一个懂得谦让的孩子，我会＿＿＿＿＿＿＿＿＿。

（二）和兄弟或姐妹或小伙伴合作完成一次拼图游戏。

孝于亲 所当执

浙江省三门县海游街道中心小学 林惠英

学习内容：

香九龄，能温席，孝于亲，所当执。

——《三字经》

设计理念：

"孝道"历来是中国传统伦理道德的最基本的内容。孝顺父母是中华民族的传统美德。一年级的孩子，他们习惯于父母的关心、爱护，把这当成理所当然的事情。他们习惯以自我为中心，不会站在父母的角度去考虑问题。

班会目标：

1.通过生活问题讨论，明规则——孝顺父母长辈。

2.通过故事、迷你剧场等活动，懂得孝顺是人之根本。

班会准备：

《魏照学师》动画小剧场

适合年段： 一年级

班会时长： 20 分钟

班会过程：

一、生活故事入情境

故事：骆骆在家可是小霸王，除了有点儿怕爸爸。妈妈、爷爷和奶奶，他都不放在眼里。这不，他正看电视看得高兴，奶奶走过来了："骆骆，看了很久了，现在该把电视关了，写点作业吧！"可是骆骆呢，嘴巴一撇："哼，要你管！"

小朋友，听了这个故事，你想说什么呢？

二、质疑讨论明情境

骆骆，我要对你说：＿＿＿＿＿＿＿＿＿＿＿＿＿＿＿＿＿＿＿＿＿＿。

三、古人智慧启情境

出示：香九龄，能温席，孝于亲，所当执。

（一）读准字音，读出节奏和停顿。

香／九龄，能／温席，孝／于亲，所／当执。

（二）熟读成诵，读出韵味和情感。

香／九龄，能／温席，孝／于亲，所／当执。

（三）释义明理。

小朋友们，黄香几岁？他能替父母怎么做？

故事中的骆骆，应该怎样对待奶奶呢？假如你是骆骆，

听了《黄香温席》的故事，你会怎么想？

骆骆：＿＿＿＿＿＿＿＿＿＿＿＿＿＿＿＿＿＿＿＿＿＿＿＿。

（四）辩证明理。

小朋友们，我们也要像黄香一样给父母长辈温席吗？

生讨论。

师小结：是啊！香九龄，能温席。我们要学习他孝顺父母长辈的心意啊！

四、古人故事显情境

动画剧场:《魏照学师》

魏照不光跟着老师学知识,还学什么? 是啊,还学习了礼仪规范。

五、小小雅士说情境

(一)齐诵读:

香九龄,能温席,孝于亲,所当执。　　　　　　　　　——《三字经》

孝亲名言:羊跪乳,鸦反哺,人之情,孝父母。

孝亲古诗:

慈母手中线,游子身上衣。临行密密缝,意恐迟迟归。

——《游子吟》

(二)说一说:

爸爸妈妈,我想对你们说:_____。

六、亲身实践养正气

践行作业:

(一)帮父母捶捶背,帮父母摆碗筷。

(二)记住父母的生日,并在生日那天送上亲手做的一件礼物。

我是讲卫生的好孩子

浙江省台州市椒江区中山小学　王苏芳

学习内容:

房室清,墙壁净。几案洁,笔砚正。

晨必盥,兼漱口。便溺回,辄净手。

——《弟子规》

设计理念:

作为小学生,做到讲卫生,养成一个良好的卫生习惯将受益终身。而现在的小孩子基本上都是独生子女,家庭教育普遍存在父母过分保护、娇宠溺爱、事事代劳的现象。因此,自理能力较差,卫生保洁意识不够强。通过陈琴歌诀乐读法、聆听故事、卫生大比拼等学习方式，培养学生养成讲卫生的好习惯。

班会目标：

1. 通过活动，学习《弟子规》经典句子，引导学生知道"爱清洁、讲卫生"是文明行为，明确讲卫生的重要性。

2. 让学生初步掌握一些洗手、穿衣等日常生活中的个人卫生习惯和班级卫生清扫和保持的基本常识。

3. 培养学生从小养成清洁、讲卫生的好习惯，自觉做个爱清洁、讲卫生的好孩子。

班会准备：相关课件

适合年段：一年级

班会时长：20 分钟

班会过程：

一、对比导入活动

1. 今天，我们课堂上请来了两位小朋友——中中和山山，我们一起来认识一下他们吧！

2. 视频播放

中中：

"丁零零……"随着闹钟的叫声，中中马上穿好衣服，系好红领巾。不一会儿，一条方方正正的被子叠好了。然后，他就去刷牙、洗脸，不多久，房间里传来他读书的声音。他的学习用品和书本放得井然有序。接着，他擦净桌子，打扫好房间，倒掉垃圾后，去上学了。星期天，同学到他家玩，都纷纷夸奖中中。

山山：

王老师到山山家去家访。一进他的房间，王老师就被眼前的情景惊呆了：小床乱七八糟，堆满脏衣服，三只臭袜子被揉成一团，还有几把玩具手枪凌乱地躺在床上；更不堪入目的是，书桌上的书啊，本子啊，横七竖八地东一本，西一堆。地上有铅笔屑和废纸，还有两条发黑的红领巾……面对此情此景，王老师皱了皱眉，什么也没讲，开始帮山山整理打扫。过了好久，房间才焕然一新，王老师却累得满头大汗。

评一评：你喜欢和谁交朋友？为什么？

3.揭题：我是讲卫生的好孩子

二、创设情景明理

1.观察细菌。

山山小朋友不仅房间乱，而且在他身上有许多小虫。这些小虫很小很小，是我们用眼睛看不见的，如果用显微镜一看，就很清楚了。

2.交流、小结。

这些虫子就是对我们有害的细菌。如果不天天刷牙，细菌就会蛀空我们的牙齿。如果我们饭前便后不洗手，细菌就会轻而易举地钻到肚子里"大闹天宫"。

3.谈谈生病时的感受。

4.我们除了不让细菌侵入身体，还应当不让细菌传播给别人。我们应该怎么做？

（不能把痰吐在地上，要入盂；打喷嚏不要对准他人，要手捂嘴；不与他人共用碗筷；感冒了要戴口罩。）

三、学经典导行

1.中国千百年来流传一个讲卫生的故事，一起来听故事《陈蕃愿扫除天下》。

2.听了故事，你懂得了什么？

3.引出《弟子规》名句

（1）出示：房室清，墙壁净。几案洁。笔砚正。

　　　　　晨必盥，兼漱口。便溺回，辄净手。

（2）多种形式诵读经典句子。

（3）陈琴歌诀乐读法。

四、拓展主题

1."小组卫生大比拼"活动

（1）卫生小组长检查小组内谁的手、脸、衣服最干净？谁的小手最脏？

（2）组长检查，汇报

（3）小结并说说；我们的日常生活中还有哪些不讲卫生的不良行为呢？怎样才能成为爱清洁讲卫生的好孩子呢？

2. 我们应该怎样保持教室环境的整洁卫生？

3. 学习"七步洗手法"

手经常会摸很多东西，有很多细菌。手的卫生很重要，所以饭前便后一定要洗手。如果手脏了不洗干净，既影响健康，和别人交往时也不文明。边看图边学习"七步洗手法"。

1.掌心对掌心搓擦　　2.掌心对手背搓擦　　3.手指交错对搓擦　　4.两手互握搓揉指背

5.拇指在掌中转搓擦　　6.指尖在掌心搓擦　　7.掌心与手腕搓擦

· 彻底有效洗手
· 每次40~60秒
· 洗手在流水下进行

4. 评一评

实践主题	仪态			
评价项目	自评	同伴评	老师评	家长评
整理房间，文具、书本摆放整齐。	☆☆☆	☆☆☆	☆☆☆	☆☆☆
早晚刷牙，饭后漱口。	☆☆☆	☆☆☆	☆☆☆	☆☆☆
大小便后认真洗手。	☆☆☆	☆☆☆	☆☆☆	☆☆☆

我是谦让有礼的好孩子

浙江省台州市椒江区中山小学 王苏芳

学习内容：

兄道友，弟道恭。兄弟睦，孝在中。

或饮食，或坐走。长者先，幼者后。

——《弟子规》

设计理念：

现在的小孩子基本上都是独生子女，他们在父母的溺爱中成长，不管是什么事都是有求必应，要什么有什么，没人争，没人抢，大多养成了"唯我独尊"的性格。他们基本上只懂得接受别人的关心和疼爱，尽情地享用自己所拥有的，却不懂得怎样去关心和疼爱身边的亲人、老师和同学。他们误以为家长、老师和别人关心他是应该的，他们的享用是理所当然的。这样就必然让他们缺乏谦让这个良好的品质。通过活动领礼品、陈琴歌诀乐读法、聆听故事、思辨明理等学习方式，培养学生养成谦让美德。

班会目标：

1. 通过活动，引导学生感受"谦让"的美德。

2. 借助《弟子规》的名言和相关古人故事，通过讨论交流深入理解"谦让"。

3. 培养学生树立谦让意识，在生活中做到主动谦让。

班会准备：相关课件

适合年段：一年级

班会时长：20分钟

班会过程：

一、活动导入，初解"谦让"

1. 活动一：同学们，你们看，老师手里拿的是什么？（礼品盒）盒子有几样小礼物，你们想拿到吗？可是盒子里的礼物是有限的，谁想得到这个礼物呀？（学生蜂拥而至）

2.你们看，花了这么长时间，结果谁都没有拿到礼品，这是为什么？（因为我们没有遵守秩序，没有排好队，同学之间没有互相谦让。）

3.活动二：排好队领礼品。

4.谈谈感受，为什么大家能快速领到礼品？

5.揭题：我是谦让有礼的好孩子。

二、故事引路，理解"谦让"

1.中国千百年来流传一个谦让的美德故事，主人公是一个四岁的孩子，你们知道是谁吗？现在一起来听故事《孔融让梨》。

2.讨论：

（1）哥哥让孔融先拿，孔融为什么要拿最小的，把大的让给哥哥？（他说自己年纪小，应该拿小的）可见孔融是个什么样的孩子？（尊重哥哥）

（2）那爸爸说弟弟比他还小，为什么他还要拿最小的？（他说自己是哥哥，把大的留给弟弟吃）可见孔融又是一个什么样的孩子？（爱护弟弟）

3.引出《弟子规》内容

（1）孔融只有4岁就知道让梨，对上让哥哥，对下让弟弟。《弟子规》里也有告诉我们要谦虚礼让，长幼有序。

兄道友，弟道恭。兄弟睦，孝在中。

或饮食，或坐走。长者先，幼者后。

（2）多种形式诵读经典句子。

（3）陈琴歌诀乐读法。

4.俗话说："兄弟齐心，其利断金。"我们生活在学校这个大家庭中，班级里的同学之间就像兄弟姐妹一样，我们要懂得谦让，关爱同学，互帮互助。你做到了吗？（谈谈平时谦让行为）

三、思辨，明理"谦让"

1.对下面这些情境，谈谈你的看法。

（1）在出教室门的时候，大家都抢着往外走，结果都堵住了，这样做对吗？应该怎么做？

（2）秋游的时候，一年级（1）班和一年级（2）班的同学同坐一辆车，上车的时候，有的同学抢着上车，上去以后又抢着坐座位，他们这样做对吗？应该怎么做？

（3）一天，小明家来了好多客人，有爷爷奶奶，还有表弟表妹。妈妈做了好多菜，大家都入席了，小明一下子就用筷子夹了一个大鸡腿给自己，他这样做对吗？应该怎样做？

（4）小明今天没带橡皮，考试的时候写错了字，同桌不借给他，说考试时不能说话，否则被老师批评。他这样做对吗？应该怎么做？

2.学儿歌

集体小天地，大家在一起。

今天你帮我，明天我帮你。

一声谢谢你，话少重情义。

一声对不起，消了心中气。

礼貌用语挂嘴边，团结友爱一家亲。

拉起你的手，拉起他的手，我们都是好朋友。

四、养正行，笃行"谦让"

1.总结：谦让是我们中华民族的传统美德。弘扬民族精神，就应该从身边一点一滴的小事做起，从学会谦虚开始。同学们，希望大家今后处处讲礼貌、懂谦让，做一名合格的小学生！

2.评一评

实践主题	友爱礼			
评价项目	自评	同伴评	老师评	家长评
和同学友好相处，互相谦让	☆☆☆	☆☆☆	☆☆☆	☆☆☆
帮助有困难的同学	☆☆☆	☆☆☆	☆☆☆	☆☆☆
劝解同学之间的矛盾	☆☆☆	☆☆☆	☆☆☆	☆☆☆

我是善于学习的好孩子

浙江省台州市椒江区中山小学 王苏芳

学习内容：

不力行，但学文。长浮华，成何人。

但力行，不学文。任己见，昧理真。

——《弟子规》

设计理念：

一分耕耘一分收获，但勤奋未必都能成功。有一种普遍的现象，有很多家长反映，孩子们每天放学都埋头在家做作业，假期也并没有闲着，从来都是各种补习班，可是成绩还是上不去。其中有部分原因，还是归结于没找到良好的学习方法。

班会目标：

1.借助《弟子规》的名言和相关古人故事，明确善于学习的重要性。

2.掌握正确的读书方法，在学习中做到力行和学文有机结合。

班会准备：相关课件

适合年段：一年级

班会时长：20分钟

班会过程：

一、引出主题

1.小朋友们，最近中中小朋友在学习上遇到了困难，我们一起来听听。（听录音）

中中：小伙伴们，我最近很苦恼。我学习非常刻苦，每天作业做到很晚。周末，妈妈还给我报了很多的辅导班，可是我的成绩为什么老是考不好呢？小伙伴们，你能帮我想想办法吗？

2.学生交流。

3.师小结：一份耕耘一份收获，只要肯吃苦，多努力，那么就一定能够收获到更多东西。但勤奋未必成功，学习还要讲究方法，我们要善于学习。

4.揭题：我是善于学习的好孩子。

二、识得学法

1.你有什么样的学习方法？（交流）

2.故事引路：

（1）同学们谈了许多适合自己的学习方法，每个人的方法不尽相同。其实，在学习中也有一些人人都能通用的方法。你想让自己学业更优秀吗？中国千百年来流传一个家喻户晓的故事，一起来听故事《纸上谈兵》。

（2）交流：小朋友们，故事里的赵括饱读兵书，为什么会造成40万大军全军覆没？

（3）小结：赵括只顾书本知识，不懂得亲自去实践。

3.《弟子规》有一句跟"纸上谈兵"有异曲同工之妙，谁来读？

（1）出示：不力行，但学文。长浮华，成何人。

（2）你读懂了什么？——不能一味死读书却不去实践，这样会变成不切实际的人，不会成为真正有用的人。

小结：它再次强调了实践的作用。提到了"实践"一词，这一部分里哪个词就是实践的意思？明确：力行。

（3）多种形式诵读经典句子。

（4）陈琴歌诀乐读法。

4.师：实践很重要，反过来，只实践不学习知识可以吗？会有什么结果？

（1）出示：但力行，不学文。任己见，昧理真。

（2）你明白了什么？（只是努力实践，不肯读书学习。由着自己的见识行事，就容易固执己见，无法明白真正的道理。）

（3）小结：实践离不开理论知识的指导，它再次强调了学习的作用。

（4）多种形式诵读经典句子。

（5）陈琴歌诀乐读法。

5.故事:《郑人买履》

这郑人，他宁可相信尺码，也不相信自己的脚，真是固执己见，简直是一个大笑话。

三、思辨明理

1. "读万卷书，行万里路。"暑假到了，中中想趁此让爸爸妈妈带他外出旅游。可山山认为这是浪费时间，不如在家好好读书。

2. 中中的爸爸是一家公司的老板，不过他学历不高，只是初中文凭。中中想，读书没多大用处，毕业后多多努力工作就行。

四、激励实践

1. 小朋友们，做学问不仅要勤奋学习书本知识，还要努力去实践，力行和学文两者都不可偏废。小朋友们，你们能做到吗？我们再一起读读古人给我们留下的经典方法。（不力行……但力行……）

2. 评一评

实践主题	善于学习			
评价项目	自评	同伴评	老师评	家长评
爱学习，多积累，并活学活用。	☆☆☆	☆☆☆	☆☆☆	☆☆☆
遇到问题向书本，向他人多多请教。	☆☆☆	☆☆☆	☆☆☆	☆☆☆
课余时间，积极参加实践活动。	☆☆☆	☆☆☆	☆☆☆	☆☆☆

站有站相　坐有坐样

——《弟子规》行走习惯养成篇

浙江省临海市沿江镇中心小学　沈巧艺

学习内容：

步从容，立端正。宽转弯，勿触棱。

设计背景：

中国素有"礼仪之邦"之美称，一个人的举手投足都反映出自身的修养。

端正优美的坐，会给人以文雅、自然大方的美感；站立要头正身直手放下，两脚并拢像棵松；走路时要抬头挺胸，面带微笑。可现实中小朋友已是坐没坐相，站没站相了。

班会目标：

1. 通过生活问题，讨论行走礼仪的美。

2. 通过视频、故事、迷你剧场等活动，懂得好的行走习惯的重要。

适合年段： 一、二年级学生

班会时长： 20分钟

班会过程：

一、视频入情境

（一）视频：播放阅兵典礼军人的走姿、坐姿。

小朋友，看了这个视频，你想说什么呢？

（二）播放老师平时随拍的小朋友坐姿、站姿照片。

***，我要对你说：_____。

二、古人智慧明情境

出示：步从容，立端正。宽转弯，勿触棱。

1. 读准字音，读出节奏和停顿。

步／从容，立／端正。宽／转弯，勿／触棱。

2. 熟读成诵，读出韵味和情感。

步／从容，立／端正。宽／转弯，勿／触棱。

师生边拍手边读。

3. 释义明理。

走路时脚步从容不迫，站立的姿势要端正。走路转弯时与物品的边角保持较宽的距离，才不会碰伤了身体。

三、古人故事显情境

（一）迷你小剧场：《古人坐姿》

（二）老师讲故事

四、小小雅士说情境

（一）齐诵：步从容，立端正。宽转弯，勿触棱。

（二）说一说"我们排队了"：

排队时，我该＿＿＿＿＿＿＿＿＿＿＿＿＿＿＿＿＿＿＿＿＿＿＿＿。

（三）归纳列队歌

列队歌

抬头挺胸向前看，

前后保持一条线。

小手垂直放两边，

行进路上不声言。

（四）评一评，谁"站有站相　坐有坐样"。

一周习惯养成评价表第＿＿＿＿周

习惯养成篇——行走习惯1				
时间	评价项目	自评	老师评	家长评
周一		☆☆	☆☆☆	☆☆☆
周二		☆☆	☆☆☆	☆☆☆
周三		☆☆	☆☆☆	☆☆☆
周四	1. 走路时脚步从容不迫 2. 站立的姿势要端正 3. 走路转弯时与物品的边角保持较宽的距离	☆☆	☆☆☆	☆☆☆
周五		☆☆	☆☆☆	☆☆☆
周六		☆☆	☆☆☆	☆☆☆
周日		☆☆	☆☆☆	☆☆☆
合计		共得＿＿＿＿☆ （优秀□良好□合格□期待进步□）		

读书要专心

——《弟子规》读书习惯养成篇

浙江省临海市沿江镇中心小学　沈巧艺

学习内容：

读书法，有三到。心眼口，信皆要。

心有疑，随札记。就人问，求确义。

设计背景：

书籍是人类进步的阶梯。一个人，如果养成了良好的读书习惯，他就会受益终身，他的人生就会异常精彩。小朋友刚开始进入学习，我们更是要给他们播下要读书、会读书的种子。

班会目标：

1.通过名人读书故事讨论，晓理——读书很重要。

2.通过故事、迷你剧场等活动，懂得读书法。

适合年段： 一、二年级学生

班会时长： 20分钟

班会过程：

一、故事入情境

邓青青的故事

你看！在断壁的狭缝中，在漆黑的废墟里，她忍着伤痛，打着手电筒，津津有味地咀嚼人类的精神食粮。当记者采访她时，她说："下面一片漆黑，我怕。我又冷又饿，只能靠看书来缓解心中的害怕。"面对死神的威胁，她是如此坚毅，是书籍给了她生存的力量，给了她活下去的勇气。她的老师面对记者采访时这样说道："青青的举动，绝非偶然，因为她平时就是一个爱读书的好孩子。"

小朋友，听了这个故事，你想说什么呢？

二、质疑讨论明情境

邓青青姐姐，我要对你说：＿＿＿＿＿＿＿＿＿＿＿＿＿。

三、古人智慧启情境

（一）出示：读书法，有三到。心眼口，信皆要。

心有疑，随札记。就人问，求确义。

（二）读准字音，读出节奏和停顿。

读书／法，有／三到。心眼口，信／皆／要。

心／有疑，随／札记。就／人问，求／确义。

（三）熟读成诵，读出韵味和情感。

读书／法，有／三到。心眼口，信／皆／要。

心／有疑，随／札记。就／人问，求／确义。

（四）释义明理。

读书的方法有三到：眼到、口到、心到，三者缺一不可；不懂的问题，记下笔记，就向良师益友请教，求得正确答案。

四、古人故事显情境

动画剧场:《囊萤映雪》

五、小小雅士说情境

（一）齐诵：读书法，有三到。心眼口，信皆要。

心有疑，随札记。就人问，求确义。

（二）拍手歌——养成读书好习惯

小朋友，爱读书，

读写姿势要做到：

身直、头正、肩要平，

眼离书本一尺远，

胸离桌边一拳远，

手离笔尖一寸远。

三个一，记心间，

养成读书好习惯。

（三）说一说：

我是爱阅读，我要＿＿＿＿＿＿＿＿＿＿＿＿＿＿＿＿＿＿。

六、亲身实践养正气

践行作业：

1. 和爸爸妈妈一起阅读《贾逵勤学》的故事。

2. 读书习惯养成评比

一周习惯养成评价表第＿＿＿＿＿周

习惯养成篇——读书习惯				
时间	评价项目	自评	老师评	家长评
周一		☆☆	☆☆☆	☆☆☆
周二		☆☆	☆☆☆	☆☆☆
周三		☆☆	☆☆☆	☆☆
周四	1.读书要仔细认真 2.学习要善于思考 3.有疑问及时请教	☆☆	☆☆☆	☆☆
周五		☆☆	☆☆☆	☆☆
周六		☆☆	☆☆☆	☆☆
周日		☆☆	☆☆☆	☆☆
合计	共得＿＿＿＿＿☆ （优秀□良好□合格□期待进步□）			

你会说话吗？

——《弟子规》说话习惯养成篇

浙江省临海市沿江镇中心小学　沈巧艺

学习内容：

尊长前，声要低。低不闻，却非宜。

刻薄语，秽污词。市井气，切戒之。

设计背景：

现在的孩子大多在父母长辈的宠溺下成长，他们理所当然地享受着关心和疼爱，有时候出言不逊，都不会"讲话"了。

活动目标：

1. 游戏活动，同学们明白"会说话"在我们生活、学习和交往中的重要性。

2. 诵读经典，同学们感悟"好好说话"的智慧。

3. 体验活动，引导同学们做一个"会说话"的孩子。

适合年段： 一、二年级学生

班会时长： 20 分钟

班会过程：

一、游戏导入感悟"会说话"

小朋友好！

（一）问孩子们问题：

说说让你最开心的一句话是什么？为什么？

评价：真是让人暖心的一句话啊！

说说让你伤心难受的一句话是什么？为什么？（脏话——秽污词欺骗——奸巧语）

询问孩子听到伤害自己的话的感受

小结：别人的一句话，可以让我们难受，也可以让我们开心。

（二）"我们去游玩喽"游戏

出示 PPT："我们去游玩喽"

现在我们一起玩一个游戏吧。这周末，我们一起外出游玩。可是去哪儿呢？大家有什么建议吗？我将邀请四位小朋友上台，说说他们的建议。台下的小朋友可要认真倾听，并说出你们的意见哦。

出示要求：

1. 四位小朋友戴上头饰，面对同学，可不能随意转身。

2. 别的小朋友认真倾听发言者，根据帽子的提示，给出相对应的建议。

活动结束，采访四位孩子，说出他们的感受。

预设：得到别人赞成的两位小朋友：你们心情如何？（心情好。）

被反对的小朋友：此时，你们心情如何？

（不是同学们的错，是老师的错，看看帽子。其实你们说的地方都是那么美丽，我可都想去看看。同学们，你们是不是也想去看看呀？）

3.小结：别人的一句话，会让我们开心，也会让我们伤心。同样我们自己的一句话也可能给别人带去伤心或开心。我们的每一句话都是重要的，我们要好好说话。

二、听老祖宗讲"好好说话"

（一）如何好好说话？其实，我们的老祖宗也早已告知我们秘密了，你瞧：

出示：

尊长前，声要低。低不闻，却非宜。

刻薄语，秽污词。市井气，切戒之。

（二）跟老师读，老师读一遍（半句），你们读一遍。猜猜这几句话的意思。

（三）合作读，老师读一遍，孩子读两遍。

（四）再来一遍，我们打起节拍一起读。

（五）老祖宗的智慧记心中，我们再来一遍。（抠字读）

三、课堂演练"好好说话"

（一）金刚不怕火炼，看看你们是否学到老祖宗"好好说话"的精髓。合作一把——"我会说话哦"活动。请大家以四人小组为单位，选择一种情况，看看"你会说话吗？"

（二）课件出示

"我会说话哦！"活动

要求：

四人一组，选择一个话题。

分好角色，练一练。

时间2分钟

材料一：小丽的妈妈让小丽学钢琴，可小丽想学画画，不想学钢琴。结果小丽和妈妈大吵一架。如果你是小丽，不想学钢琴时会跟妈妈怎么说？

材料二：上楼梯，一位不认识的同学不小心踩到小兰的脚，这个时候，小兰怎么做呢？

材料三：小刚虽然平时成绩差，但还是认真学习。一次下课，小刚还在做题，几位同学瞧见了，嘲笑他：大笨蛋，学不会的大傻瓜。如果你是小刚的同班同学你会怎么说？

四、生活实践任务——"好好说话"

多说不如行动，希望小朋友们用自己的行动做到——与人交往，"好好说话"。带着老师发的习惯养成周计划表，每天对照行动哦！

一周习惯养成评价表第_____周

习惯养成篇——说话习惯				
时间	评价项目	自评	老师评	家长评
周一		☆☆	☆☆☆	☆☆☆
周二		☆☆	☆☆☆	☆☆☆
周三		☆☆	☆☆☆	☆☆☆
周四	1.说话要三思而后行 2.讲话速度要不急不躁	☆☆	☆☆☆	☆☆☆
周五		☆☆	☆☆☆	☆☆☆
周六		☆☆	☆☆☆	☆☆☆
周日		☆☆	☆☆☆	☆☆☆
合计		共得_____☆ （优秀□良好□合格□期待进步□）		

人不学 不知道

浙江省台州市路桥小学　罗海平

学习内容：

胤恭勤不倦，博学多通。家贫不常得油，夏月则练囊盛数十萤火以照书，以夜继日焉。

——《囊萤夜读》

匡衡勤学而无烛，邻舍有烛而不逮。衡乃穿壁引其光，以书映光而读之。邑人大姓文不识，家富多书，衡乃与其佣作而不求偿。主人怪，问衡，衡曰：

"愿得主人书遍读之。"主人感叹，资给以书，遂成大学。

——《凿壁偷光》

玉不琢，不成器；人不学，不知道。

——《礼记》

设计理念：

国学经典是我们华夏民族五千年灿烂文化的精髓所在，也是一项传承民族精神的重要载体。它承载着先辈智者的哲学思想、伦理观念、审美理想和生存智慧。我们在前人研究的基础上，从儿童学习态度、学习习惯养成入手，将经典小古文融入现代教育。

班会目标：

1.了解小古文中的名人读书事例，明白读书的重要意义。

2.引导学生明辨是非，有选择性地阅读书籍，并且教给学生正确的读书方法。

3.培养学生从小养成好读书、读好书的良好习惯。

班会准备：

1.各小组准备材料，收集读书的名人名言，收集古今中外的读书事例。

2.写一篇《好书我推荐》或读后感，制作一份精美书签等，请板报组出好一期《书香伴我行》板报专刊。

班会时长：20分钟

班会过程：

一、激趣：靠"书"近一点

交流读书的好处

师：小时候，我们常常缠着妈妈给我们讲故事听。我问妈妈："您为什么会讲这么多好听的故事呢？"妈妈对我说："长大了，你可以去书中寻找答案。"长大了，我终于明白了妈妈所说的答案，那就是——在读书中寻找快乐。同学们，你觉得书是什么，来做个比喻吧！

二、感悟：书的魅力无穷尽

师：自古以来，书就是人类的好朋友，在我们成长的道路上，书使我们从无知走向成熟。书给了我们精神的养料。以书会友更是中华民族的传统美德。

书籍是引进灯光的一扇门，让我们一起听一听关于名人读书的名言。（学生发言）

（一）列举关于名人读书的名言。

玉不琢，不成器；人不学，不知道。　　　　　　　　　——《礼记》

……

师：名人名言开启了我们的智慧。名人名言指导着我们的行为。爱书吧！同学们，让我们与书交朋友！你从名人名言上汲取了什么能量？（学生谈感想。）

师：其实，世界上还有很多读书的好故事，许多科学家、文学家的成才之路就是从小刻苦读书。大家想听吗？请大家用热烈的掌声欢迎我们班上的故事家上台讲故事。

（二）讲名人读书的故事。

1. 小古文《囊萤夜读》

（1）才女组以吟咏方式展示。

胤恭勤不倦，博学多通。家贫不常得油，夏月则练囊盛数十萤火以照书，以夜继日焉。

（2）才子组细述故事大意。

师：听了这些感人的故事，我们大家一定有很多话要说，同学们想说什么吗？你们都从读书中获得了什么乐趣呢？

（3）大家表观点。

你从这个故事中得到了怎样的启示？

2. 小古文《凿壁偷光》

（1）看《凿壁偷光》的视频故事。

（2）跟老师素读法诵读小古文《凿壁偷光》。

（3）演一演。

3. 学生畅所欲言，说说自己从读书中获得的乐趣。

师小结：大家说得真好！古人云："读书足以怡情，足以博彩，足以长才。其怡情也，最见于独处幽居之时；其博彩也，最见于高谈阔论之中；其长才也，最见于处世判事之际。"哪几位同学能说一下自己读书所得的益处？

4.学生发言谈读书所得的益处。

师：读书的益处可真多啊！我们能从书中读出自己的智慧，读出自己的理想，请你畅谈读书所得的益处。

歌德说："读一本好书，就是和一位高尚的人谈话。"

5.学生推荐好书。

6.欣赏书签设计，赠送书签。

7.表彰爱读课外书的同学。

三、践行：让书香伴我行

老师寄语：人生的道路上，有书香作伴，生活会多一份乐趣，情感会多一份高尚，成长会多一份智慧。正如"玉不琢，不成器；人不学，不知道。"亲爱的同学们，让我们一起做个快乐的读书人，相信读书会让我们在新的一年有更大的进步、更充实的人生！

活动拓展：

1.开始班内新一轮书籍漂流。

2.阅读存折记录每天的书香之旅。（积印章，每周表彰）

3.阅读书卡的制作、展示，让书香芬芳独韵，浓郁弥漫。

时不我待

浙江省台州市路桥小学　罗海平

学习内容：

明日歌

明日复明日，明日何其多。

我生待明日，万事成蹉跎。

世人苦被明日累，春去秋来老将至。

朝看水东流，暮看日西坠。

百年明日能几何？请君听我明日歌。

明日复明日，明日何其多！

日日待明日，万事成蹉跎。

世人皆被明日累，明日无穷老将至。

晨昏滚滚水东流，今古悠悠日西坠。

百年明日能几何？请君听我明日歌。

莫等闲，白了少年头，空悲切。

——《满江红》

设计理念：

通过陈琴歌诀乐读法、聆听故事、小品展示、参与小游戏，引导学生了解时间的宝贵，懂得正确规划时间，养成良好的学习习惯与生活习惯，从而提高学习、做事的效率。

班会目标：

1. 引导学生珍惜时光，认识拖拉的危害，养成良好的学习习惯与生活习惯。

2. 培养学生从小珍惜时间、正确规划时间的良好习惯。

班会准备：

1. 小品《明天做》

2.《爱迪生的故事》

3. 投篮游戏

班会时长： 20 分钟

班会过程：

一、名篇引入，激发思考

燕子去了，有再来的时候；杨柳枯了，有再青的时候；桃花谢了，有再开的时候；但是，聪明的，你告诉我，我们的日子去了，为什么一去不复返呢？

嘀嗒嘀嗒嘀嗒……（这时播放时钟行走的声音）

珍惜时间，把握青春，做时间的主人！同学们：今天我们的主题班会——时不我待，正式开始！

二、节目纷呈，时光宝贵

节目一：朗诵诗歌《时间》

不经意间，时间正一分一秒地从我们身边流逝。时间是不等人的，想挤出时间不容易，但失去时间却很容易。

节目二：讲故事

故事1：讲述"爱迪生的故事"

过渡：故事中爱迪生常对助手说的话就是："浪费，最大的浪费莫过于浪费时间了，人生太短暂，要多想办法，用极少的时间办更多的事情。"

交流：爱迪生是珍惜时间的典范，那我们在日常生活中有没有浪费时间的事行为呢？

故事2：讲述"浪费时间的故事"

嗯，这个例子的确非常典型。我相信这是各位同学身边存在的现象吧。希望同学们听了这个故事以后开始学会提醒自己：珍惜时间。

一个人的青春能有几年？莫等闲，白了少年头，空悲切。

节目三：小品《明天做》，拖拉记

……日历不断翻到星期六，教师不断地留作业，牛牛家里的作业本越摞越高……（结束）

组织全班同学讨论小品的意义，使学生认识办任何事都要只争朝夕，不要养成拖拉的作风，当天的事当天完成，绝不放到明天。

请学生对照自己，写出自己拖拉的表现及如何克服。

节目四：品《明日歌》，悟时间贵

1. 集体朗诵《明日歌》。

2. 陈琴歌诀乐读《明日歌》。

3. 感悟重点句"明日复明日，明日何其多。我生待明日，万事成蹉跎。"

4. 铭记佳句，立志表态。

节目五：投篮入筐，把握时间

目的：把握时间与锻炼精准度

规则：放一只箩筐，可用水桶或纸篓等容器代替，另一端放有桌子，桌子与箩筐的距离不小于5米。投篮时每人40个乒乓球，或者其他球状代替也行，人站在桌子外，限时30秒钟，30秒钟看谁投的多，多为胜者，胜者将根据规定获得奖品若干。

活动方式：分 ABC 三个组，每组三人，每一小组代表一个大组。

评比方式：

1. 看团队总分，团队总分为每个成员的总分和。

2. 个人总分，分别设第一名、第二名、第三名各一名。

交流谈感受。

同学们，时间赋予我们每个人是非常公平的。不会多给你一分，也不会少给你一秒。记住：今天应做的事没有做，明天再早做也是耽误了。浪费时间是一桩大罪过。

三、活动反思，催发惜时

时间不等人，想挤出时间不容易，但失去时间却很容易。同学们，时间赋予我们每个人是非常公平的，不会多给你一分，也不会少给你一秒。它能给勤奋者留下智慧和力量，给懒惰者留下空虚和懊悔。珍惜不珍惜它，抓紧不抓紧它，就看我们自己。

言必诚信　行必忠正

浙江省台州市路桥小学　罗海平

学习内容：

《不说假话》

光年五六岁，弄青胡桃，女兄欲为脱其皮，不得去。一婢以汤脱之。女兄复来问脱胡桃皮者，光曰："自脱也。"先公适见，诃之曰："小子何得谩语！"光自是不敢谩语。

《曾子杀猪》

曾子之妻之市，其子随之而泣。其母曰："女还，顾反为汝杀彘（zhì）。"妻适市来，曾子欲捕彘杀之。妻止之曰："特与婴儿戏耳。"曾子曰："婴儿非与戏也。婴儿非有知也，待父母而学者也，听父母之教，今子欺之，是教子欺也。母欺子，子而不信其母，非所以成教也！"遂烹彘也。

言必诚信，行必忠正。

——孔子

设计理念：

诺丁斯曾指出："教育的主要目的应当是培养有能力、关怀的、充满爱心并且受人喜爱的人。"强调道德教育应该具有关怀性。我们通过陈琴歌诀乐读法、聆听诚信小古文故事、编撰《诚信拍手歌》等学习活动方式，引导学生了解诚信的重要性，诚信从小事做起。

班会目标：

1. 使学生理解什么是诚实守信，懂得诚实守信是中华民族的传统美德，也是少年儿童立身做人的基本道德准则。

2. 懂得诚实守信的重要性，从小事做起，用诚信立学，用诚信立行。

3. 感受他人诚实守信的事例，学会做一个诚实守信的人。

班会准备：多媒体课件

班会时长：20分钟

班会过程：

一、结合生活，讨论诚信

（一）诚——忠诚老实、实事求是

信——言而有信、信守承诺

（二）你知道哪些关于诚信的故事？

（预设）A.《我不能失信》宋庆龄的故事

B. 学生讲故事：《狼来了》

师小结：说谎是一种不好的行为，它既不尊重别人，也会失去别人对自己的信任。我们应该培养诚恳待人的良好品质。

二、阅读故事，感悟诚信

（一）《不说假话》

1. 才女组以吟咏方式展示《不说假话》。

2. 才子组细述故事大意。

3. 大家表观点，你从这个故事中得到了怎样的启示？

（二）《曾子杀猪》

1. 看《曾子杀猪》的视频故事。

2. 跟读小古文《曾子杀猪》。

3. 演一演。

4. 大家发表观点。（我认为曾子不仅是个诚信的人，而且是一个很伟大的父亲。从古至今，为人诚实的人，都能得到别人的尊重和信任。）

三、拍手歌诀，牢记诚信

你拍一，我拍一，诚信道德是第一。

你拍二，我拍二，诚信小孩人人爱。

你拍三，我拍三，诚信教育记心间。

你拍四，我拍四，诚信做事要求实。

你拍五，我拍五，诚信脚步不落伍。

你拍六，我拍六，诚信丰碑心中留。

你拍七，我拍七，诚信引导新时期。

四、判断是非，思辨诚信

判断是非：

1. 李佳说："小晶要我帮她学电脑，可我已答应与小芳去练琴，所以我没答应小晶。"

2. 小宁与小森约好星期天下午两点去军属王大爷家帮助整理卫生，可他看电视入了迷，不想去了。妈妈批评他，他说："见了小森编个理由就行了。"

3. 王晓与张红约好星期六上午去科技馆学电脑。可星期五晚上她感冒了，高烧39度，第二天不能去科技馆了，她就让妈妈给张红打了个电话，说明情况。

4. 小明不想做作业，就叫好朋友张林也不要完成作业，张林果然不完成作业，小明说："张林真讲信用。"

思辨诚信：

事例1：小王和小杰是好朋友，他们曾经许诺，不管谁遇到困难，一定要互相帮助。这天小王想抄小杰的作业，小杰没同意，他生气地说："这点忙都不帮，真不讲信用。"

讨论：你对这件事怎么看？

事例2：小娟的爸爸参加了援藏医疗队。最近，她妈妈得了重病住进了医院。爸爸来信问到家里的情况，王娟不知道该不该把妈妈生病的事如实地告诉爸爸。

讨论：她应该怎么办？

五、大胆讲述，夸夸诚信

（一）列举出班上有哪些诚信的同学，说说他们的事迹。在我们的周围又有哪些不诚信的行为，具体表现在哪些方面？（平安离不开诚信，生命离不开诚信，教育离不开诚信）

（二）列举出自己有哪些诚信的事，哪些不诚信的行为，具体表现在哪些方面？

六、总结活动，弘扬诚信

诚实守信诗一首

记住：言必诚信，行必忠正。诚信由你我做起，诚信就在你我身边。

诚信之花，开在你我心中

浙江省天台小学　娄吟莺

学习内容：

言必信，行必果。 ——《论语》

民无信不立。 ——《论语》

人而无信，不知其可也。 ——《论语》

信使可覆，器欲难量。 ——《千字文》

设计理念：

诚信是中华民族的传统美德，诚信是社会主义核心价值观的重要内容之一，懂得诚实守信，也是每一位孩子立身做人的基本道德准则。三年级的孩子，有了一些主观意识，但又缺乏明辨是非的能力，有些孩子受到社会不良风气的影响，不明有诚信的重要性。本班会设计，旨在通过观看动画片引出诚信话题，通过做"两人倾倒"与"稳住"的小游戏感知诚信，通过明辨身边小事来内化诚信；再通过学习《论语》中有关诚信的名句，提升对诚信的感悟。

班会目标：

1. 了解诚实守信的基本含义，懂得诚实守信重要性。

2. 培养学生正确的道德观念，懂得诚信是每位学生立身做人的基本道德准则。

3. 联系学生的生活实际，学做一个诚实守信之人。

班会准备：

多媒体课件；收集有关诚信的故事及名言；收集身边关于诚信的事例。

适合年段： 三年级

班会时长： 20分钟

班会过程：

一、看动画，引出诚信

（一）观看动画《曾子杀猪》。

古往今来，有许许多多讲诚信的人。让我们穿越时空隧道，去看看古人的诚信故事。请大家观看动画片《曾子杀猪》

看了这部动画片，你觉得曾子是个怎样的人？如果你是曾子家的孩子，妈妈失信于你，你有什么想法呢？

曾子用诚实守信的人生态度教育孩子。（板书：诚信）孩子们，你们觉得什么是诚信？

（二）了解诚信

出示：说文解字"诚信"（诚信的古体字）——理解诚信字面上的意思。在《说文解字》中："诚，信也"，"信，诚也"。诚，就是忠诚老实、实事求是，不扩大，不缩小；信，就是言而有信、信守承诺，说到做到。诚实守信是我们中华民族的传统美德，是我们每个人必须遵守的道德规范。

二、玩游戏，感知诚信

游戏规则：两人一组，同向站立，前面的人向后倾倒，后面的人给予支撑。

学生活动后，请问：你们的游戏成功了吗？为什么成功了？

小结：我们只有具有诚信品德，才会获得同伴的信任和尊重，才能形成交往和合作，才能获得游戏的成功。我们在玩这个游戏是如此，在平常的生活中也是如此。诚信是交往之道。

三、聊故事，感悟诚信

（一）聊聊身边的诚信小故事

在我们身边，也有许多讲诚信的人，请你来聊聊他们的故事吧。

（二）思辨身边的诚信小故事

在我们生活中，处处要讲诚信，因为许许多多的事会考验你。请看：

事例1：课余时间，你在走廊上捡到了100元。一个同学说，这是好运气，把这钱留给自己，多好呀。你会怎么做？

预设：学生回答，交给老师；想办法找到失主；做人要讲求诚实。

事例2：一次，你向同学借了一本故事书，说好了下周一还给他。可是，到了星期一，你不小心忘带书，把书落在家里了。你该怎么办？

预设：打电话给家长，让家长送过来；跟同学说明原因，想办法尽快把书还给他。

事例3：你和小杰是好朋友，你们曾经许诺，不管谁遇到困难，一定要互相帮助。这天小杰想抄你的作业。你没同意，他生气地说："这点忙都不帮，真不讲信用。"你该怎么办？

预设：正是为了讲诚信，我们才更不能让同学抄作业。诚信就是不骗自己和别人，并真心对待自己和别人。

四、学习名言，内化诚信

古人说，君子一言，驷马难追。这是流传至今的千古佳话。诚信，是我们做人的根本。让我们一起来学习古人有关诚信的句子吧。

言必信，行必果。——《论语》（说出的话一定要足以信任，行动一定要有结果。）

民无信不立。　　　　——《论语》（人没有信用就没有立足之地）

人而无信，不知其可也。　——《论语》（人要是不讲信用，不知道他还可以做什么。）

小结：诚实守信是一种美德，诚信是做人的美好品质。要想做到诚信，就要从生活中的点点滴滴做起。同学们，希望在今后的生活中处处讲诚信，愿诚信之花在你我心中常开不败。

二胎老大不烦恼

浙江省天台小学　娄吟莺

学习内容：

孔怀兄弟，同气连枝。　　　　　　　　　　　　　——《千字文》

兄弟既翕，谓之花萼相辉；兄弟联芳，谓之棠棣竞秀。——《幼学琼林》

设计背景：

随着二胎政策的开放，班级里的大部分孩子都有了弟弟妹妹。对于家里的老大而言，二胎的到来是一次很大冲击。随着弟弟妹妹的出生，家长花在老大身上的时间和精力会明显减少。因为弟弟妹妹年龄小，更需要家长的照顾。但是，三年级的孩子，大多处于十一二岁，由于心理发展还处在以自我为中心阶段，不能全面地分析问题，因此会产生各种困扰，甚至会担心父母的爱被抢走。设计本节微班会，旨在让二胎中的老大聊聊自己的困扰，了解父母内心的真实想法，学着改变想法，珍惜手足之情，做哥哥姐姐不烦恼。

班会目标：

1.通过谈话，诉说自己对弟弟妹妹到来的真实想法。

2.通过倾听父母的话语，了解父母的心声。

3.通过观看人生 AB 剧等活动，学着改变想法，告别烦恼，悦纳生活。

班会准备：

多媒体课件；爸爸妈妈对孩子诉心声的视频。

适合年段：三年级

班会时长：20分钟

班会过程：

一、谈话导入，聊聊与弟弟妹妹相处的烦心事

同学们，我们都是爸爸妈妈的宝贝，自从我们来到这世界上，父母在我们身上倾注了所有的爱与希望，每天享受着来自家人的关爱。根据课前调查，在我们班级里，有许多同学都迎来了弟弟妹妹的到来。随着小成员的增加，我们的生活有了很大的变化。一些孩子觉得自从有了弟弟妹妹，自己多了一个玩伴，生活也因此变得多姿多彩。可是，大部分孩子并不快乐，甚至因为弟弟妹妹的出现变得不开心、焦虑。这是为什么呢？今天我们就请大家先来说说关于对弟弟妹妹的烦心事。

（一）指名学生说。

预设：爸爸妈妈的陪伴少了；担心爸爸妈妈不爱自己了；弟弟妹妹会打扰自己的学习……

（二）请每组同学交流讨论一下，把认为最大的烦恼用一个词、短语或短句子来概括，写在纸条上。随机板书：二胎老大的烦恼。

二、观看视频，听听爸爸妈妈的心声

既然弟弟妹妹给我们带来了这么多的烦恼，为什么还会有他们呢？让我们来听听爸爸妈妈的心声吧。

（一）播放视频。

母亲：孩子，原来你心里有这么多的委屈，那你为什么从来没有给妈妈讲过呢？妹妹确实太小，她的到来确实影响到了你的学习和生活。但是，宝贝，这些都是暂时的，妹妹就像你一样，她会长大的，她会变得懂事，你们就是最好的朋友，而且，我们以后会尽量地减少妹妹对你的影响。

父亲：孩子，妈妈生了弟弟，不是为了分走你的爱，而是在你的生活中多一个爱你的人。很多年之后，当爸爸妈妈老去的时候，我们变得衰老、无助，甚至疾病交加的时候，那时候，弟弟就是你最大的精神支柱，你们可以共同承担责任。爸爸妈妈总有一天要离开你们，那时候，弟弟就是你在这个世界上唯一的亲人，你们可以一起面对生活中的风风雨雨。

（二）看了爸爸妈妈的话，说说你的感受。

三、情景思辨，学做老大"不烦恼"

（一）观看小美的 AB 剧。

A 剧：一天晚上，妈妈正在辅导小新做作业。忽然，弟弟冲进了房间，哭着闹着把妈妈拉出了房间。小新觉得：弟弟一叫妈妈就马上走了，妈妈肯定爱弟弟多一些。想到这里，小新跟妈妈大吵了一架，还忍不住打了弟弟。全家人都不开心。

B 剧：一天晚上，妈妈正在辅导小新做作业。忽然，弟弟冲进了房间，哭着闹着把妈妈拉出了房间。小新觉得：不只是自己需要妈妈，弟弟也需要妈妈。于是耐心地等待，想着妈妈等会儿就会回来的。没过一会儿，妈妈果然回来了。小新做完了作业，就带着弟弟一起出去玩了。全家人其乐融融。

（二）想一想：你喜欢哪个结局？同样一件事，同样是老大，为什么 B 剧里的结局会是全家人其乐融融呢？（板书：改变想法）

（三）回忆一下，在和弟弟妹妹相处时，有没有快乐的时候？也用一个词、短语或短句子来概括，写在纸条上，和大家分享一下。

四、学习名句，珍惜手足之情

弟弟妹妹是这个世界上陪伴我们最久的亲人。其实，我们的古人早就教导我们要珍惜手足。让我们一起来诵读一下吧！

孔怀兄弟，同气连枝。　　　　　　　　　　——《千字文》

兄弟之间要非常相爱，因为同受父母血气，犹如树枝相连。

兄弟既翕，谓之花萼相辉；兄弟联芳，谓之棠棣竞秀。——《幼学琼林》

兄弟聚集，可以说是花萼相辉；兄弟会合，可以说是棠棣竞秀。兄弟手足之情密不可分。

小结：父母的爱比山高，比海深。现在，我们的家里多了一位弟弟妹妹，这是血浓于水的手足之情。弟弟妹妹，是陪伴我们最久的亲人，是父母留给我们最珍贵的礼物。大家生活在同一个屋檐下，一起生活、一起成长，有笑有泪，有快乐有烦恼，这些都会成为大家弥足珍贵的美好回忆。今后，你在和他们相处过程中还会遇到新的烦恼，那时候，请你想想这两句话，请你改变想法，悦纳生活，你的烦恼就会变成甜蜜！

我骄傲，我是天台人

浙江省天台小学　娄吟莺

学习内容：

美不美，乡中水；亲不亲，故乡人。　　　　　——《增广贤文》

天台山者盖山岳之神秀者也。　　　　　　　　　——孙绰

龙楼凤阙不肯住，飞腾直欲天台去。　　　　　　——李白

设计背景：

我们的家乡天台，自然风光优美，人文底蕴深厚，是和合文化发祥地，唐诗之路目的地，徐霞客游记开篇地，活佛济公出生地，诗僧寒山隐居地……在辛丑年的大年初二，我们家乡的风光片在CCTV-4《中国地名大会》中播出，这是全天台人民无比兴奋与激动的事情。在开学初，趁着这股热情，也为了更好地激发学生热爱家乡之情，设计了此微班会。

班会目标：

1. 通过观看视频、调查、交流等活动，了解家乡的风景名胜、风土人情等，充分感受家乡的变化和发展。

2. 通过对家乡建设提金点子，引导学生真切体会家乡发展的美好前景，进而激发学生热爱家乡之情，为建设美好家乡而努力。

班会准备：

1. 教师：天台在CCTV-4《中国地名大会》节目中的视频剪辑。

2. 学生：根据自己的喜好，自由组合成4组，调查了解家乡名字的由来，风景名胜、风土人情等，收集相关图片、实物。

适合年段：三年级学生

班会时长：20分钟

班会过程：

一、观看视频，我的家乡上央视

大年初二的晚上7：00，我们期待已久的CCTV-4《中国地名大会》第二季第四期准时播出！随着天台县委书记杨玲玲登台推介了我们天台山的文化旅游资源，朋友圈开始疯狂刷屏！激动、兴奋、自豪……60万天台人在朋友圈里表达着对于家乡的那份归属与深情。让我们来重温一下天台在中央电视台上的美丽风采吧！

1. 播放视频。在本期《中国地名大会》中，天台的展演围绕"一山脉、一美德、一技艺"展开，带着独具特色的人文风光、美丽传说、非物质文化遗产等登上央视舞台，带领观众品读天台地名中蕴藏的文化基因。让人激动的是这次嘉宾——胡阿祥教授，对天台山的高度评价：天台不完全是一座自然的山，而是一座令人仰止的文化高峰！

2. 谈谈自己的观后感受。

二、揭示课题，学习经典名句

1. 揭题：作为每个天台人，对家乡都有着特殊的情感！让我们大声地喊出：我骄傲，我是天台人！（揭题）

2. 出示经典名句：《增广贤文》里有云："美不美，乡中水；亲不亲，故乡人。"（齐读）

作为一名小学生，我们应该更多地去了解我们的家乡、关注我们的家乡，为我们家乡未来的建设而努力学习。

三、交流介绍，我的家乡我知晓

课前，我们通过查找资料和实地考察，对家乡有了更深的了解。请每组同学来交流家乡的基本概况和人文历史。

1. 第一组：介绍家乡的名字由来和地貌总括

2. 第二组：介绍家乡的自然风光

家乡的自然风光有：国家5A级景区国清寺，天下奇观——石梁飞瀑，华东第一大瀑布——天台山大瀑布，赤城栖霞，古韵张思，南黄古道……

3.第三组：家乡的人文底蕴

天台是佛教天台宗发源地，道教南宗创立地，活佛济公出生地，诗僧寒山隐居地，徐霞客游记开篇地，唐诗之路目的地，五百罗汉应化地，刘阮桃源遇仙地，王羲之书法悟道地，和合文化发祥地……

天台，是活佛济公出生地。济公的故事，一直传颂至今，一个人凭一把破蒲扇闯天下救苦救难的扶贫救济的美德，活在人们的心中。

天台山是浙东唐诗之路的目的地。1300多年前，唐代诗人从长安一路南行到天台，留下无数佳句名篇。

随机出示两句有关天台的名句：

天台山者盖山岳之神秀者也。 ——孙绰

龙楼凤阙不肯住，飞腾直欲天台去。 ——李白

带着自豪之情来读读这些有关家乡的诗句。

"古往今来，无数文人墨客为之倾倒，赋诗礼赞，成就了'一座天台山，半部全唐诗'的千古佳话！"

4.第四组：家乡的风土人情

天台的传统小吃有：五味粥，饺饼筒，水晶糕，扁食等。

四、共出点子，我为家乡献良策

欣赏了家乡的美景，品味了家乡的风土人情，我们也应该做出我们的一份努力！同学们对我们家乡的发展有什么好建议呢？下面进行"我为家乡献良策"活动，看看哪一组点子多，点子好。（先由各组同学讨论再由各组代表提出点子）

虽然我们现在还是学生，但只要从小树立为家乡的明天而努力学习的目标，一定会让我们家乡的水更清、天更蓝。最后，让我们再次自豪地说——我骄傲，我是天台人。

让我们铭记大文豪孙绰和李白对我们天台的赞美（齐背两句诗句）。美不美，乡中水；亲不亲，故乡人。今天，我们为自己是天台人而骄傲，希望明天，天台因为你而骄傲！

谦谦君子——宽厚谦逊

浙江省台州市黄岩区西江小学教育集团　王巧

学习内容：

大肚能容，容天下难容之事。开口便笑，笑世间可笑之人。

（一副对联）

将相顶头堪走马，公侯肚里好撑船。　　　　——《增广贤文》节选

设计理念：

通过陈琴歌诀乐读法、聆听故事、制作书签，赠送书签等学习活动方式，学生了解宽容的内涵，提高交往的能力，培养乐观、豁达的性格。

班会目标：

1. 陈琴歌诀乐读法并理解《增广贤文》节选的名言。

2. 聆听古代名人故事，引导学生理解"宽容"。

3. 制作、赠送书签，提高合作、交往的能力。

班会准备： 书签每人一份

适合年段： 三、四年级

班会时长： 20 分钟

班会过程：

一、悟宽容

（一）弥勒佛慈眉善目、笑口常开。你知道弥勒佛为什么每天都是乐呵呵的样子吗？

（二）对联悟宽容。

"大肚能容，容天下难容之事。开口便笑，笑世间可笑之人。"这是弥勒佛佛像前的对联，告诉我们做一个心胸宽广、与人为善的人，会天天开心、笑口常开。弥勒佛代表着我们中华民族的宽容、智慧、幽默、乐观的精神。

二、话宽容

听故事，话宽容。

1. 教师讲述故事《娄师德与狄仁杰》。

2. 听完故事，学生说说娄师德和狄仁杰分别是怎样的人？

（心胸宽广，有海纳百川的胸怀）

学格言，话宽容。

1.《增广贤文》节选名句——将相顶头堪走马，公侯肚里好撑船。

2. 陈琴歌诀乐读法学习内容。

3. 理解意思：将军丞相的头顶上可以跑马，王公贵族的肚子里可以撑船。

4. 为什么他们的胸襟那么宽广呢？是因为他们都有一颗"宽容"的心，宽广得像大海一般的内心，可以包容别人的不足，也能欣赏别人的优秀。

三、践宽容

宽容说起来容易，做起来很难，比如面对和同学之间的小矛盾时，你是怎么对待的呢？

（一）曾经的我是那样做的……

比如说我们来看一个发生在我们身边的故事，可能你也能经常碰到。（播放一个小视频：一个同学在走过另一个同学的座位的时候，不小心把别人的书本弄掉在地上了。同学主动捡起并道歉，可是对方不依不饶，最后演变成一场打架。）

（二）如果时光倒流，现在我可能会这样做……

1. 学生表达看法。

2. 适时出示"宽容"的名言："忍一句，息一怒。饶一招，退一步。""饶人不是痴汉，痴汉不会饶人。""得忍且忍，得耐且耐；不忍不耐，小事成大。"……

（三）制作并赠送"宽容"书签

学生制作"宽容"名言的书签，送给好伙伴，或送给曾经和你有过误会或矛盾的小伙伴。

"予人玫瑰，手有余香"，世界著名的戏剧家莎士比亚曾经给说过："宽容就像天上的细雨滋润着大地，它赐福于宽容的人，也赐福于被宽容的人。"

（四）做一个有宽容心的学生

任务一：

每天对你身边的人多微笑（3次以上），把快乐传递下去。

任务二：

把自己宽容别人的行为以日记的形式记录下来，写一写自己的感受。

四、一周成长活动记录表

第_____周　　　　记录人_____

时间	心情叙述	改变想法	改变做法	心情变化

五、学习活动反思

通过学习，一周的心灵成长记录……

谦谦君子——邻里和睦

浙江省台州市黄岩区西江小学教育集团　王巧

学习内容：

远水难救近火，远亲不如近邻。

只有和气去迎人，哪有相打得太平？

——《增广贤文》节选

设计理念：

通过陈琴歌诀乐读法、聆听故事、交流故事等学习活动方式，学生明白"远亲不如近邻"，知道邻里之间应该和睦相处、互相帮助、互相谦让。

班会目标：

1."看远亲不如近邻"知道邻里之间应该和睦相处、互相帮助、互相谦让；懂得邻里和睦相处可以让每个家庭得到帮助，促进社会和谐稳定。

2."和气迎人"愿意和邻居和睦相处，感受人与人之间相处的快乐，爱护家庭周边的环境。

3.培养学生与人交往的能力。

适合年段： 三、四年级

活动时间： 20分钟

班会过程：

一、悟邻里情

（一）故事导入引发思考

（课件出示邻里上下楼梯互相打招呼，互相送食物，互相帮助提东西……）

师：同学们，请看大屏幕，联系你们平时的生活，说说发生了什么故事？大家看了这些图片之后有什么感受呢？

（二）说邻里故事

师：我们常常说"远亲不如近邻"，你的身边有没有和邻居之间发生过让你难以忘怀的事情呢？

二、说邻里情

（一）"远水难救近火，远亲不如近邻"交流学习邻里相处之道

1.出示格言："远水难救近火，远亲不如近邻。"读一读，说说这句话告诉我们什么？

悟：远处的水救不了近处的火，即使再好的远亲也不如近邻能够随时帮忙。

2.同学们都说"远水难救近火，远亲不如近邻"，你们来说说邻里之间如何相处才能不是亲人胜似亲人呢？

学生根据自己的经验，交流相处之道：下雨帮助邻居收衣服，一起打扫两家公共场所，帮助邻居带小孩，邻居碰见互相问好……

师：同学们说得真好，邻里相处的时候，别人会回报你的善意，你的快

乐在别人身上得以体现。

（二）"只有和气去迎人，哪有相打得太平？"讨论邻里不睦之现象

1. 出示格言："只有和气去迎人，哪有相打得太平？"说说这句话告诉我们什么？

悟：与人相处要和和气气，没有吵吵闹闹能够和平相处的。

2. 说说邻里之间你看到一些不和睦的事情。

三、践邻里情

"只有和气去迎人"，孩子们，如果在生活中，你遇到邻居相处不和睦的事情，你会怎么做呢？

1. 情景模仿

（1）看到邻居乱扔垃圾，你会怎么做？

（2）听到楼上半夜噪声很响，你会怎么做？

（3）看到邻居乱停车，你会怎么做？

教师引导学生：邻里之间要和睦相处，互相体谅，互相宽容，互相谦让。邻里之间热情相助，我们的社区就会有和谐的氛围。

2. 践行和睦邻里

（1）行动一：做一件小礼物送给帮助过自己的邻居。

（2）行动二：和邻居分享自己烹饪的小吃。

四、一周成长活动记录表

和睦邻里 我在行动

时间	我的行动	邻居的反应

五、学习活动反思

通过实践，分享自己心灵成长记录。

谦谦君子——心存善念

浙江省台州市黄岩区西江小学教育集团　王巧

学习内容：

1.善必寿考，恶必早亡。

2.善事可做，恶事莫为。

3.人有善念，天必从之。

4.善恶到头终有报，只争来早与来迟。

5.隐恶扬善，执其两端。

6.善有善报恶有恶报，不是不报，日子未到。

7.为善最乐，为恶难逃。

8.一毫之恶，劝人莫作。一毫之善，与人方便。

9.见善如不及，见恶如探汤。

——《增广贤文》节选

设计理念：

通过陈琴歌诀乐读法、聆听故事等学习活动方式，学生了解"善"的内涵。学会与人为善，学会表达自己的善念，倡导存好心，做好事，说好话，知道积小善能成大善。

班会目标：

1.通过名人故事树立善言善行的意识。

2.名人名言唤醒学生内心深处的善念。

3.学会与人为善，学会表达自己的善念，倡导存好心，做好事，说好话，知道积小善能成大善。

适合年段： 三、四年级

班会时长： 20分钟

班会过程：

一、引入（幻灯出示"善"字的演变史）

孩子们，你们能猜出"善"字意思吗？

"善"字上半部分是羊，在古代"羊"是吉祥的象征。下面是"口"，表示嘴巴里说出美好的、吉祥的言语，那就是"善"。

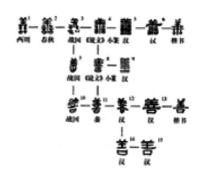

二、交流《增广贤文》里与"善"有关的名言

这段时间，我们学习了《增广贤文》中的"劝善黜恶篇"，老师知道你们积累了很多关于"善"的名言，我们来交流交流。

游戏"名言大接龙"

师：考考你们这阶段的收获，我们来一个"名言大接龙"的小游戏。男女组各派出一个代表，从老师这里抽签。一组说上半句，另一组的同学说下半句。

题目A：

（1）善必寿考，恶必早亡。（2）善事可做，恶事莫为。

（3）人有善念，天必从之。（4）善恶到头终有报，只争来早与来迟。

（5）隐恶扬善，执其两端。

题目B：

（1）善有善报恶有恶报，不是不报，日子未到。

（2）为善最乐，为恶难逃。

（3）一毫之恶，劝人莫作。一毫之善，与人方便。

（4）见善如不及，见恶如探汤。

（5）勿以善小而不为，勿以恶小而为之。

（二）说说身边的"善行"

孩子们，我们读了《增广贤文》里那么多关于"善"的名言，心中肯定也存下了"善"的种子，有"善念"才会有"善行"。咱们来说说我们身边的"善行"。预设：

1. 门口有一个横倒的扫帚，我把它扶起来。

2. 出操的时候，先出去的同学把凳子放到桌子下面，方便同桌进出。

3.同学摔倒了，帮忙搀扶起来。

4.书架的书本破了，我来补一补。

5.和别人交际的时候，用上"请""您好""麻烦"等礼貌用语。

6.学校的清洁工人每天认真打扫卫生，给我们整洁的校园。

7.食堂的叔叔阿姨每天起早摸黑为我们准备可口的饭菜。

是啊，正如刘备告诫自己儿子阿斗的"勿以善小而不为，勿以恶小而为之。"积善成德，善莫大焉。

三、讲讲中国历史上"善"的故事

（一）讲一讲"善行"小故事：

《孙叔敖和两头蛇》和《曹聪智救库吏》

（二）讨论我们明白了什么？（建议学生能用上自己所学的名言）

四、心存善念，践行善行

孩子们，从今天起，让我们存善念，行善事。

在"善行卡"上书写自己力所能及的"善行"。

把"善行卡"挂在班级"日行一善"栏里。

师：罗曼·罗兰说："灵魂最美的音乐是善良。"愿我们都能成为一个心存善念的人。

五、"日行一善"成长活动记录表

第_____周　　记录人_____

时间	我做的善事	我的心情

六、学习活动反思

通过学习，一周的心灵成长记录……

聊聊"孝"

浙江省台州市路桥街道实验小学　林玲

学习内容：

"重华大孝" ——《龙文鞭影》节选

父母教，须敬听；父母责，须顺承。 ——《弟子规》

设计理念：

百善孝为先，孝敬父母是中国人最基本的一种精神，孝是为人之根本。但，现今有许多人对孝的理解是有偏差的，觉得父母对自己的好都是理所当然，对陌生人的帮助会想着回报，对时刻呵护自己长大的父母不会想着照顾尽孝，却会因为父母的一点苛责就和父母闹上，甚至不可开交。中国是文明礼仪之邦，从小进行孝道教育，让孩子们自小就有孝敬长辈的意识，并付诸行动，就是本节课的初衷了，点滴渗透，润人心田。

班会目标：

1.借助"孝"的由来，引导学生理解"孝"。

2.利用《龙文鞭影》的名言和相关古人故事，通过讨论交流深入理解"孝"。

3.通过交流，引导学生意识到百善孝当先是中国人最基本的一种精神。

4.结合生活实际，明确要向父母、长辈行孝。

班会准备：相关课件

适合年段：四年级

班会时长：20分钟

班会过程：

一、初解"孝"

（一）我们先来看一组照片。第一张是清晨家人牵着我们上学的情景。第二张是寒冷的冬天妈妈背着书包开着电瓶车送孩子上学。那第三张呢？第四张呢？（孩子交流观察到的）

（二）孩子们，这些照片是不是有大家熟悉的情景呢？你想起了什么？（生交流）咱们来当一回下雨天接孩子的爸爸或妈妈（出示图片），先由右手边的那一排模仿：把你的书包背上，另一只手抱着同桌的书包，还有一只手做举伞的动作。感觉累了就马上换同桌来这样做一次。（怎样？累不？能坚持很长时间不？）

（三）这样的事，爸爸妈妈为我们做过很多，他们这么辛苦都是因为什么啊？（爱我们，板书：爱心）

（四）那你们爱自己的爸爸妈妈吗？答案是肯定的。但你真的会（重音强调）爱吗？老师在生活中听到了一些这样的声音，你们也一起听听（播放一些孩子对父母不耐烦的声音）

（五）听到这些声音，我发现你们沉默了。爸爸妈妈听到这样的声音，会怎样？（难过伤心）

二、理解"孝"

（一）故事《重华大孝》

1. 是他们不爱自己的爸爸妈妈吗？是他们不懂怎么去爱。都说"百善孝为先"（引导学生齐答），刚才听到的声音，会让父母的内心针扎一样，显然不是"孝"的表现！

2. 要说"孝"，明代萧良有编撰的《龙文鞭影》（出示书图）这本典籍开篇就讲述了一个"孝"的故事，这个故事就叫《重华大孝》。"重华"是谁？就是"舜帝"，是上古时期传说中的帝王"舜"。他活着的时候，大名叫"重华"，"舜"是他死后，人们这么称呼他的。中华上下五千年，孝顺父母的人很多，为什么"重华大孝"的故事从古至今为人称颂？我们一起来看看。（出示故事视频）

3. 看了这个故事，你看到了一个怎样的重华？

（预设：父亲和继母对他那么不好，他依然孝敬父母。）

4. 这么过分的故事，我们古人把它摆到了这本书的最开始，还是二十四孝的第一个，这到底是什么意思呢？

其实我们古人就是习惯讲一些非常极端的故事来告诉你：你遇得上这样

的事吗？你要是遇不上这样的事情，你有什么资格对父母不好？人家重华对父母都很好，你为什么就不能对父母好？他父母对他那么不好，他还对父母这么好，这就叫"大孝"。

（二）从现代生活中的"大孝"之人进一步感受"孝"

1. 中国历史上从古至今，大孝之人多如牛毛！现今，就有这么两位感动中国的"孝心少年"，他们的故事又是怎样的感人呢？我们一起来看看。

2. 请两位孩子为大家讲述故事。

3. 他们身上令我们感动的都是什么？（大孝）

三、明辨"孝"

（一）"孝"是我们中国人最基本的一种精神，《龙文鞭影》把《重华大孝》这个故事放在一开始，也是说明了这个。不过现在我们有些人认为，孝是相互的，爸爸妈妈对我好，我要孝敬他们。那是不是说爸爸妈妈如果因为某些原因，对你稍微差点，你就不孝顺父母啦？

（二）这样的想法，你们觉得？（生交流感悟）

就像《弟子规》中提到的"父母教，须敬听；父母责，须顺承。"（齐读）师引导：对于父母的教诲，我们必须要（恭敬地听从），对于父母的责罚，我们必须（虚心接受）。师拍手引读，生跟读。女同学拍手带着节奏读父母的，男同学拍手跟读后面的。

四、笃行"孝"

（一）重华明白这一点，所以他如此尽心侍奉父亲和继母。其实，了解父母、关心父母，也是孝顺父母的表现，那么你对父母到底了解多少呢？我们来玩一个真心话对对碰游戏。

（二）我们来看看大家的"哭脸"和"笑脸"的个数吧！老师希望今后我们的笑脸会越来越多，这是你的笑脸，也是你父母脸上幸福的笑容！

（三）同学们，我们在可以对父母尽孝的时候一定多孝顺他们，我们可以做许多事，不管事情的大小。我们有一个"一周百分表"计划，如果你能每周都能达到一百分甚至百分以上，你就是"孝心小达人"。

真心话对对碰	
	你了解父母多少？
父母的生日	☺知道_____月_____日 ☹不知道
父母最关心的事情	☺知道_____ ☹不知道
父母用于家庭一天的花费	☺知道_____ ☹不知道
经常与父母交流、沟通	☺经常 ☹偶尔甚至不交流、沟通
会为父母分担家务	☺经常做 ☹偶尔甚至不做
父母最喜欢的	☺知道_____ ☹不知道
注：要求一定要真实。依据真实情况勾选"√"相应的"哭脸"或"笑脸"。	

一周百分表		
具体项目	自我监督	父母监督
1.尽可能多地和父母海阔天空地聊聊	我做到了：☆	孩子做到了：☆
2.尽自己最大努力为父母分担家务	我做到了：☆	孩子做到了：☆
3.为父母捶背或洗脚、端茶倒水（留下照片）	我做到了：☆	孩子做到了：☆
4.坚持做好自己生活、学习上的每一件事情	我做到了：☆	孩子做到了：☆
5.陪父母散步或和他们一起做件开心的事情	我做到了：☆	孩子做到了：☆
也可以除以上项目外的事件：_____ _____	我做到了：☆	孩子做到了：☆
注：每颗星"10积分"，每一项总共"20分"。	总分为：	

精忠爱国

浙江省台州市路桥街道实验小学　林玲

学习内容：

"武穆精忠" ——《龙文鞭影》节选

岳飞的《满江红》

设计理念：

爱国主义作为人的一切基本道德价值观和品质，必须从小培养，经过长期教育和熏陶，才能逐步形成。中国从古至今，英雄辈出，为了保家卫国牺牲自己的数不胜数，也正因为他们的热血才换来如今的中国屹立于东方。通过这节课，引导学生切实体会英雄的爱国热情，歌颂英雄，赞美英雄，热爱祖国，忠于祖国。

班会目标：

1.利用《龙文鞭影》的名言和相关英雄故事，通过讨论交流深入理解"精忠"，并产生对英雄人物的爱国情怀的敬佩之情。

2.通过交流，引导学生意识到精忠爱国是每一个中国人最基本的一种精神。

3.通过学习，激发学生对祖国的热爱之情，从而产生忠于国家、报效祖国的责任感和使命感，明白爱国从我做起、从小做起。

班会准备： 相关课件

适合年段： 四年级

班会时长： 20分钟

班会过程：

一、引主题

（一）我们先来听一首歌。（出示：《精忠岳飞》主题曲）

（二）孩子们，我们听到的是电视剧《精忠岳飞》的主题曲，听了之后，同学们有什么感受呢？（歌曲很壮烈；岳飞保家卫国；那时战火连天）

（三）是啊，岳飞是我国南宋抗金大将军，为了将金人赶出国土，他带领的岳家军做出了多少牺牲。他是当仁不让的"精忠英雄"。（出示"精忠爱国"）

二、话"精忠"

（一）故事《武穆精忠》。

1.师：岳飞的故事流传至今，每一个中国人都应该知道他。在明代萧良有编撰的《龙文鞭影》（出示书图）这本典籍中一开始就讲述了他的故事，叫"武穆精忠"。"武穆"是岳飞死后，人们这么称呼他的。这位抗金英雄的故事到底是怎样的呢？听老师给大家讲讲。

2.故事讲完了，此时你心中最想说的是什么？

生发表意见（预设：岳飞是一个把祖国放在生命之上的人，为了保卫家乡，可以付出一切在所不惜；当时皇帝的昏庸无能；奸臣当道）

3.《龙文鞭影》这本书在一开始，先讲了"孝"——重华大孝的故事，再讲了"忠"——武穆精忠的故事（出示书图片）一开始就讲了"孝"和"忠"，这是《龙文鞭影》这本书刻意这样写的。为什么呢？咱们一起来读读这段话：

我们中国古人要传递给大家的精神，最重要的两字，一个是"孝"，一个是"忠"，在家要孝敬父母，而在这个社会上，要忠于这个国家，忠于自己的民族，这才是中国人最基本的两种精神。哪个在前呢？"孝"在前，在家里不孝敬父母，你不可能热爱祖国，所以把孝敬父母放在前面，再把热爱祖国摆在后面，才相信你说的是一句真话、实话。只有一个"大孝"的人，才是一个"精忠"的人。（出示"大孝""精忠"）

（二）分享英雄故事，进一步感受"精忠爱国"。

忠于国家，热爱国家，为祖国牺牲自我的英雄数不胜数。同学们，你们有分享的吗？从古至今的，你了解到的都可以来说一说。（预设：虎门销烟林则徐、烧身就义邱少云、绝不投降方志敏）

（三）英雄人物，让我们敬佩不已。也正因为有了他们，才有了我们中国辽阔的疆土和令世人瞩目的发展势头。让我们对着这些英雄敬个礼，并对着他们说："伟大的英雄，我们的骄傲！"

三、明"精忠"

（一）师生共诵：（师）鸟儿选择了天空，（生）因为它有一双能够凌空飞翔的翅膀；（师）鱼儿选择了海洋，（生）因为它有一条能够游水的尾巴；（师）骏马选择了驰骋千里，（生）因为它有矫健的身姿；（师）历史选择了中国，（生）因为它的民族有团结的力量。（师）一个曾被称为"东亚病夫"的国家，（生）一个曾被列强侵略的国家，（师）一个曾饱经风霜的国家，（生）但它并不懦弱，（师）它选择了"（生）千锤万凿出深山"，（师）选择了"（生）千磨万击还坚劲"，（师）正是这种精神，让历史选择了它——（生）东方一只永恒的雄鸡。

（二）我们现在的幸福生活来之不易，那是无数英雄用鲜血和生命换来的，他们为我们开拓前路，作为中国未来之星的我们又该怎么做才能担负起继续前行的重担呢？

咱来一段儿快板《责任在心中》：

（三）同学们，我们的责任不是非要做惊天动地的大事情，我们虽然年纪小，可我们可以从身边的小事做起，从点滴做起。所有人的这些事情终会汇聚成巨大的力量，让我们的祖国更加繁荣昌盛，因为我们——（生）爱祖国！

四、行"精忠"

（一）让我们拿起手中的笔，在爱心便签纸上写一句现在最想说的话。

（全班交流、分享）

（二）让我们在音乐声中齐诵岳飞的《满江红》。

（三）前有英雄斩荆棘，后有我们展未来。我们热爱祖国，热爱自己的家乡，所以我们要铭记自己的责任，踏着英雄们铺好的路继续努力前行，不负众望！

（四）课后，我们可以：

1.继续搜集爱国歌曲，感受爱国情。

2.继续搜集"精忠爱国"的英雄故事以及古文诗词。

3.将自己写的感言贴在自己的桌角，时刻提醒自己：责任在于心。

4.和小组同学共同制定一份"爱国倡议书"。

5.和爸爸妈妈一起观看《精忠岳飞》《战狼》《流浪地球》《烈火雄心》等电视剧、影片，并写一写简短的影评。

仪表和美

浙江省台州市路桥街道实验小学　林玲

学习内容：

尧眉八彩，舜目重瞳　　　　　　　　——《龙文鞭影》节选

设计理念：

我们的生活不缺乏美，只是缺少一双发现美的眼睛。美，每个人都会去选择和追求，只有会追求美，才会珍惜和善待美的事物。美，对于人来说，可分为外在美和内在美，这是一致公认的。而内在美比外在美更加为人所接受，认为一个具备内在美的人是有内涵的，是可以掩盖外表的不足的，是人们本着人性美去的，这些都没错。本节课，我们重点讨论仪表和美，打破上面人们一贯的思维，意欲引导孩子时刻关注自身仪容仪表为先，才能更好地展现自己内心的真善美，这才是真实不虚假的美。

班会目标：

1.利用《龙文鞭影》的名言和相关典故，引发关注自己的仪容仪表。

2.通过讨论交流，引导学生意识到注重仪表和美的人，也是对别人的最起码的尊重，更是展现内心真善美的基本。

3.通过本节课，引导学生产生一种要办实在事，做实在人的意识，并能付诸行动。

班会准备：

一幅彩色小门神画；相关课件。

适合年段： 四年级

班会时长： 20分钟

班会过程：

一、引出主题

（一）这是一幅小门神的画，同学们一看，第一印象就觉得怎么样？（出示：小门神彩画）（预设：很可爱；色彩很鲜明、很漂亮）

（二）中国人在过节的时候会在门上贴两个门神，为了能够消病去灾，因为这个神灵可以保佑（课件出示"神灵保佑"）自己。

（三）其实，中国古代的门神，不会像这张门神一般可爱，可是和这张画有一个非常相同的特点，就是颜色非常丰富（课件出示"色彩丰富"）。中国人认为"神灵都是有异象的"（出示），神灵一定是这么彩色地出现，一定是光彩照人，很多颜色，才会出来的（出示"仪表和美"）。

二、明晰伟人之"仪表美"

（一）故事《尧眉八彩，舜目重瞳》

1. 师：不仅如此，中国古人认为那些伟大的帝王也是这样的。就比如《龙文鞭影》里的这句"尧眉八彩，舜目重瞳"（出示）。

2. 解读"尧眉八彩，舜目重瞳"。

出示：尧：传说中的上古帝王。重瞳：眼睛里有两个瞳仁。

尧眉八彩：尧的眉毛有八种颜色。舜目重瞳：舜的眼睛里有两个瞳仁。

（二）尧帝，上古时期相传伟大的帝王，他的眉毛有八个颜色。这是真的吗？尧帝，他真的有八个颜色的眉毛吗？但是尧帝都可能不是真实存在的，何必要追求这个细节的真实呢？再总之，在人们的心中，他一定是那样的，因为只有这样才能成为一个神灵，才能成为伟大的帝王啊。舜呢，他的眼睛里有两个瞳孔。哇，每个眼睛里都有两个瞳孔，这得有多恐怖啊！但是这样才神奇，才奇妙啊。这样就叫作"圣人有异相"（出示），就是凡是伟大的人都有不同的长相。

（三）讲到这儿，同学们应该就明白了"为什么神灵都要有这么多颜色呢？"

这是人们的心中对他们的感觉。中国人认为，如果你伟大，在我们的心中你就有奇异的，不同于别人的特长，在长相上就会如此。

三、仪表美先行

（一）看来一个伟大的人是很注重外表的，只有这样才衬得起圣人、神祇的形象（出示）啊。我们作为一个普通人，当然不用非得是一个眼睛、两个瞳孔这样的异象，我们也能做到外表和美才能让人愿意亲近，那该怎么做才正确？

（预设：讲卫生，勤换衣，勤洗头，让别人看来是舒服，能接受，不厌恶）

（二）也就是说，合适的仪表仪容，与人交往才算礼貌，也是文明礼仪的体现。反过来，如果你的外表脏兮兮，甚至非常难堪；如果你经常不换衣服，还能让人闻到你身上有一股怪味儿的话，与人交往是不是有些不够尊重人？

（三）那么，同学们，这里有一个问题来了，有人说内在美才是真的美，不用太注重外在美，你们觉得呢？

不矛盾，内在美是一种精神美（出示），一个普通人就算是身上没有八彩和重瞳这些奇异的景象，你是不是也该让自己变得美丽一些，让自己好看一些，所以注重外表不是什么错误，这跟奢侈没什么关系，就是你应该把自己打扮得干干净净、漂漂亮亮的，适合、不过度。（出示）

（四）就像这句话所说的：爱美之心，人皆有之。也有这么一句话说：美就是真，真就是美。（出示）其实，这句话对于美的定义就是我们本节课最重要的，是希望大家能够做一个实在人，适宜的仪表仪容，真诚实在的心内世界足矣。

四、总结

今后在日常生活中，希望每一个人都能做一个彩色的人，做一个美丽的人，告诉自己：我的精神美好，外表也要美好。

谦谦君子，知书达礼

浙江省台州市实验小学 孙丹娟

学习内容：

衣着容貌："冠必正，纽必结，袜与履，俱紧切。"　　　　——《弟子规》

行为举止："君子不重则不威，学则不固。"　　　　　　　——《论语》

言语辞令："修辞立其诚，所以居业也。"　　　　　　　　——《周易》

设计背景：

礼仪是人类文明的标尺，是一个人美好心灵的展现，是每一个人必修的一门课程。人在社会交往中，注重仪表形象，掌握交往礼仪，自觉地运用礼仪规范，"举止文明，处世得体"，表现出古人所要求的"谦谦君子""知书达礼"，或是西方提倡的"绅士风度"，方称得上是一个有教养的人，方可"有礼行天下"。中华民族素有"礼仪之邦"之称，而目前，我们对青少年的礼仪教育都不够重视，加上一些负面影响，令我们担忧地看到这一代学生所表现出的礼仪规范方面的不足。注重礼仪方面的自我修炼，学习礼仪、运用礼仪，给人留下彬彬有礼和富有教养的印象，展现我们良好的"软实力"，能更加令人尊重和欢迎。

班会目标：

1. 知识目标：懂得仪容、举止、表情、服饰、谈吐和待人接物等六个方面的礼仪要求，懂得礼仪是展现一个人教养的最好体现。

2. 情感目标：认识到礼仪的重要，有养成文明礼仪的迫切需要，并能严格要求自己。

3. 能力目标：学会常用礼仪的基本规范，尽量能做到"知书达礼"，有"绅士"风度。

班会准备：

收集基本礼仪的知识、礼仪规范的图、相关视频、礼仪故事等。

适合年段： 五、六年级

班会时长： 20分钟

班会过程：

一、作揖导入，话说礼仪

（一）出示孔子像提问：这是谁？

孔子，伟大的思想家、教育家。

（二）他的两只手放在胸前，这个姿势叫什么？

一种行礼方式，叫"作揖"。

孔子的画像，大多是这样的姿态。

（三）为什么要这样？你们能说说自己的理解吗？

学生表示：孔子是大圣人，儒学讲究以理服人，以礼待人，这样显得很谦恭，很有礼貌。

（四）这种行礼方式影响深远，大家来看看（出示各种作揖图），作揖，又叫拱手礼，上到朝见皇帝，下到日常问候，都会使用，是我们中华民族行礼的方式。其实这种行礼方式，有很多讲究，行礼时，男人左手掌在外，女人右手掌在外。同学们想不想试试？学生尝试。

（五）作揖有不同的动作规范，为什么这么复杂？见个面，还这样手摆来摆去的。哼哈一句，或者点个头，甚至互不搭理，多简单呀！

学生纷纷表示：出于一种尊敬，显得知书达礼，很有修养。

（六）的确，显得很文明，有教养，我国自古就是"礼仪之邦"，提倡做人要有"谦谦君子"的风度，凡事要"知书达礼"。今天我们就一起来谈谈这些问题。（板书课题：谦谦君子，知书达礼）

二、谦谦君子，知书达礼

（一）何为谦谦，何为达礼

师：看到"谦谦君子""知书达礼"这两个词，你会想到什么？

生：很文明，很谦虚，很高尚的一种人。

生：知识很渊博，很有礼貌，有爱心，心地善良。

生：谦谦君子，是指那些温文尔雅，很有绅士风度的人吧。

生：男的有绅士风度，女的有淑女风范。

师：是的，这里还有一些词，哪些是形容谦谦君子、知书达礼的？

绅士风度，偷蒙拐骗，彬彬有礼，粗暴野蛮，无耻之徒，待人谦和，衣冠得体，谈吐高雅，工于心计，举止优雅，良好修养，淑女风范，得理不饶人，知识渊博，人犯我必反击，见多识广，有爱心，为祸一方，尊老爱幼，无法无天，尊重对方，心地善良，肮脏可恨，无不良嗜好，心狠手辣，人际关系融洽，凶相毕露，满口粗话

学生回答。（师依次刷红）

这儿有几幅图，你觉得哪些人是谦谦君子，知书达礼呢？为什么？

出示：

图1：一位优雅的男士为女生指引。

图2：有人在候机室、动车候车室脱掉鞋子休息或躺在椅子上等。

图3：一位老奶奶乞丐给一个拉二胡的盲人乞丐捐钱。

图4：一老一少两个衣衫褴褛的人面带微笑地坐在石板上看书。

图5：一个老人为坐在轮椅上的老伴推车，自己却淋雨，一个志愿者为老人打伞。

图6：三个衣着鲜亮的年轻人爬上树枝玩耍。

学生回答。

引导小结：谦谦君子跟容貌无关，知书达礼跟贫富无关，跟行为举止有关。（板书）

（二）为何谦谦，为何达礼

师：人为何要学着去做一个谦谦君子、知书达礼的人呢？

学生进行讨论后交流。

引导小结：这是人的一种需求，是社会进步、人类文明的一种表现。

三、学习礼仪，我们能行

（一）礼仪知识知多少

1. 其实我国很早就形成了一套礼仪规范，孔子的作揖礼就是证明。

出示：古人要求，举止庄重，进退有礼，执事谨敬，文质彬彬，主要体现在"衣着、举止、言辞"三个方面。

内容	要求	释义	理由
衣着容貌	"冠必正，纽必结，袜与履，俱紧切。"——《弟子规》	帽子要戴正，纽扣要扣好，袜子和鞋子要穿得服帖。	衣冠不整，鞋袜不正会使人反感。
行为举止	"君子不重则不威，学则不固。"——《论语》	君子举止不庄重，就没有威严，即使读书，学习的知识也不会牢固。	在公共场合举止应该庄重、谨慎而又从容。
言语辞令	"修辞立其诚，所以居业也。"——《周易》	修饰言辞出于至诚的感情，就可建功立业。	语言是文化修养的一面镜子。巧言令色的人，不能取信于人。

（1）师生歌诀乐读

（2）释义

（3）讲述理由

2.这是我国传统礼仪的精华。我们今天也有很多的礼仪规范，像我们的学校校规、班级公约等，都对此有所借鉴。

出示现代人的礼仪要求：

★讲究仪容和服装整洁。

★言行举止彬彬有礼。

★文明用语，礼貌待人。

（二）我的礼仪怎么样

1.关于礼仪，你们觉得自己做得如何呢？（学生自我罗列）

2.引导小结：从"仪表、行为、语言"三方面去做到知书达礼。

（三）懂得礼仪我能行

1.同学们，礼仪是一种无声的语言，能反映出一个人的道德修养，也向人们传递着一个人对生活的态度。

2.情境表演：

两个学生坐在凳子上，一个学生穿着邋遢，把一只鞋子脱了，把穿着袜子的脚翘在凳子上，一边挖鼻屎，一边写作业，并不时咬笔头，不时发出叽里咕噜的声音；另一个学生穿着整齐，端端正正地坐着，认真写作业。（学生纷纷表示第一个学生很不文明，应该向第二位学生学习。）

3.引导小结：礼仪是修养的表现，一个优雅的人更能得到别人的喜欢。

四、文明宣言，争做君子

1.想做一个谦谦君子吗？那请大家说出自己的文明宣言吧！（宣读师生课前收集的关于文明礼仪的名言警句）

一个温馨的微笑，一句热情的问候，一个友善的举动，一副真诚的态度，尊重他人，与人友善，表里如一，文明礼让。

多一点幽默，少一点责骂；多一声问候，少一声吼叫；多一次礼让，少一次熙攘。

"请"字当头带微笑，妨碍他人说"抱歉"，请求帮助应"道谢"，分别时送"再见"，有理不必高分贝，无理更需自收敛，男士应具"君子"样，女士渐显"淑女"相，和谐社会共创建！

……

2.优雅的人，无论走到哪里，都受欢迎，希望大家都是知书达礼的谦谦君子。也期待大家有恒心，虚心接受他人的监督，不知同学们是否愿意？（当然愿意）

3.那么签订一个协议书，如何？

谦谦君子协议

我要签下谦谦君子协议，做到知书达礼，并接受同学、老师和家人的监督：

①讲究仪容和服装整洁，远离粗俗。

②言行举止彬彬有礼，文雅大方。懂得礼让，学会谦虚，遵守公共秩序。

③文明用语，礼貌待人，不做任何越礼之事。多使用"请""您""谢谢""对不起""再见"等文明用语，展示自我的教养和风度。

协议人：

学生签订协议书，选拔监督组，相互结成礼仪互助组合。

恕人即是恕己

浙江省台州市实验小学　孙丹娟

学习内容：

子贡问曰："有一言而可以终身行之者乎？"子曰："其恕乎！己所不欲，勿施于人。"

——《论语·卫灵公》

设计理念：

现在的学生以独生子女为主，多以自我为中心，与同学相处易产生矛盾，常常又不会合理消解矛盾，导致矛盾激化。因此，在五、六年级召开"恕之道"的主题班会，让学生学会宽容和理解，与同学和睦相处。因此，在这样的背景下，对学生进行"恕"的教育尤为重要。

班会目标：

1.通过"恕"的字形和《论语》对"恕"展开探讨，理解"恕"；

2.理解"恕"在生活中的重要性，初步感悟如何在生活中与人和谐相处，建立良好的人际关系。

3.学会理解宽恕别人，与人友好相处。

班会准备：

视频、PPT、"恕"有关的名言诗句的收集

适合年段： 五、六年级

班会时长： 20分钟

班会过程：

一、认识"恕"

（一）同学们，今天我们聊一下"恕"。出示：恕，心字底，上面一个如。指如人之心，就是想别人所想，推己及人，换位思考，心中有他人，懂得理解别人，懂得宽容宽恕，只有这样才能：称心如意。"恕"是一种高尚的思想境界。

（二）早在两千五百年前的孔子，就将忠恕作为自己待人的准则。他在《论语·卫灵公》中有这样一句话：子贡问曰："有一言而可以终身行之者乎？"子曰："其恕乎！己所不欲，勿施于人。"

1.陈琴歌诀乐读法

2.释义

什么意思呢？就是：子贡问道："有一个可以终身奉行的字吗？"孔子说："大概是'恕'吧！自己不想要的，不要施加给别人。"

（三）"己所不欲，勿施于人"。用现在的话来说，就是要在与人相处中做

到换位思考，学会理解别人，尊重他人。这也是我们同学们和谐的人际交往所必备的。

二、感悟"恕"

（一）小调查：

1. 我们班从未因为小事与同学、老师发生过矛盾的同学举手。（点人数）

2. 与班上的同学发生过矛盾，觉得心情很不舒畅的同学举手。

（二）感知"恕"：

（1）其实，我们生活中也存在许多不和谐的场景。（让学生知道不会理解别人可能造成的极其严重的危害。）

一个同学到教室外面去了，一个把门顶住，不准他进来。

发本子的同学，扔本子到别人的面前。和别人无意相撞但拒不道歉，引发争执。

（2）运动会的接力赛，接棒的同学掉棒了，直接导致比赛的失利，你会对他说什么？

如果是你掉棒了，你希望对同学们说什么？有了同学的理解，很多矛盾就得到了消除。

（三）领悟"恕"

1. 六尺巷的故事

中国文化、社会里最宽的一条巷是哪条巷？我认为是安徽桐城的"六尺巷"。它"宽"不是宽在"六尺"上，而是"宽"在人的心灵境界与社会行为上！

2.《将相和》的故事

3. 你认为朋友间应该如何相处？（自由发言）

理解宽容是化解矛盾的最佳良药！

三、学会"恕"

（一）请我们班上人际关系最好的同学谈谈与同学相处的经验。

（二）相互的理解、宽容带来和谐。（时光倒流，你碰到生活中的不和谐场景会怎样做？）

（三）真情告白：鼓起勇气，亲口跟她（他）说抱歉，请求原谅。

（四）学习有关恕的名言：

1. 以律人之心律己，以恕己之心恕人。

2. 为宽可以容人，为厚可以载物。

3. 爱人者人恒爱之；敬人者人恒敬之。

4. 开口便笑，笑古笑今，凡事付之一笑；大肚能容，容天容地，于人何所不容！

四、总结升华

"恕"决不是放任、纵容，消极的无所作为。"恕"象征着尊重、信赖、理解和沟通。如果我们想拥有一个团结、和谐、融洽的班级，我们必须拥有"恕"的思想。在此，希望我们人人都能做到大度，拥有宽恕之心！

五、践行作业

1. 天天对身旁的人多笑笑，把快乐接力下去。

2. 当别人让你不愉快时，尽量去理解他，了解他的苦衷，宽恕他，化解矛盾。

3. 每天做一件好事。

静以修身　宁静致远

浙江省台州市实验小学　孙丹娟

学习内容：

夫君子之行，静以修身，俭以养德。非淡泊无以明志，非宁静无以致远。夫学须静也，才须学也，非学无以广才，非志无以成学。

——《诫子书》

设计背景：

目前，许多教师感觉书越来越难教，抱怨如今的小学生"越来越浮躁"。做题不深思，写字潦草，读书不静心；读课外书更无心，往往在家长或教师的"硬逼"之下才完成。浮躁心理,是当今小学生的普遍现象。与浮躁心理格格不入的是静心、专注、坚持等良好心理品质。静心、专注、坚持,是每一个成功者必备的品质。一个人,无论他有多聪明的头脑,丧失了这些基本的品质,都将难以跨入成功者的行列。无数科学家、政治家、企业家乃至社会成功人士用事实毋庸置疑的证明了这点。小学处在一个人人生起步的重要时期,也是心理品质形成的关键时期。在这样的背景下,静心教育显得尤为迫切。

班会目标:

1.通过《诫子书》节选的学习,理解"静"的重要性。

2.明白公共场合保持安静是基本礼貌,是公民素质的体现。

3.学习如何入静的技巧。

班会准备: 相关故事与案例、制作PPT

适合年段: 五、六年级

班会时长: 20分钟

班会过程:

一、话说"静"

(课件出示:学生午休时间吵吵闹闹的视频)你们感受到什么?耳朵怎么样?实在太吵太闹了,老师的脑袋都快要炸了。此刻我们最需要的是什么?——耳根清净一会儿。

二、悟"静"

(一)理解"静"

那么,你是如何理解"静"?"静"包括性情沉静、心灵宁静。

(二)性情沉静

保持安静是一种公德,它包括校内公德和校外公德。

1.保持安静是一种公德——校外

据一位中国驻法国记者根据亲身经历撰写的报道,有一次,在巴黎卢浮宫,当所有游客屏气息声地观赏艺术作品时,忽然一句洪亮的中国话炸响:"蒙娜丽莎就在前面那个厅!快走啊!"紧接着,20多名中国人蜂拥而至,把名画"蒙娜丽莎"围了个里三层外三层，别的游客根本别想靠近，他们一边相互招呼着，一边轮流与"蒙娜丽莎"合影。由于"动静"太大，最终引致博物馆管理人员的干预。

在巴黎圣母院，公共场合有中文的地方并不多，但是去过巴黎圣母院的中国人都会看到这句中文告示："请保持安静！"据说这是专门示意给咱们爱在公共场合"热闹"的中国人看的，而其他国家包括法国的游客并没有这种"礼遇"。

教师小结：公共场合保持安静是基本礼貌，是公民素质的体现。

2. 保持安静是一种公德——校内

校内公德又可以分为（上课安静、午休安静、自习安静、宿舍安静）

你能做到吗？

上课不说闲话，安静认真地听讲。

午休不说话，不吵闹，安静地睡觉。

晚自修不讨论，不玩笑，安静地学习。

遵守宿舍纪律，创造安静的休息环境。

在公共场合如图书馆等地不喧嚣玩闹，保持安静。

教师小结：保持安静是一种公德，性情沉静是一种成熟。

3. 举例林丹两次奥运会的不同表现，突出静心的好处：

2004雅典奥运会，林丹，因急躁而失利；2008北京奥运会，林丹因静心而成就冠军。

4. 性情不静的表现，你有几个？

上课一听就懂，练习一做就错。

书一看就会，一放下就忘。

题目没审就做，没看清条件就做。

做完题没检查好就上交。

考试后汇总，总以"粗心"为借口。

（三）心灵宁静

1. 心灵宁静是一种智慧

关于心灵宁静，佛家、道家、儒家都有一个共同的理解，就是"静能生慧"。

佛家语："灵台清静，静能生慧，慧能生智。"

道家云："静能生定，定能生慧。"

儒家在《昭德新编》载："水静极则形象明，心静极则智慧生。"

同学们，中国几千年的文明里都在告诉我们，只有静下心来，才能拥有大智慧，所以我们要想变得更聪明，就好好静下来，静下来读书，静下来做事吧。

2.《诫子书》里体悟静心

诸葛亮在《诫子书》里教育他的子女，要静下心来学习。我们学习一下《诫子书》，大家先用陈琴歌诀乐读法来读一读。意思你们理解吗？体会其中包含的意思。

夫君子之行，静以修身，俭以养德。非淡泊无以明志，非宁静无以致远。夫学须静也，才须学也，非学无以广才，非志无以成学。

——《诫子书》

3. 毛泽东"闹中求静"

毛泽东主席大家都知道，他是一代伟人，我们学过他的《七律·长征》，他带领中国工农红军取得了二万五千里长征的胜利。长征花了整整两年时间，历经多少磨难，这需要多少坚强的意志才能做到的啊？那么伟人是天生就伟大吗？当然不是。

毛泽东少年时代为了磨炼自己的意志，偏偏到车水马龙的城门下读书，用他的话说这叫"闹中求静"。他以后所以有大敌当前指挥若定"敌军围困万千重，我自岿然不动"的气度，在行军打仗的动乱的情况下看书、工作，能够在马背上写出绝妙的好诗来。

教师小结：行动盲目，心神不定，缺乏恒心和毅力，急于求成，不能脚踏实地学习，这种心理情绪就是我们通常所说的"浮躁"。浮躁心理是当前小学生较易出现的一种心理现象，在某些学习阶段，甚至成为一些小学生的通病。

4. 心不静的表现，你有几个？

"坐不住"：在课上找各种借口不听课，东张西望，交头接耳。

"听不进"：觉得课上老师讲的东西太"简单"，不值一听，哈欠连天，或交头接耳，根本不管老师在讲什么。

"想不到"：在自己支配的时间内，不知道该做什么，什么先做什么后做，

117

甚至手足无措，一会看看这本书，一会看看另一本。

"改不了"：浪费时间，虚度光阴后时常后悔自责。在老师批评和考试失败后，短时间内能意识到自己的错误，也能付出一定的努力，但几天之后，依然故我，虎头蛇尾，不了了之。

"忙不停"：每一天都在烦躁的忙乱中度过，总感觉时间不够用，从早忙到晚而内心却没有充实的感觉。感觉自己做了很多却没有什么收获。

三、践行"静"

那么怎样做到"静"呢？咱们就要思考一些入静技巧：

1. 仪式引导

仪式的方法不拘一格，只要能让自己明白、明确现在要开始静心投入学习身心放松，排除杂念，闭上眼睛，深呼吸，同时缓缓上下左右前后地活动头部。

2. 远眺静景

远眺可以放松眼球神经，随着视野扩大，烦躁会得到部分释放。之所以强调"静景"，是因为动景容易让心思过分活跃。

3. 自我暗示

要学会适当的时候进行自我暗示，以消除或淡化急躁心理。如，当急躁情绪出现时，就自己提醒自己"要冷静点，着急能解决问题吗？心急只会把事情弄糟的。何必太心急呢？"等等。

四、总结升华

同学们，保持安静是一种公德，性情沉静是一种成熟，心灵宁静是一种智慧，让我们从小事做起，从身边的点滴做起，每天静下心来，从小学习都做文质彬彬的绅士，温文尔雅的淑女。我们只有静得下来，人生之路才能走得更远，静以修身，宁静致远！

五、实践作业

1. 每天静心远眺至少10分钟。

2. 每天静心阅读至少半个小时。

3. 每次与他人交流不要急于表达，要先想好再说。

思英雄　话责任

浙江省天台县实验小学福溪校区　张燕

学习内容：

岂曰无衣？与子同袍。王于兴师，修我戈矛。与子同仇！

岂曰无衣？与子同泽。王于兴师，修我矛戟。与子偕作！

岂曰无衣？与子同裳。王于兴师，修我甲兵。与子偕行！

——《诗经·秦风·无衣》

设计理念：

通过谈议国内外重大事件、歌诀乐读悟经典《诗经·秦风·无衣》、制作书签话责任等活动方式，缅怀烈士，感受同仇敌忾，激发学生爱国情怀，明确当下自己的责任。

班会目标：

1. 聊中印边境的冲突事件、牺牲战士的事迹学习，激发学生致敬边关战士。

2. 歌诀乐读并理解《诗经·秦风·无衣》，感受同仇敌忾和爱国情怀。

3. 结合学生实际聊当下自己的责任与担当。

班会准备：

PPT，相关资料的收集

适合年段： 六年级

班会时长： 20分钟

班会过程：

一、聊时政，思英雄

（一）引时政，知事件

同学们，再过两个半月，我们就要小学毕业迈入中学的大门了，在学习之余，不知道你们有没有在关注时政新闻。2月份有一则震惊世界的新闻，央视军事报道栏目披露了去年6月发生在中印边境的加勒万河谷冲突事件，同学们有听说过吗？老师在这里想跟同学们再回顾一下。

同学们看，这是我国西北边陲的喀喇昆仑高原，旁边有一条加勒万河谷。河谷的一侧是中国境内，另一侧是印度。这条河就是边境，跨过这条河就是越境，就是侵略。

但是去年6月，印军公然违背与我方达成的共识，悍然跨河越线挑衅。如果是你，你会怎么想？怎么做？（是的，祖国领土寸土不让，面对来犯之敌，我们要英勇战斗。）

我们的戍边团长祁发宝当时就带着几个战士前去交涉，请大家看这段视频。

（二）谈感受，思英雄

看到这则新闻报道，作为中华炎黄子孙的你想说些什么？（是的，作为军人，捍卫领土完整是他们的使命和责任，不惜牺牲自己的生命，他们也要完成使命。）

在前出交涉和激烈斗争中，我方有一名团长重伤，四名官兵牺牲。他们以血肉之躯捍卫了国家的领土完整与主权尊严。四名牺牲烈士中，最年轻的陈祥榕，只有19岁。王焯冉、肖思远，只有24岁。陈红军，也只有33岁。他们的生命还是如此年轻，但他们用伟岸的身躯守护着祖国的每一寸土地，他们的爱国精神气贯长虹。

二、感悟《无衣》

（一）读悟《无衣》

自古以来，中国的军人都是如此，为了祖国的领土不被侵犯，他们抛头颅，洒热血。且看2700多年前的《诗经·秦风·无衣》。（歌诀法诵读）说说你对这首诗歌的理解。当时，周王朝逐渐衰败，西戎国入侵，周天子授命秦襄公出兵抵抗西戎。就这样，100多年来秦国上下齐心协力，同仇敌忾一直抗击西戎，平定了西戎12国。

（二）抗疫战《无衣》

这首诗歌后来就成了我们炎黄子孙战斗的战歌。古代硝烟的战场唱起这首歌，现今没有硝烟的战场，我们同样唱起了这首歌。去年新冠肺炎疫情无情地肆虐着中国大地，各地的医务人员不顾自己的生命赶往武汉，与武汉人

民一起抗击疫情。他们与子偕作，与子偕行，终于打赢了这场抗疫战……（视频播放）

三、话责任与担当

（一）谈新疆棉花事件

同学们，戍边战士的责任是守卫边疆，医护人员的责任是治病救人。一代人担负一代人的责任！前段时间新疆棉花事件，我想在座的老师和同学们都知道，有人诋毁祖国，说我们的祖国在压迫新疆人民，压迫新疆人民干活，使我国的声誉在国际上受到一定的影响。这件事情的始作俑者竟然是中国人，名叫许秀中，年仅27岁，却勾结外国，造谣诋毁中国。你想对新疆棉事件的始作俑者许秀中说什么？

（二）写责任书签

今天的世界并不安宁，面对贪婪、扩张与霸权，每一个热爱和平的人都应居安思危。同学们，作为炎黄子孙的你们，作为即将迈入中学大门的你们，你觉得我们当下的责任又是什么呢？请写在书签上。

四、行责任与担当

同学们，刚才老师看来你们的责任书签，也听了一些同学写的责任，我相信大家肯定能肩负起自己身上的责任，做一个有担当有作为的新时代好少年！

一周成长记录表

第＿＿＿＿＿＿周　　　记录人：＿＿＿＿＿＿＿＿＿

时间	心情叙述	改变想法	改变做法	心情变化

五、活动反思

通过活动，我的心灵在成长，我……

读经典　悟孝道

浙江省天台县实验小学福溪校区　张燕

学习内容：

有子曰："其为人也孝弟，而好犯上者，鲜矣；不好犯上，而好作乱者，未之有也。君子务本，本立而道生。孝弟也者，其为仁之本与！"

——《论语·学而》

设计理念：

通过谈议最近热门电影《你好，李焕英》、歌诀乐读经典《论语》《弟子规》《三字经》中有关孝的句子感悟孝道，调查表、做卡片等形式，明确当代少年应如何行孝。

班会目标：

1. 谈议电影《你好，李焕英》，明白孝敬父母，不在将来，而在当下。

2. 利用《论语》《弟子规》《三字经》的名言和名人故事引导学生理解"孝"。

3. 学生懂得孝敬父母是传统美德，是一种修养，践行做一个孝顺父母的好少年。

班会准备：

关于"孝"的名言书签，阅读相关经典著作，收集相关故事、名言，班会PPT。

适合年段： 五、六年级

班会时长： 20分钟

班会过程：

一、引孝道

（一）课件出示：《你好，李焕英》

师：孩子们，这是今年特别火的电影《你好，李焕英》，相信我们班大部分孩子都看过，它主要讲的是什么呢？

（二）师：老师也看了这部电影，也是含着泪看完的，电影中的很多话也深深地印在了我的脑海中。我想，此刻同学们肯定也想起了自己的妈妈，想起了爸爸妈妈关心我们的点点滴滴，想起了他们的爱无处不在。请分享一下父母爱的小片段。

（三）然而时间太快，我们还来不及细细描摹妈妈年轻时的模样，快到我们还来不及带她们去实现各种各样的梦想，岁月的痕迹已经悄悄爬上她们的额头。贾玲还没来得及报答妈妈的养育之恩，妈妈却永远地离开了她。所以，孝敬父母，不在将来，而在当下。

二、知孝道

（一）交流有关孝的故事《三字经》中的"香九龄，能温席"

说文解字——解读孝。（播放汉字"孝"的 flash 动画）"孝"一直是中华民族的传统美德，"百善孝为先"。孝道在中国已经有几千年的历史了，甲骨文中的"孝"是一个会意字：请大家看大屏幕，"孝"字上半部分代表为老人，下半部分代表小孩子，意思是子女搀扶着老人，这就是孝。这就告诉我们要孝敬长辈，孝敬老人。

从古至今也一直流传着许多有关孝的故事，如《三字经》中"香九龄，能温席"的故事等。下面就让我们一起来听听《黄香温席》的故事！

师：听完故事，你觉得黄香是一个怎样的人？

（二）"孝"不仅在上下五千年的故事中留下了足迹，同时也在先哲圣贤的古籍中留下了芳踪。古人云：半部《论语》治天下，而其中的孝就是其重要思想之一。我们来看孔子对孝的阐述（出示10句《论语》中有关孝的句子），重点读悟有子曰："其为人也孝弟，而好犯上者，鲜矣；不好犯上，而好作乱者，未之有也。君子务本，本立而道生。孝弟也者，其为仁之本与！"

师带生读并理解：虽然孔子在不同的弟子问及孝时，给的是不同的答案，但是其孝的思想核心是为人子女者对父母的孝行，要有敬、有养、有顺。

（三）我们的经典蒙学著作《弟子规》对孝顺长辈做了具体的要求，出示相关句子读悟。

三、悟孝道

（一）有些同学可能会说古人提出的孝有些已不适合现代，那么同学们，你们觉得什么是孝？今天的社会，今天的世界，我们应该如何尽孝？

（二）问卷调查学生"孝"的现状。

从小到大，我们尽情享受着父母的关爱，父母总是时刻牵挂着我们，自古就有"慈母手中线，游子身上衣"的诗句。尽孝的基础就是了解他们，那我们又对这些关爱自己的长辈了解多少呢？我们不如来了小调查，测试一下你对父母了解有多少。（出示调查表）

四、行孝道

（一）同学们，爸妈需要的不是锦衣玉食，不是富贵荣华，他们需要的仅仅是劳累后的一声问候，一杯清茶。我们要学会去给予，去付出，去关心：妈妈，你累了，我给你洗洗脚。爸爸，今天我做了你最爱吃的西红柿炒鸡蛋，您尝尝！奶奶，我给您捶背。爷爷，今天是您的生日，我祝您健康长寿！

（二）自省自察及今后打算

你觉得自己平时有哪些地方做的是不孝的？从今天开始，你将怎样"尽孝"呢？

（三）同学们，你也肯定有许多心里话想对爸爸妈妈说，请把你想说的话写在卡片上（这个作业可以回家做），把你对他们满满的爱带回家。（准备卡片）

五、活动小结

孩子们，通过今天的活动，相信你们一定明白了，我们从小就应该以实际行动孝敬父母，孝敬长辈，让我们从现在开始，从今天开始陪父母聊聊天，给父母一个拥抱、一句问候、一个祝福，一个微笑。让这颗"孝"的种子永远种在我们心中，把中国的"孝亲文化"发扬光大！

一屋不扫 何以扫天下

浙江省天台县实验小学福溪校区 张燕

学习内容：

东汉时有一少年名叫陈蕃，自命不凡，一心只想干大事业。一天，其父好友薛勤来访，见他独居的院内龌龊不堪，便对他说："孺子何不洒扫以待宾客？"他答道："大丈夫处世，当扫天下，安事一屋？"薛勤当即反问道："一屋不扫，何以扫天下？"陈蕃无言以对。

设计理念：

通过读议理解小故事《一屋不扫，何以扫天下》、歌诀乐读经典《朱子家训》《弟子规》中有关劳动的句子感悟劳动意义，谈感悟、反馈表等形式，培养做家务的习惯。

班会目标：

1. 从经典中汲取营养，了解中国经典文化流传下来的关于劳动的诗歌和名句，知道做家务是义务，培养对劳动的兴趣和主动做好家务的意识。

2. 懂得"要想做成大事，先要从身边的小事做起"的道理。

3. 明确一个家务劳动小岗位，学做一项家务活。

班会准备：

视频、PPT、劳动名言诗句的收集

适合年段：五、六年级

班会时长：20分钟

班会过程：

一、释题导入

（一）同学们，看到这个标题，你们肯定会有疑问："一屋不扫，何以扫天下"这句话是什么意思呢？其实这句话来源于一个东汉时的小故事，我们来看一个视频。

（二）听了这个故事，你觉得陈蕃是一个怎样的人？（有远大志向，但是生活懒散、不爱劳动）由此，你有什么感想？（要想成就大事，就应该从一点一滴的小事做起。如果一个人连小事都做不好，那么何谈成大事、就大业？）

二、家务劳动的责任

扫一屋其实就是做家务劳动，很多家长不舍得让自己的孩子做家务。在他们眼里，我们还有太多比做家务"更重要的"事情要做，比如做作业。但是，做家务真的一定会浪费我们的时间，影响我们的学习吗？你认为我们应该做家务吗？

（一）且歌且吟——诗文诵读篇

劳动者一直是人类幸福生活的创造者。中国源远流长的文化流传下来的关于劳动的诗歌和经典文化有很多，如唐代李绅的《悯农》就老少皆知，宋朝翁卷的《乡村四月》等（带领孩子温习这些名篇）。

比如：《朱子家训》开篇就提出家务是孩子每天要做的第一件事"黎明即起，洒扫庭除，要内外整洁…"

《弟子规》也有内外整洁的标准"房室清，墙壁净，几案洁，笔砚正"等等。从中我们不难看出，古人对于家务劳动及其育人意义的高度重视。

古人讲："高堂素壁，无舒卷之劳；明窗净几，有坐卧之安。"一个干净的房子就是家庭和睦的开始。

（二）现代社会，家务劳动仍然是家庭生活中不可或缺的一部分。

家务劳动能使家庭生活更为便捷、舒适、美好。家务劳动还让我们有更多机会锻炼自己的动手能力，掌握独立生活的本领。和家人一起做家务、可以让我们更真切地理解家人的辛劳，增进与家人的感情。从事家务劳动有助于形成好的家庭氛围，对人格养成大有裨益。

《扫除力》里说："如果你的房间脏乱不堪，梦想和好运就会溜走，而且如果你放任不管的话，脏乱的房间还会给你招来厄运。"家亦如此，越干净，越有福。这也是劳动的伟大和劳动的美！

三、家务劳动体验

（一）说说自己会做哪些家务活。

（二）下面，让我们看一看一位小学生在日记中记录的家务劳动体验。

谈感受，真没想到：洗碗这样的小事，有如此大的学问。

师：和妈妈一起上街买菜，同爸爸一起通下水道，和奶奶一起种花、扫地，无数家务劳动都会串联起我们对家最温暖的记忆。家务劳动虽然琐碎，但是我们总是在家务劳动中不断感受着家庭的温暖，体味着生活的美好，也见证着自己的进步与成长。

四、班会小结

"一屋不扫，何以扫天下？"在我们的家庭生活中，有许多地方可让我们施展聪明才智，我们也需要认真投入到家务劳动中。只有在家务实践中得到锻炼，我们才能更好地应对未来瞬息万变的社会生活和日益复杂的职业劳动，成为全面发展的人。高尔基曾说："热爱劳动吧，没有一种力量能像劳动那样使人成为伟大和聪明的人。"让我们行动起来吧！

五、班会作业

小评"当家"情况，请家长对"当家"情况进行评价，并填写在统一下发的"小鬼当家"反馈表上。（附反馈表一张）

"小鬼当家"反馈表

扫地	拖地	收拾房间	收衣服	叠衣服	收拾碗筷	洗碗筷	洗衣服	浇花	做饭	其他

论语智慧——做情绪的主人

浙江省台州市黄岩区永宁小学　张国红

学习内容：

人不知而不愠，不亦君子乎？

小不忍则乱大谋。

——《论语》

设计理念：

通过聊情绪、话情绪、记录情绪晴雨表等活动方式，知晓不同情绪的表状，了解不良情绪对身心健康的伤害。学会积极调控情绪，能够理性处理不良情绪。

班会目标：

1. 歌诀乐读并理解《论语》节选的名言。

2. 聆听古代名人故事，交流生活中的情绪，引导学生理解"情绪"。

3. 制作情绪晴雨表，分析案例，学习理性管理情绪。

班会准备：

情绪晴雨表、情绪卡、情绪脸谱、情绪案例搜集、一月天气表，情绪小视频。

适合年段： 五、六年级

班会时长： 20分钟

班会过程：

一、知情绪

（一）天气的情绪

1. 回忆近期天气情况，出示一月天气表：看天气表，你发现了什么？

2. 是啊，大自然的天气不会永远阳光明媚，有时也会有狂风暴雨，有时也会有寒霜雨雪。就像月有阴晴圆缺，我们的情绪也是如此。

（二）人的情绪

看小视频《一分钟了解情绪》，看了视频，你对情绪有了哪些了解？（喜怒哀乐惊恐等都属于情绪，情绪有正面情绪、负面情绪，情绪分与生俱来的基本情绪和后天形成的复杂情绪；情绪不能被消灭，但能进行有效疏导、控制……）

二、话情绪

人生不如意事常八九，人生不可能一帆风顺，在我们的生活中总会遇到一些让我们高兴、伤心或者愤怒、焦虑的事情。面对不良情绪，我们该怎么办呢？

（一）故事《一块橡皮擦引发的悲剧》

1. 请同学讲故事《一块橡皮擦引发的悲剧》。

2. 故事中孩子的爸爸是什么情绪？（觉得自己孩子被同学欺负了非常愤怒）悲剧发生的原因是什么？产生了什么后果？（孩子的同学被刺死，孩子的爸爸被判死刑，两个家庭的悲剧。）

3. 如果时光倒流，孩子的爸爸该怎么做？（好好沟通，控制好情绪）

是啊，情绪管理是一门大学问，我们要做情绪的主人，而不是被情绪牵着鼻子走，我们来看看经典国学中，孔子是如何对待情绪的。

（二）向经典学情绪管理

1. 歌诀乐读：人不知而不愠，不亦君子乎？

小不忍则乱大谋。

——《论语》

2. 联系孔子的生平或者身边的事例说说对这些句子的理解和对自己的启发。

3. 人家不了解我，我也不生气，不也是品德上有修养的人吗？小事情不能忍耐，就会败坏大事。这是孔子管理情绪的大智慧啊！

生活中还会产生哪些情绪呢？

三、辩情绪

（一）案例1：这次英语考试，成绩不理想，老师要求家长签字，我如果给妈妈看了，妈妈一定会唠叨个没完没了，烦死了！要是不给妈妈看，老师又会批评我没有完成作业，唉，烦啊！

（1）案例中的"我"产生了什么情绪？

（2）这种情绪产生的原因是什么？怎么办呢？

（二）案例2：妈妈每次总要拿我跟隔壁的小姐姐比，"你看看她，多懂事，在家又能帮父母干活，成绩又好，你看看你！啥事都不用你干，你还这也不会那也不会"我忍不住就和妈妈吵了起来，越吵越凶，还摔了东西。可是，摔完，我就后悔了……

（1）演一演

（2）评一评

四、理情绪

（一）回忆自己的生活中情绪明显的事例，用笔画下来。（情绪脸谱＋简洁的事件描述）

1. 小组内互诉当时的场景，听的同学画出他当时有哪些情绪产生。

2. 组内交流情绪脸谱图，分析情绪产生的缘由和解决方法。

（二）全班交流情绪管理之法

预设：

1. 换个角度看问题；

2. 做做深呼吸，冷处理；

3. 听音乐、运动，做有兴趣的事情；

4. 寻求帮助、向他人倾诉……

五、践行

小结：莎士比亚有句名言：明智的人绝不坐下来为失败而哀号，只会乐观地寻找办法来加以挽救。一个人的情绪处理方式，不仅决定了他的行为和选择，更决定了他将会以什么方式度过一生。控制情绪，才能控制人生。愿我们在生活中都能践行做情绪的主人。

1. 坚持记录情绪晴雨表

情绪晴雨表 第（　）周　记录人：					情绪星 （情绪不失控的得星）
时间	事件	情绪状况	处理方法	事情结果	

自己分析并写下自己的感受或者至少三种以上解决的方法。

2. 做个生活的有心人，观察家人或者身边其他人的情绪，学会理智处理情绪。

3. 学唱《健康歌》或《幸福歌》。

论语智慧——孝待父母

浙江省台州市黄岩区永宁小学 张国红

学习内容：

孟武伯问孝。子曰："父母，唯其疾之忧。"

子曰："事父母几谏，见志不从，又敬不违，劳而不怨。"

子曰："父母之年，不可不知，一则以喜，一则以忧。"

——《论语》

设计理念：

通过诵读《论语》相关的句子，联系生活实际，以知情意行相统一的方式，了解孝的真正含义，落实到行动中，坚持每日为父母做一件事，与父母意见不一时学会正确处理。

班会目标：

1. 品读《论语》，从中汲取智慧，了解孝的真正含义，学会在现实生活中正确和父母相处。

2. 对经典书目有阅读兴趣，能自主开展课外经典诵读。

3. 构建和谐的亲子关系，坚持每日为父母做一件事，积累名言警句。

班会准备：

搜集名言警句，亲子相处的新闻

适合年段：五、六年级

班会时长：20分钟

班会过程：

一、看视频，情共鸣

（一）看视频（新闻与电视剧片段）：说说视频中的父母和孩子相处时出现了什么问题？（争执、叛逆、不理解）

（二）你有什么话相对视频中的父母或者孩子说？

如何与父母正确相处呢？

二、辨字形，识"孝"义

出示"孝"的金文字形：请大家猜猜这是什么字。古人待父母，用了一个字——孝（板书：孝待父母）

上有老，下有子，老代表着年老的双亲，子代表子女，子背着老，就是说父母年老体衰行动不便，须子女背着代步，其中充满感恩、报恩、关怀之意。孝常常与敬连在一起，即孝敬父母。

三、读经典，明"孝"理

（一）出示：《论语》中的孝

孟武伯问孝。子曰："父母，唯其疾之忧。"《论语·为政》

子曰："事父母几谏，见志不从，又敬不违，劳而不怨。"《论语·里仁》

子曰："父母之年，不可不知，一则以喜，一则以忧。"《论语·里仁》

1. 看注释，猜意思。

2. 讨论、交流含义。

3. 会背、会用。

当我们看到父母为我们忧心如焚的时候，我们就会情不自禁地想到——（子曰："父母，唯其疾之忧。"）我们该怎么做？

当我们对一些事情的看法与父母相左时，我们就会情不自禁地想到——（子曰："事父母几谏，见志不从，又敬不违，劳而不怨。"）我们该怎么做？

当我们过着自己的生日时，我们就会情不自禁地想到——

（子曰："父母之年，不可不知，一则以喜，一则以忧。"）我们该怎么做？

（二）故事：《百里负米》

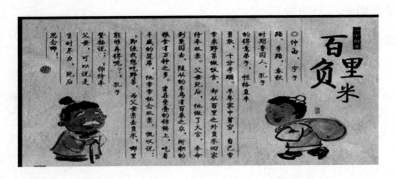

孔子的学生子路是怎么对待父母的呢？我们来听听故事《百里负米》：

1.听了这个故事，你想到了什么？

2.你还知道哪些关于孝的故事，跟同学分享一下。

宋太祖在他夺取天下后，他声称要"以孝治天下。"宋太祖的宰相赵普说："半部《论语》治天下"，可见论语多么管用啊！愿我们多汲取《论语》中的智慧，让我们的人生更幸福！

四、联生活，践"孝"行

（一）请填写下面的表格：回顾我与父母之间做的事情

时间	父母为我做的事情	我为父母做的事情

（二）孝待父母，我在行动：在接下来日子里，你打算怎么做？（一周一张表格）

孝待父母，我在行动				
第（　）周			记录人：	
时间	我的计划（日行一孝）	我的实际行动	父母的感受	我的感受

（三）小调查：你身边的人是怎么和父母相处的，你有什么看法？做好记录，并请说出你的心声。

调查对象：		调查时间		调查人：
调查情况简述：				
我想对（　）说：				

（四）孝行成果展：如绘制关于孝的手抄报；"我的孝行"相关视频、照片；我会讲孝道故事；我的调查报告……

《论语》智慧——做个有担当的人

浙江省台州市黄岩区永宁小学 张国红

学习内容：

"咨！尔舜！天之历数在尔躬，允执其中。四海困穷，天禄永终。"答曰："予小子履，敢用玄牡，敢昭告与皇皇后帝；有罪不敢赦。帝臣不蔽，简在帝心。朕躬有罪，无以万方，万方有罪，罪在朕躬。"——《论语·尧曰》

曾子曰："士不可以不弘毅，任重而道远。任以为己任，不亦重乎？死而后已，不亦远乎？"——《论语·泰伯》

设计理念：

引导学生通过陈琴歌诀乐读法、讨论法、联系现实法，细处着手，理解担当，实践担当。

班会目标：

借助媒体资料，发现身边的逆行者与守护者，学习他们无私奉献的精神，以实际行动实现自己的担当。

班会准备：

了解当下疫情，记录自己的一日生活

适合年段：六年级

班会时长：20分钟

班会过程：

一、疫情播报，初知担当

出示国内与国外的疫情通报，学生交流对当前的疫情的看法，明晰：每个人都不是孤岛，每个人都要承担起自己的责任，做个有担当的人。

二、乐读古文，初悟担当

"咨！尔舜！天之历数在尔躬，允执其中。四海穷困，天禄永终。"答曰："予小子履，敢用玄牡，敢昭告与皇皇后帝；有罪不敢赦。帝臣不蔽，简在帝心。朕躬有罪，无以万方，万方有罪，罪在朕躬。"　　　　——《论语·尧曰》

曾子曰："士不可以不弘毅，任重而道远。任以为己任，不亦重乎？死而后已，不亦远乎？"　　　　——《论语·泰伯》

（一）借助各种工具，自主理解感悟文本。

（二）交流、讨论对文本的理解。

（三）讲讲论语中相关的典故。

三、榜样引领，深悟担当

（一）出示故事谈感想

故事一：李江丽是河南某口罩厂的女员工。为了缓解全国口罩紧缺现状，他们的厂子一直在加班加点工作，每天工作14小时，许多员工都能累哭，哭完了再接着干。

故事二：何建文是一位物流司机。他要从西安连夜运送口罩等防护物资到湖北，然后按照规定接受隔离观察。为此，他整个春节没法陪父母和孩子。出发前他就知道要隔离，但想都没想就答应了。尽管心中对家人很亏欠，但他说："我是退伍军人，送这趟物资，能救更多的母亲和孩子。"

这两个故事中的人物，你觉得怎样？你受到了什么启发？

（二）请你给抗疫一线的亲人、朋友写一份简短的信，写好后把它寄出去。

（三）教师小结：故事里的人可能都很平凡，但在国家困难时，他们敢于挺身而出，牺牲了一部分个人利益，甚至有的献出了生命，想方设法为他人、为社会作做自己的贡献，这就是一种担当。担当不在于你做了多大的事，而在于你有没有尽力去做。

四、由此及彼，践行担当

作为一名小学生，我们有哪些自己力所能及的担当呢？

（一）出示同伴的一日生活安排，评价。明晰：该同学把学习、家务、关心家人等各项工作安排得井井有条，在做好自己分内事的同时，还帮助家人和邻居，就是有担当的表现。

（二）和小组同学互相交流自己的一日生活安排，经过同伴诊断和自我诊断，作适当调整。（学习和休闲活动适当穿插，劳逸结合，关心自己和关心他人都有体现，脑力活动和体力活动适当配比。）

（三）我的努力方向

填写担当清单，并以一周为阶段进行实践反馈：

我的担当清单　　　　第＿＿＿＿＿＿周　　　　　　姓名：＿＿＿＿＿
　　　　　　　　　　　　＿＿＿＿＿＿＿

时间	我的担当	完成情况	反思与感受

五、我行我秀，展示担当

展示我担当的照片、视频、故事等

总结：疫情下，每个人都不是一座孤岛。每个人都要担负起自己的责任。让我们从我做起，从现在做起，从身边小事做起，做一个有担当的人，做对这个社会有用的人。

全班配乐朗诵小诗：

二零二零，不同一般。

新冠病毒，时时谨慎。

安全健身，认真自律。

学干家务，关爱他人。

努力成长，担当有为。

六、浸入日常，常态担当

1.在日常生活中，和爸爸妈妈一起不断完善"一日生活计划"，完成担当清单。

2.每三天上传一个最得意的"担当事迹"。

3.每周一次评选"班级担当有为好少年"。

第四章

于科研中反思

"经典润德"：
优秀传统文化润泽儿童心灵成长

浙江省台州市临海杜桥镇杜桥小学　陈群英

摘要： 小学六年，养成良好的学习、生活习惯是学校教育核心。学校围绕"健体、博学、雅行、明理"文化内涵，通过经典润德课程的建构，活动的践行，家校的联盟，社区的拓展延伸，全面践行"塑儒雅学子 创活力学校"的教育理念，将学校文化内涵浸润到每一位师生、家长、社区民众的精神需求中，彰显在文雅的言行、优雅的举止、高雅的气质中，从而养成良好的习惯，真正使学校教育成为践行"立德树人"载体。

关键词： 构建课程　实施践行　润泽心灵

工作室以打造"健体、博学、雅行、明理"的学子进行"经典润德"的探索钻研实践。在义务教育小学德育课程体系的架构下，德育选修课程《经典润德》应势而生，适应低中高年级学生。通过本课程学习，家校联盟，社区拓展延生，摒弃了以往的教条式、以教师为中心的班级管理模式，改用经典润班级，经典润家庭，经典进社区的多维建设润泽小学生幼嫩心灵，从而立德树人。

一、素读经典 建构课程

优秀的传统文化是大浪淘沙，历久弥新，蕴藏着古圣先贤的智慧和企盼。构建经典润德课程成为养成学生良好学习、生活习惯的载体。

（一）遴选经典 建构课程

根据浙江省教育厅相关文件精神，结合学校办学特色，学校根据不同的年龄段将经典润德课程内容分为"习惯养成篇"（第一学段）、"勤勉治学篇"（第二学段）、"修身立德篇"（第三学段）三大板块。秉承提升学生核心素养，结合学生年龄和课程特点，着重加强六大课程群的建设：良好的生活学习习惯、勤勉的学习态度、正确的人生价值观、高尚的艺术审美情趣、强健的体育健康素质、强大的实践创新能力。培养"健体、博学、雅行、明理"的旦华学子。

根据学校的办学目标追求和核心素养落地，建构我校育人目标、核心素养和课程体系框架图如下：

研究内容	课程内核	课程模块	实施管理
实施途径	分段养德	"习惯养成""勤勉治学""修身立德"	编写教材 1+1+1
目标达成	一套完整的教材，培养"健体、博学、雅行、明理"的旦华学子。		

以"优秀传统文化"构建小学德育校本课程研究思路

第一板块为"习惯养成篇"（第一学段），内容为"行走习惯""卫生习惯""读书习惯""写字习惯""说话习惯""课堂习惯""生活习惯"和"处事习惯"，让学生在素读经典等活动过程中感受中华传统文明的魅力，在学习中养成良好的学习习惯，为成为有担当的"旦华学子"打下基础。

第二板块为"勤勉治学篇"（第二学段），内容为"学习兴趣""学习意义""学习方法""学习态度"和"学习品质"。学生借助"心灵课堂"，结合"心灵倾诉"板块进行能力训练，以陈琴歌诀乐读法等素读形式积累经典，并在实践中学会如何有效学习。在素读经典活动过程中体悟中华传统文明的魅力，在学习中养成自主学习的能动性，成为文质彬彬君子。

第三板块为"修身立德篇"（第三学段），内容为《孝亲》《谦逊》《宽厚》《谨言》《慎行》《自强》《自醒》和《爱国》，借助注释理解翻译《孝亲》《论语》和《道德经》等经典内容。学生了解到经典典籍中的先贤言行，引发学生内心感悟并将所学知识融会贯通于生活，让学生在经典素读活动身体力行中华传统文明，在学习中养成儒雅风度。

通过三个板块的德育课程建构，学生感受到中华文化之博大，明晰经典与智慧、道德与本末、境界与格局的相互影响与相互促进发展，修身立德。

（二）素读经典 乐趣无穷

五千年的泱泱华夏，文化传承数千年，借以文字传播，流传至今，有些经典文字佶屈聱牙，难以诵读理解。全国经典素读创始人陈琴先生开发了素读法，学生在歌诀乐读、吟唱和实践活动中理解经典的意思，激发自主学习践行经典的兴趣。与此同时，学生在素读经典之外还能知晓相关的历史典故，追溯事实真相，感受古代教育的魅力，使德育更富有中华传统文化的魅力与精髓，培养"健体、博学、雅行、明理"的有担当的儒雅少年。

（三）评价方式 多维并进

"经典润德"课程，以素读之法理解经典教材，通过活动育德，并从评价的导向性、情感性、发展性的三方面加大评价制度的改革和探索。

"经典润德"属于德育实践活动类课程，评价的标准应是多种多样的，学生的自主体验和发展的个性差异也同样是巨大的，单一的评价标准和评价方式不利于学生的个性发展，不利于有效检测德育工作的成效。"经典润德"课程的评价采用学生自我评价、家长评价、教师评价、一周评价、一学期评价等方式进行评价。

在周评价的基础上，☆与"优"进行累计叠加进行比赛，作为期末的"好习惯小达人""谦谦君子雅雅淑女"等评比的参考依据。

二、借助课程 推动活动

"经典润德"是德育实践类课程，在教学活动中是师生之间、学生之间，甚至是家长与老师之间交往互动与共同发展的过程。要紧密联系学生已有的知识体系、生活实际、探知欲望，创设生动有趣的情境，引导学生质疑、探究、合作、交流、整合，开展系列活动。体验从课堂内外、各种途径学习国学知识的乐趣，激发对君子风范的兴趣，初步应用经典学习进行德育的浸润渗透，让学生在学习中沐浴古圣先贤的道德教化。教师是课程的组织者、引导者与合作者，根据教学内容在实践中的反馈对《经典润德》教材进行改进。在实际教学活动中要正确认识学生的个体差异，因材施教，使每个学生都在学习经典的基础上得到德育熏陶。

（一）实践体验 别样风范

"经典润德"主题德育实践类课程最基本的是实践体验，提供学生学习诗词古文的直接经验，在学习实践中受到大量的经典熏陶、体悟，并最终将之落实到学习生活中去。本课程的体验性活动，教师通过在教学中展开户外游学的环节，通过讲学的方式，瞻仰古人的君子风范，引导学生产生"追根溯源"的兴趣，并将之内化为自己的处事准则，在古人的生活中学习他们的道德准则，效仿他们的君子风范。.

鼓励学生在每次的学习、体验感悟后，把自己的所得与身边的亲朋好友分享探讨，带动亲朋好友一起学习，体验别样的德育经典学习的乐趣。除了学习经典文章之外，我们还要学习古人的优秀品质，领悟古人的如"孝亲""谦虚""宽厚""自省"等处事准则。通过具体的实践活动感悟古人的精神风貌，让学生在潜移默化中受到道德培养。

（二）微型班会　彰显魅力

在活动中培育学生良好的道德情操，良好的学习、生活、人际交往习惯。经典润德的课程构建，如何落地是教师的课题，这么多的课程内容如何在有限的课堂中落实是教师的着力点。在实践中，将课程以微班会的形式展开是接地气的，每一两周运用晨会、班会等挤出15到20分钟学习经典德育课程，通过小活动、素读、我为践行支妙招等策略进行微班会的实践操作。

微班会不是浅层面的时间短，而是根据《经典润德》的课程序列安排，老师结合班级实际情况，结合学生的学段特点，结合学生个体特长、兴趣、爱好，每课时控制在15到20分钟内。每次微班会围绕一个主题或一个话题展开有针对性的活动，活动内容要新颖、活动主题要有意义、活动策略要有序，活动过程要有趣。整个过程班主任是"甩手掌柜"，但不是放任不管，在整个活动育人中要不留痕迹，只有这样的微班会才能引导学生进行德育教育，真正体现活动育德理念。每个微班会活动结束立马总结，巩固好教育效果，时不时地观察学生言谈举止的变化，借助微班会的磁场激发学生求知立德树人。每一次微班会结束要进一步提出新的具体要求，明确新的教育目标，使学生有章可依，为下个目标奠定基础。同时，根据每次微班会的主题组织学生刊出板报，举办心灵"煲粥"、日记吐心声等活动，定期举行《经典润德》课程、沙龙等活动，使育人工作做得扎实有成效。

三、依托课程 联结家校

学生的成长离不开家庭教育，家庭教育是学生首任教育基地，在不完全的统计中，问题学生的背后皆有问题家庭。要使学生身心健康可持续发展需要家校联动经营，为学生撑起一片可依靠、可信赖、无压力的蓝色天空。

《经典润德》的课程实施是在校内学习、活动、提炼、总结、践行的。但是与全人教育还是远离的，全人教育需要学校、家庭、社会共同育成。缺少一方都是缺陷的教育。

借助《经典润德》课程，展开一系列的家庭亲子活动。

（一）亲子晒读 书香入户

朱永新先生说："一个人的精神史就是一个人的阅读史。"孔子说"一日不读书，面目可憎。"可知阅读对一户人家底蕴是何等之重要。

根据学完《经典润德》课程"习惯养成篇"（第一学段），第四单元"读书习惯"的内容，制定家庭亲子"书香入户"活动方案，为期两个月，具体方案有：创建阅读书屋的创建，亲子微信群或钉钉群晒阅读，制定亲子共读书单，约定共读时间，统计共读数量，交流共读书目等一系列活动。笔者为何要确定共读环境、共读时间、共读数量、微信群或钉钉群共晒读书打卡次数此"四共"之举，因为多个亲子共读实践证明，阅读习惯养成需要定时、定量、定点"三定"原则方能在一个月形成意识共性，不然会三天打鱼两天晒网的尴尬收场。

两个月"书香入户"活动中，每两周举行一次"家长进校园"聊书会，通过亲子共聊书单，增加了学生的阅读积极性，家长的阅读习惯也会随之改善。当家长聊书时，她（他）的语言比学生更精炼，也更有哲理性，与学生的"童趣"言语刚好有效的补充；当学生与家长共上台聊书，亲子关系美好，学生自豪，家长欢欣，何不快哉。

两个月结束，举行"亲子晒读 书香入户"主题活动周，主题活动周有大晒亲子共读照片，此活动成为每个班级文化墙最美丽的色彩；还有讲"亲子共读"趣事，演"亲子共读"课本剧，做"亲子共读"画报或手抄报，写"亲子共读"接力日记，评"亲子共读"达人等一系列评价活动，目的就是营造"书香浓郁家庭"，育"书香少年""书香家长"，使阅读像呼吸一样自然。历史证明，学生有良好的阅读习惯是模仿家长开始，但凡优秀的有文化有修养的学子都是从"书香家庭"走出来，浸润出来的。

（二）亲子争贤 其乐融融

我国是礼仪之邦，有着悠久的礼乐文化，百善孝为先。何为"孝"，笔者认为子行母不忧，子言母温暖。言而简之，回到家就是轻松，解压，子盼母归，母盼子乐。

融洽的亲子关系是永恒的话题，可以通过一系列的活动促进和谐的亲子关系，在此举一例"亲子争贤"。

根据学完《经典润德》第三学段的"修身立德篇"的第一、二、三篇章的《孝亲》《谦逊》《宽厚》举行"亲子争贤"活动。班主任周密部署"亲子争贤"活动方案和活动评价体系，展开为期一个月的"亲子争贤"活动，最后评出"亲子贤德"家庭。

在"亲子争做先贤"一个月活动中，学生与家长一起查找资料，知古圣先贤的贤达之事，晓古圣先贤的贤达之举，效古圣先贤贤达之行，说古圣先贤之故事，悟古圣先贤贤达之精髓。家家户户忙得不亦乐乎，亲子关系得到空前的愉悦。活动结束，举行"亲子争贤"汇报晚会。亲子上台或讲故事，或演故事剧，或吟唱古圣先贤之歌，或展示一米古圣先贤肖像画，或舞古圣先贤之姿，或评书，或著书，或说书。然后举行隆重的"亲子争贤"启动仪式，无限期的"孝子母贤"在行动。

（三）亲子研学 知自然之道

人法地，地法天，天法道，道法自然。孔子游春的故事缓见以"自然"为教材，以"天地"为课堂，与天地万物合一方是真正的自然教育之道。现在的学生都是家里的掌上明珠，出去怕摔着，在家怕孤单着，于是，家长想尽一切办法让学生吃得好，穿得好，保护得严严实实，殊不知，学生已经失去了独立自主的机会，失去了解大自然的热情，失去了走进大自然的兴趣，同时也将失去自然之道。

组织亲子研学，不是单纯亲子出游，而是根据学习的内容有目的、有组织、有规划的亲子外出研学。

比如学了《经典润德》第三学段"修身立德"篇的"爱国篇"，激发学生爱国情怀，若是仅仅学习课程中的爱国故事，爱国英雄，爱国诗篇，爱国影视。那么学生的爱国之情只是在书面上，不会入心的。

学校根据"修身立德"的篇目，从亲子研学开始，走进大自然，了解大自然，品读大自然，在野外寻找《诗经》《唐诗》《宋词》中经典文字的痕迹，比如春天在山脚下、溪水边学习《流觞曲水》《小雅·鹿鸣》等，秋天在山林间学习《山行》《山居秋暝》等。师生、家长共同在其境中研学、悟情，学生先爱上经典文字，再爱上大自然，从而爱上自己的国家。

跟着《唐诗》去研学，利用寒暑假，各位家长陪着学生去诗人的故乡，或循着诗人的脚步，或追着诗人的思想去体悟诗人的情怀，品诗人的格局，做诗人的知心者。

当然，还可以循着科学、文献等，亲子走进博物馆、科技馆寻找依据，做一个探险家、探究者、探秘者。

研学的方案还有很多很多，但是每个研学活动结束，都要举行研学之行汇报主题活动，每次的研学活动都要有始有终。因为先贤有云："善始者实繁，克终者盖寡"，我们教育就得教育学生"慎终如始，则无败事"。

背着背包亲子研学中亲密了亲子关系，拓展了学生的视野，丰富了学生的知识，加深了与自然和文化的亲近感，增加了解了集体生活方式，体验了社会公共道德。同时也体悟了祖国的壮美河山，品味了中华优秀传统文化的美丽，感受了祖国光荣的历史，激发了爱国情怀，为做个"有担当的少年"而时刻准备着。

四、凭借课程　走进社区

学生既是家庭的一份子，更是社会中的人。"夫大人者，与天地合其德，与日月合其明，与四时合其序，与鬼神合其吉凶。"简言之，学生立天地间，在自然、社会中孕育成长。

学生进社区，学生进社会实践是锻炼学生成长的好机会。学校联系社区，或家长自己联系社区，为学生提供实践的服务平台，使学生在社会实践中成长。

比如"慈善公益进社区——我为慈善事业献爱心"活动，与社区人员举行"日日行善"主题系列活动，或举行"我为社区卫生献一计""我为社区置办流动书吧""我为社区讲国学""我是社区宣传打疫苗小先锋""我是社区敬老院的志愿者"等一系列有意义、有规划、有组织的活动。

通过一系列的活动，培养学生的主人翁精神，提高了学生独立自主的能力，开阔了学生的视野，强大了学生的内心世界，同时也将学校的《经典润德》课程在社会实践中实践，在实践中深化了《经典润德》课程内涵，践行了《经典润德》的育人价值。

综上所述，从《经典润德》课程的构建，并依托课程进行微班会的设计，家校的共营，社区的实践，都表明课程的构建是为实践服务的，实践是为学生养成良好的习惯，树立高尚的人格服务的，一切都是为了"立德树人"。学校是"立德树人"的载体，家庭是"立德树人"的根，社区或社会是"立德树人"的体现。一切都是为学生能拥有阳光的心态，积极向上的进取心，健全的人格而教育教学的。

参考文献：

［1］陈琴.经典即人生［M］.北京：中华书局，2011.

［2］浙江省基础教育课程改革工作领导小组办公室。浙江省深化义务教育课程改革指导手册［M］.浙江：浙江教育出版社，2016.

［3］孟雪.国学经典诵读促进小学生养成教育之我见［J］.黑河教育，2018.

［4］彭宏，陈琴.陈琴带班格言100句［M］.江西：江西人民出版社，2019.

［5］郑英.教育，向美而生［M］.北京：中国人民大学出版社，2019.

以经典蒙学智慧促一年级学生的雅行养成

浙江省台州市三门县海游街道中心小学　林惠英

摘要：著名教育家叶圣陶说："教育就是养成良好的习惯。"当下，国家大力提倡优秀传统文化教育，党的十八大报告提出了"建设优秀传统文化传承体系，弘扬中华优秀传统文化"的重大任务。笔者认为一年级的班主任应将优秀的传统文化引进班级管理。选取《弟子规》《三字经》等优秀国学启蒙读物，通过诵读涵养情怀，把孝亲尊长、诚实守信、举止文明、认真学习、人际交往等道德行为规范具体化、生活化，穿插故事教化学生，从小培养学生良好的行为习惯，成为"文明小雅士"，奠定学生终身发展的基础。

关键词：一年级学生　经典蒙学智慧　雅行养成

一年级学生走进校园，对小学生活充满新奇和期待。他们开始学习规则、礼仪，开始了真正的学习生涯。一年级是习惯培养最好的一年，是学生可塑性最强的一年。如何使一年级新生顺利进入小学生活，养成良好的习惯？笔者认为优秀传统文化中的经典蒙学智慧有利于良好习惯和健康人格的形成。因此，在一年级新生入学第一天开始，就让蒙学经典读物进入了他们的视野，以优秀传统文化来润泽学生的心灵。

《弟子规》《三字经》是蒙学经典，特别是其中的养成教育思想对今天仍有很大的借鉴意义。其编为三字一句，两句一韵，朗朗上口，抑扬顿挫，内容贴近生活，简单易懂。经典蒙学智慧指传统经典蒙学书中对现代社会，对现在学生仍有养成教育意义的思想和行为，是智慧的结晶。"雅行养成"是指以文明礼仪为基本教育内容，以行为养成为重点，潜移默化地培养学生文雅的言谈，优雅的举止，儒雅的气质，促进良好品德的形成。

一、以读促行："学之初"以诵读润养德行

（一）融入始业教育

我们将"弟子规"融入始业教育——编设了海游街道中心小学"学之初"课程。

海游街道中心小学一年级第一周"学之初"课程

	星期一	星期二	星期三	星期四	星期五
晨诵	《弟子规》求学礼	《弟子规》尊师礼	《弟子规》就餐礼	《弟子规》对众礼	《弟子规》孝亲礼
"雅行"培养	1. 绘本《小魔怪要上学》2. 习惯培养：介绍自己；怎样如厕	1. 绘本《小阿力的大学校》2. 课堂雅行：课堂常规；手指操课程	1. 听《上学歌》2. 路队礼仪：我学解放军叔叔走路	1. 听《我会认真听讲》绘本故事 2. 我是小小书法家	1. 学会整理书包 2. 课间雅行：文明游戏
"雅行"培养	1. 小脚丫走校园 2. 画画我们的校园	1. 欣赏动画《三个和尚》, 2. 认识"班级"概念	1. 听《找朋友》, 拍节奏, 叫出好朋友的名字。2. 画画自己的好朋友	1. 电影《海底总动员》2. 交流：最吸引我的是什么	总结：争做海小"小雅士"
暮省	回顾一天生活，交流学到的本领以及最开心的事				

我们对《弟子规》中丰富的德育内容进行了分析归类，还自创一部分"新弟子规"，孩子们在朗朗书声中迎来了小学生活，在诵读声中涵养情怀，习礼仪，明规则。

求学礼：读书法，有三到；心眼口，信皆要；几案洁，笔砚正；心有疑，求确义。

尊师礼：称尊长，勿呼名；对尊长，勿显能；路遇长，应问候；问起对，视勿移。

对众礼：凡是人，皆须爱；与人交，礼相待；常微笑，递美好；文明语，挂嘴边。

孝亲礼：父母呼，应勿缓；父母教，需敬听；兄道友，弟道恭；兄弟睦，孝在中。

仪式礼：按规矩，行礼仪；有活动，勤参与；逢集会，快静齐；敬畏感，存于心。

借赠礼：用人物，须明求；借人物，及时还；赠人物，宜大方；细节处，透涵养。

就餐礼：对饮食，勿拣择。食适可，勿过则。不偏食，不挑食，细细嚼，慢慢咽。

（二）开展常态经典诵读活动

读：每天晨诵十分钟，7：40-7：50晨诵时间，每节语文课前三分钟诵读，采用陈琴歌诀乐读法方式。

看：课余组织看央视的《弟子规》《三字经》等动画视频，加深理解。

写：与学生的写字课结合起来，每周一节拓写课上练习。

诵：融入学校文化艺术节，开展集体朗诵《弟子规》《三字经》活动。

1.教师引领体验阅读

在诵读国学经典启蒙读本中，教师要发挥引领作用，激发学生诵读积累的兴趣。教师范读，学生跟读；合作读；歌诀乐读，学生根据一定的朗读节奏划分，边读边击打节拍。多种形式诵读积累，含英咀华。

如《三字经》的诵读：读出节奏和韵味

yǎng bú jiào fù zhī guò   jiào bù yán shī zhī duò

养／不　教，父／之过。教／不　严，师／之　惰。

zǐ bù xué   fēi suǒ yí   yòu bù xué lǎo hé wéi

子／不　学，非／所　宜。幼／不　学，老／何　为。

yù bù zhuó bù chéng qì   rén bù xué   bù zhī yì

玉／不　琢，不／成　器。人／不　学，不／知义。

wéi rén zǐ fāng shào shí   qīn shī yǒu   xí lǐ yí

为／人　子，方／少时。亲／师友，习／礼仪。

2.文字提炼归类阅读

在学生诵读达到一定的熟练程度，能初步理解，积累一定的句子之后，教师可对其中文字进行提炼，进行归类阅读。

如孝亲的："父母呼，应勿缓；父母命，行勿懒。父母教，须敬听……"

如守信的："用人物，须明求；倘不问，即为偷。借人物，及时还；后有急，借不难。""事非宜，勿轻诺；苟轻诺，进退错。""凡出言，信为先；诈与妄，奚可焉。见未真，勿轻言；知未的，勿轻传。"

如尊长的："长者立，幼勿坐；长者坐，命乃坐。尊长前，声要低；低不闻，却非宜。进必趋，退必迟；问起对，视勿移。"

如勤学的："如囊萤，如映雪，家虽贫，学不辍。""宽为限，紧用功，功夫到，滞塞通。"

如读书方法的："读书法，有三到；心眼口，信皆要。心有疑，随札记；就人问，求确义。""方读此，勿慕彼，此未终，彼勿起。""墨磨偏，心不端，字不敬，心先病。"

如举止文明的："冠必正，纽必结，袜与履，俱紧切。""步从容，立端正。""人问谁，对以名。吾与我，不分明。"

如同伴交往的："凡是人，皆须爱，天同覆，地同载。行高者，名自高，人所重，非貌高。才大者，望自大，人所服，非言大。势服人，心不然，理服人，方无言。""人所能，勿轻訾""人有短，切莫揭""凡取与，贵分晓，与宜多，取宜少。将加人，先问己，己不欲，即速已，恩欲报，怨欲忘，报怨短，报恩长。"

3.故事引领情感阅读

"蒙以养正，圣功也。"小学一年级是提高入学适应性的关键期。经典国学蕴含的智慧能涵养人的品德，鼓舞人的斗志。但如果只是单一阅读，空洞说教，学生就会兴趣泛泛。

把握时机读故事，把故事融进经典国学启蒙读物的诵读中。如一年级小朋友大多是独生子女，从小家庭宠爱的多，娇惯的多，有些孩子没有学会谦让。可以结合"融四岁，能让梨"，给孩子们讲讲"孔融让梨"的故事，孩子们听得有滋有味。再引导孩子学会交往，懂得谦让，学会正确的同伴关系，就水到渠成了。对孩子们进行勤学教育的，"头悬梁，锥刺股。彼不教，自勤苦。如囊萤，如映雪。家虽贫，学不辍。"就可以结合讲讲"悬梁刺股""囊萤映雪"、"凿壁偷光"等故事。

为引导学生辩证学经典，指导学生质疑、思考，增强说服力。如读到"香九龄，能温席"，可引导思考"孩子们，我们也像黄香一样冬天帮父母温席吗？"孩子们笑着答："不用不用，我们现在有空调，有热水袋，还有……""那我们可以向黄香学习什么呢？""何为孝呢？"孩子们就会结合生活实际谈谈怎样学习孝道。

4.环境布置创诵读氛围

教室是学生在校园内的"家"，可以进行"最美教室布置"，让教室处处有无声的语言。让墙壁会说话，墙壁上挂着老子、孔子、孟子的画像，告诉新生，这些都是智慧的老人，每天都看着小朋友认真学习的样子呢；张贴"弟子规""三字经"的贴画、箴言等。让窗户会说话，每张窗户上贴着字的演变，从甲骨文到金文到小篆到楷书，让学生明白每一个汉字就是一幅幅画，每一个汉字都承载着历史的厚重。书架上摆放着经典读物，让教室里洋溢着浓浓的传统文化气息。

（1）打造以"弟子规""三字经"为主题的班级文化墙。

（2）黑板报上书写"求学礼""尊师礼"等。

（3）教室墙面文化角处设置"小雅士养成记"主题墙；卫生角张贴"房屋清，墙壁净"的卫生登记表等。

教室布置要定期更换。

二、以文化行：蒙以养正来践行

通过一段时间的诵读，学生积累背诵了一定数量的蒙学篇目。但知是基础，行是目的。背诵它，读懂它，只是"习于善良之规范"。教给方法，才能从知过渡到行，融入行动。知行合力，才能形成意志力。我们学习《弟子规》《三字经》，就是要从学生的行为习惯入手去引导，去教育。

（一）抓住契机促雅行

在孩子们诵读积累的基础上，以经典蒙学智慧浸润班级管理，融入方方面面。

如："几案洁，笔砚正。"上课铃响了，教师走进教室，发现部分小朋友的桌面凌乱，书本、文具乱摆放。先背诵"几案洁，笔砚正。"再问："谁的几案洁，谁的笔砚正？"孩子们就会边回答"我的几案洁，我的笔砚正"，边摆放整齐自己的文具，书本。

如："列典籍，有定位，虽有急，卷束齐。"孩子们午休或课间喜欢围在书架边看书，但铃声响了，就很着急，把书在书架上随便一放就走。可以以此定规则："列典籍，有定位"，在哪一格书架拿的就放回哪一格。"虽有急，卷束齐"，哪怕你心里再着急，也要先把书本放整齐。

如："置冠服，有定位，勿乱顿，致污秽"。春秋天早晚温差大，孩子们早晨捂得多，到第二、三节课就脱了。但孩子们对自己的衣服乱塞乱放是一种很常见的现象。特别是一年级的孩子，有的衣服塞抽屉，有的塞书包，甚至有的体育课后扔地上都不知道捡回来。衣服弄得皱巴巴，脏兮兮。丢失的衣服也无人去认领了，学校的失物招领处，经常有一大堆的衣服在。在背诵积累了这一句后，教师可利用班队课，召开"着装"为主题的班队，最后可以指导学生怎样整理、叠放衣物。

（二）量表评价促雅行

一年级的孩子课前、课堂、课后学习常规都在逐步养成中，很多孩子没有规则意识。当上课铃声响了，老师走进教室时，有的孩子桌面凌乱，有的孩子还站在那里，有的孩子还在讲话。这些都需要教师逐步去引导。为了塑造"学习小雅士"，教师结合弟子规中的"读书法，有三到，心眼口，信皆要"，创编了学习雅行评价表，帮助孩子们养成良好的学习习惯。

1. 课前学习雅行评价表：

"读书法，有三到，心眼口，信皆要。"			
我做到了"★"			
	铃声响，我坐端正了。	我的学习用品已放在右上角。	课前唱，我听到了自己的歌声。	老师进来了，我微笑盯着老师。
第一节				
第二节				
第三节				
第四节				
第五节				
第六节				

2. 课堂雅行评价表：

"读书法，有三到，心眼口，信皆要。"				
我做到了"★"				
	我听到自己读书的声音了。	我举手了。	我在讨论中发表了自己的意见。	我觉得我的字写得很认真。
第一节				
第二节				
第三节				
第四节				
第五节				
第六节				

3. 课后雅行评价表

"读书法，有三到，心眼口，信皆要。"				
我做到了"★"				
	老师布置的作业我记下了。	我会把学习用品整理好放进书包里。	我记得我要完成老师的作业。	我写作业时字写得很认真。	我写作业时没有停下来玩或者吃东西。
第一节				
第二节				
第三节				
第四节				
第五节				
第六节				

　　学习雅行评价表，教师可以针对部分学习适应不良儿童，有针对性的评价，还可以引导孩子自我评价。评价之后及时奖励，以强化良好的学习习惯。可以设定"小雅士养成记"，做好记录。一段时间以后，养成习惯效果很明显，孩子们规则意识增强了。

（三）学习礼仪促雅行

让礼仪课程进班队，可以利用班会，开设学礼仪课程，如见面礼仪、做客礼仪、集会礼仪、餐桌礼仪等。教师从课堂入手，为雅行的养成营造良好的氛围。

如读到《弟子规》中的"将入门，问孰存。将上堂，声必扬。""人问谁，对以名。吾与我，不分明。"

先理解意思：准备进入别人家门时，应先敲门，问一声有人在吗？经过允许后才能进入。将要走进厅堂的时候声音要提高一些，以便让里面的人知道。当里面有人问自己是谁时，要将自己的姓名告诉对方。如果只回答"是我"，对方就不清楚你是谁了。

再问："小朋友们，你到别人家，或是进爸爸妈妈、哥哥姐姐的房间时，你会怎么做呢？"学生在交流讨论中明理。

礼仪课程的开设，学生学习规范行为准则，使德育有了一个逐渐内化的过程。

（四）假期合力促雅行

一学期来，通过诵蒙学经典，践良好品行，营造了学生间相观择善的班级氛围。课外，教师跟家长合作，共同培养孩子良好的习惯，文雅的言行。

如：寒假趣味作业——践行"弟子规"：

"晨必盥，兼漱口。"我能做到"早晨起来，坚持刷牙，洗脸。"

"房事清，墙壁净。"我能做到"打扫整理自己的房间，学习用品摆放整齐。"

"父母呼，应勿缓。"我能做到："听到爸妈叫，立即回应，不迟缓。"

"父母命，行勿懒。"我能做到："爸妈让我做事，迅速行动，不拖拉。"

班主任把经典蒙学用歌诀乐读、唱读、诵读、讲故事、游戏等多种方式教给学生。以经典蒙学智慧浸润班级管理，班级管理不再琐碎，不再繁杂，不再条条框框；学生也变得更阳光、更灵动、更有读书人的气质。诵读经典蒙学读物，习之善良之规范，老师和家长惊喜地发现，孩子们懂得了孝敬、感恩、珍惜。

总之，一年级班主任用经典蒙学智慧浸润孩子心田，陶冶孩子的情操，净化孩子的品格，用经典蒙学智慧促进学生良好习惯的早日养成，让每个孩子都成为拥有"雅言雅行"的小绅士、小淑女。

【参考书目】

[1] 田恒平.中小学班级常规管理 [M].上海：华东师范大学出版社，2008.

[2] 钱理群.三字经 [M].天津：天津教育出版社，2011.

[3] 李毓秀.弟子规 [M].浙江：浙江人民出版社，2014.

[4] 郭文斌.《弟子规》到底说什么 [M].北京：中华书局，2011.

[5] 陈琴.经典即人生 [M].北京：中华书局，2011.

诵经典，助力学生雅言雅行

浙江省台州市路桥区路桥街道实验小学 林玲

摘要： 国学经典诵读的主阵地是在校园，让学生从小接受优秀传统文化教育，能使学生更加体会到自己的使命感。寻找契机在点滴中渗透对学生的国民使命教育，丰厚学生的中华优秀传统文化底蕴、润化学生的"仁、义、礼、智、信"，从而有效助力学生雅言雅行，形成有序、严整的班级之风，是目前教育正行走的探索和践行之路。在整个经典之库中依据学情择善而从之，将经典渗透进学生的日常生活，以经典促进学生素养提高，以经典促进班级有效管理。

关键字： 诵读经典　学生雅言雅行　班级管理

何为经典？经典有三大特性：反复、乐道、传承。所有的经典，都是经由人们反复强调，津津乐道，并代代相传下来的。经典著作、传统文化兼是如此。诵读经典，不仅指内容的摄入，也注重内化的技巧，以"吟诵""乐读"的方法来记忆、欣赏经典，是一条可行之路。

为什么要学习经典？因为经典所蕴含的深刻为人处世之道是创作者的经验之道。诸如《三百千》《弟子规》、四书五经等更是经过时代的更迭、思想的积淀而流传下来的，许多古人前辈的言论对现代人的言行是能够起到质的导向作用的。

"传习雅言之道，养成君子之风；继往盛之绝学，留华夏之文脉。"古人雅言之道，大道养人，传承之责，重责树人！所以，本着养人养性，树人树德的目的，教育在传授知识之外，更应重拾经典，以经典润人心，养人性。

一、经典促"雅言雅行"，行之有物

诵经典，为何能促进孩子"雅言雅行"？经典蕴含哪些大道可以引导孩子健康成长？中华经典文化何其博大精深，能够流传至今的都是值得人们品味推敲的。在用经典指导孩子教育成长之前，择选那些具备正能量导向的经典是首要，中华经典何其多，需择善而从之。

（一）择经典之"博"

古有"情动而辞发"之说，古人情到深处必吟之来抒发内心的思想感情，兴发感动，以情动人。"人生自古谁无死，留取丹心照汗青"，是文天祥临行前的视死如归，壮哉斯言！"山重水复疑无路，柳暗花明又一村"，是陆游在困难中的勇气和坚持；"山不在高，有仙则名。水不在深，有龙则灵"，是刘禹锡被贬后依旧如昔的淡定从容；"野火烧不尽、春风吹又生"，是白居易人生沉浮中那份顽强与拼搏。吟诵经典诗文，孟浩然那侧耳倾听"夜来风雨声"，担忧民间"花落"而欲道济苍生的神情跃然脑中，耳畔似乎萦绕着李绅为了农民去争取皇家怜悯而向当政者发出的声声"谁知盘中餐，粒粒皆辛苦"的疾呼，王之涣在那哀怨的羌笛与杨柳声中对"春风不度玉门关"的战争的反思也在吟诵中冲击着人们的心灵。那么多脍炙人口的经典之作，无一不喻示着创作者心之博坚，真真是今时之人当效之的。

如今科技高速发展，钢筋水泥铸就下的心逐渐坚硬，"三年一代沟"，人与人之间的隔阂愈难消弭，于是越来越多的人是"各人自扫门前雪，休管他人瓦上霜"，连孩子也不例外，而且越发的低龄化！不知五谷，不知体勤，不知生活之艰辛，不奈师长之教诲，偏离优育轨道令人揪心的同时更令人反思。可从老祖宗那时候开始，人与人之间讲求的就是"和合"二字，宇宙的天人合一之道、天下的协和万邦之道、国家的和而不同之道、家庭的琴瑟和谐之道、道德的人心和善之道。既然祖辈们创下了中华几千年的文化盛世，到了这辈儿依然可以。孩子们的心该是坚韧而不坚硬，是博大而不狭隘，是远大而不渺小。志存高远者，行路虽然艰难，但志向明确，也会使人变得宽容博大，步履坚定。

经典，经得起时间的淬炼，经得起时代的考验。学习经典，就是学习古人的这些珍贵的为人处世之大道，不卑不亢，不偏不倚，有一颗柔软却又足够坚韧强大的内心。

（二）择经典之"乐"

中国的"乐"是抒发，是发泄，是感情最高涨的时候，爆发出来的。"乐"者，乐也，快乐的意思。中国的"乐"是平静的时候，流淌出来的。中国的"乐"用以感受生命之美好，自然之和谐，人生之从容，心灵之安详，所以"乐"以修身。周朝末期礼崩乐坏后，孔子将"乐"融于吟诵，以吟诵的形式保留下来，却也让"乐"完全体现出源自内心的乐。

"一箪食，一瓢饮，在陋巷，人不堪其忧，回也不改其乐"，孔门七十二贤，得衣钵者颜回一人，不是因为他聪明，而是因为他快乐。"饭疏食，饮水，曲肱而枕之，乐亦在其中矣"，尽管非常艰苦，甚至是温饱危矣的境地下，颜回依然不改其乐，还是将生活的快乐演绎得淋漓尽致。仔细品《论语》，就会发现，孔子是个快乐的人，首篇《学而》中的"学而时习之，不亦说乎？有朋自远方来，不亦乐乎？人不知而不愠，不亦君子乎？"一句就可见一斑，孔夫子对待学习这件事是快乐之至的，有志同道合的人一起学习并被人认可更让他喜形于色，最重要的是他并不因为学成之后不为人知晓而闷闷不乐。要知道，古代的文人墨客功成名就，门楣光耀对他们来说是一件人生大事，许多人为了能入朝为官不断参加科举考试，不惜散尽钱财，可到了老了还是屡试屡败，只能徒留遗憾，郁郁寡欢。十年寒窗只为一朝为官，孔子亦然，不过他并不郁郁寡欢，反而觉得没什么好悲愤、抑郁的，被人认可固然好，不被人理解，也是正常。如此豁达的心性，才有孔子"朝闻道，夕死可矣"的孜孜不倦。

孔子、颜回，如此快乐地生活，当真是生命的真谛了。倘若孩子们都能够做到凡事乐观积极地应对，遇到难事，在心中思量"世上无难事，只要肯攀登"，也就不会在他们的脸上轻易见到遇事就懊恼苦闷的一面了。古人没有那么多的可排解苦闷的方式，却可以肆意大声疾呼，也可以低低吟唱，要是遇事就上蹿下跳、愁绪难解，如何还有精力实现自己的鸿鹄之志？世事无常，拦路虎常有，学会勇敢乐观对待，及时排解，孩子们脸上那因繁重的学业和"望子成龙、望女成凤"的压力而渐渐消失的红润"婴儿肥"及光亮的双眼又会慢慢回归。

我们不因眼前的失败而踌躇不前，应有着"天生我才必有用"的信念，不断磨炼和激发自己，总会迎来"柳暗花明""一览众山小"的时刻。中国的许多经典，都在透露着这样的信息：乐学才能善思，善思才能成长。笔者相信一句话："办法总比困难多。"纠结于一件事情带给自己诸多不快又深觉难上加难的郁闷，不如想着怎样破除困难，咬断烦忧后带来的成就之快。

（三）择经典之"礼"

笔者推崇用吟诵的方法学习古文诗词，不仅是因为这是现今的古文诗词学习最恰当的方式，更是因为周公开创了吟诵的传统，中华文化格局逐渐清晰化，"礼乐文化"应运而生，吟诵因此成为"礼乐文化"最简单、最直接的表现形式；孔子实现了吟诵的个人化，吟诵因此成为儒家最基本的教学手段、修身方式。"道之以德，齐之以礼，有耻且格"（《论语·为政》）就是孔夫子提出的"礼教"，以礼修身，以德束己身。吟诵是一种方法。如果下一代孩子们学会了这种方法，他们会重新开始作诗，重新即兴吟咏，重新唱自己的歌，重新为自己而唱歌，心又变得柔软，人又变得高洁。修身养性，典雅知礼，轻盈、典雅、迷人的气韵渗入校园，深入生活。

《三字经》有云："有余力，则学文"。学习知识前，应先学习为人处事！孩子成长要靠自己，不要过分要求，让他们自由发展，教育不在于他将来成功不成功，先希望他长大做个好人，规规矩矩做事，老老实实做人，有好的人品和教育修养。经典诗书，诵读之，教人规矩，让人识礼。俗话说，没有规矩不成方圆，一个年轻人如果不懂规矩，将会遇到许多麻烦和困难。以《弟子规》为例，承于圣人孔子之言论，明确提出了孝顺父母的四个基本要求和日常生活中子女应该做到的八件事情，倾听父母需要，尽量按照父母的需要努力去做，不一定都做得到，但是要努力去做，不将本就应该做到的事情拿来向父母索要奖励，兄友弟恭，尊长爱幼，细致对待父母子女之间的关系；从小养成严谨的生活态度，知礼守礼，言行有道，不做孔夫子眼中那个不可雕的"朽木"，更不要做不可圬的"粪土之墙"，因为失了人心太可怕；诚实守信，谨言慎行，勇担过错，不染市井之气，不因过而怒，不因誉而乐，虚心求教于贤人；不以貌取人，不以己欲施于人，不分贵贱，待人宽厚，正视自身短处与他人长处，取长补短；慎交朋友，以"仁德"为上；知行合一，对待任何事都要专心致志，尤其注重正确的学习方法，端正的学习态度。

中国"礼教"造就了多少孺人雅士，那些孺人雅士们反过来又通过他们渊博的学识推动着"礼教"的不断进演、完善，才会有我国传承至今的这些令世人视若珍宝的经典之作。身为华夏子孙，该将经典常伴左右，以养民族君子之风。

二、经典促"雅言雅行"，行之有法

班级，就是一个小型的社会团体，我们面对的是一个个鲜活的、动态的生命，一个班级几十个孩子就是几十个不同的人生，把这些生命串联起来，这该是一条多么漫长又精彩的人之征途，几十个孩子，几十个思想，几十个故事。不论这些生命个体在融入这个班级之前是怎样的不同，只要我们给予良好的影响，不强压，就会以"走心"之举于无形中牵引着他们踏实向前。对学生进行"仁、义、礼、智、信"的内驱动教育就是对学生的素养教育，这恰就是中国国学经典中最核心的。将经典文化融入班级管理中，让学生在感受传统文化，感悟古训的深刻内涵的同时，使学生养成良好的行为习惯，帮助学生树立正确的价值观，提高学生的综合素质，从而提高班级管理水平，营造良好的学习生活环境。

（一）以吟诵乐读为抓手，打开经典乐学之门。

经典诗文是我们传统文化的精华，是民族精神的根基。诵读经典，是孩子们净化灵魂、升华人格的重要途径，更好地发挥养德、冶情、益智的作用。将吟诵乐读融入语文课堂、班级队课，先用陈琴歌诀乐读法熟读，再用吟诵法促进记忆和理解。每天反复的诵读，让师生的心都变得柔软，彼此之间拉近了距离。每天在正式开始早读前的20分钟时间，反复诵读古诗选文，时而吟唱，时而乐读。课前三分钟展示，由诵读小能手们带头进行古诗选文的巩固复习。将可以利用的时间都拿来诵读，张嘴就来，有时在列队出校门时也能听到一路的"之乎者也"。每当这个时候，总会有别班孩子或老师驻足观望一番，给予了孩子们极大的信心不断地诵读下去。诵读经典逐渐成了孩子们的习惯，空闲时间只要有人起个头，周围准会呼应而起，甚至还有学生边跳绳边嘴里念念有词的。

除了诵读，借用一些如作业后的休闲时间、早读时的空余时间辅以"古诗词名师讲堂""小老师讲历史故事"等形式进行中国名人轶事、历史故事的听讲、演说，以丰厚学生的经典文化知识。孩子们开心极了，这个年龄的孩子，心正飞扬，对于音乐、手舞足蹈的形式是非常感兴趣的。古诗文原是枯燥、难懂的学问，却能以吟诵乐读的方式打破瓶颈，孩子们欣然行之！

受本班影响，年级段的其他班级也开始尝试用这种方法进行古诗文的学习，收效颇丰。

（二）以丰富活动为载体，塑造学生优良品行。

1.始业教育开蒙礼。

幼儿园入小学，思想意识和行为习惯都将发生跨越性的变化，对孩子的各方面要求也会提升不少，所以一年级始业教育尤为重要。9月开学前3天，一年级的孩子们，进行了言行思、口耳心、坐立行等行为规范的特训。进入小学校园的第一天，就先学习"事勿忙，忙多错，勿畏难，勿轻略。斗闹场，绝勿近，邪僻事，绝勿问。"让孩子遇事冷静，不畏难，不参与闹事，不理会不良事物。第二天，学习"不力行，但学文，长浮华，成何人。但力行，不学文，任己见，昧理真。"让孩子在迈上小学学习之路前就明白知行合一的道理。第三天，诵读的是"读书法，有三到，心眼口，信皆要。方读此，勿慕彼，此未终，彼勿起。"读书的方法要注重三到：眼到、口到、心到。三者缺一不可，如此方能收到事半功倍的效果。学习和研究学问都要专一。

2."和合养正"孔子诞辰拜师礼。

连续两年的9月28日，全体师生一起参加了非常隆重的孔子诞辰拜师礼。

在浓浓的诗香中，全体教师身着汉服，古朴典雅、肃立以待。在激越的鼓乐声中，在国学老师的指引下，正衣冠、端容颜、敬拜先贤孔子。几位校长分别扮演曹孟德、诸葛孔明、刘玄德等诸多英雄、文人，再现古时英雄人物挥毫泼墨时的潇洒形象。30位学生着汉服吟诵《三字经》《论语·学而》，并引全体学生诵背《论语·学而》，以敬先师。德育处主任和4位学生演绎孔子学堂，再现古人私塾礼。教师礼官引学子行大礼，恭敬有加；师长启礼，教诲谆谆。全场鼓乐相迎，礼乐相济，敬畏之心，油然而生。"不学诗，无以言；不学礼，无以立。"孩子们沉浸在古朴的传统文化氛围中接受心灵的洗涤。

3. 抓住契机促德育。

当出现不用心学习时，吟诵"读书须用意，一字值千金"；当同学之间闹矛盾时，吟诵"钱财如粪土，仁义值千金"；当懒怠于学业而不惜时时，吟诵"一年之计在于春，一日之计在于寅。一家之计在于和，一生之计在于勤"；当因为事情小而忽视它，有"百年成之不足，一旦败之有余""千里之堤毁于蚁穴"；当看待问题只注重眼前，就有"人无远虑，必有近忧"，易怒、心有杂念者，以"斗闹场，绝勿近；邪僻事，绝勿问"以规范其行为。发现问题及时用经典名句应对，能起到很好的警示作用。

利用各种传统节日为载体，为学生讲解传统节日的由来，并在学生中开展相应的活动，如端午节可以给学生讲述屈原投江的故事，组织学生在学校的食堂举行包粽子活动，让学生亲自参与，从中培养学生热爱劳动的思想；利用父亲节、母亲节让学生培养感恩知情；教师节时开展感恩教师，崇尚教育的活动，以此来培养学生的世界观、价值观、人生观。

（三）以文化建设为基础，形成集体良好班风。

班级文化，是班级所有成员共同的信念、价值观、态度的集合体，是一个班级灵魂所在，具有无形的教育功能、激励功能和制约功能，这些无形的存在可以形成巨大的力量，潜移默化地影响着班级中的每一个成员，对，是"影响"而不是"改变"。因此，在国学经典诵读的影响下，借由几节班队课，全班定下了班训——"明礼修身，雅言雅行"，班级奋斗目标——"和风细雨展淑女气质，恭谦礼让显绅士风度"。通过诵读《三字经》《弟子规》，借鉴三字一句的格式，创作了《班级博雅十礼》：国旗礼、尊师礼、孝亲礼、求学礼、仪式礼、对众礼、起居礼、着装礼、就餐礼、借赠礼。比如国旗礼：升国旗，要肃立，唱国歌，行队礼，衣冠正，要得体，红领巾，胸前系；仪式礼：按规矩，行礼仪，有活动，勤参与，逢集会，快静齐，敬畏感，存于心；求学礼：读书法，有三到，心眼口，信皆要，几案洁，笔砚正，心有疑，求确义。同时，为了更好地引导学生正确的行为习惯，我们还将《班级博雅十礼》制作成了微课，成了学校德育课程的一个子课程，每次集会诵背一番，润心养性很有效。

三、经典促"雅言雅行"，行之有效

学校是除家庭外教育的主阵地，从小对孩子进行潜移默化的正确引导，对于养成素质型人才是极为关键的。教育没有捷径，只有实实在在。"教"，左边是"孝"，右边是文，而"孝"，上面是"老"，下面是"子"。"教育"，具备两层意思：一是"教者，孝之文也。"教育教什么？从孝开始，以孝为根本，通过孝，培育孩子对血缘的尊重，培育孩子孝敬父母、尊重长辈，同时也在孩子心中牢牢树立了对传统的尊重，这在两千年前就已经有了的教育理念，说明传统文化对孩子从小的养成教育是影响深远又意义重大的，在现如今这样快节奏的生活环境下，古人的这些教育理念同样对现今的孩子成长影响深远；二是"教"在"育"前，说明在孩子来到世界之后，"教"孩子做人就成为比"育"更为重要的大事儿了。教育，从出生之时就要进行，后天的教育轨迹就是孩子今后的成长轨迹，马虎不得，更缺失不得。

诵读经典古诗文，讲述古圣先贤的故事，同学们逐渐明白做人、处事、待人接物的道理。"知过必改，得能莫忘。"知道自己有过错，一定要改正；适合自己干的事，不要放弃。"性静情逸，心动神疲。"使他们品性沉静淡泊，不骄不躁，情绪就安逸自在。立规矩不是为了让学生臣服，若对学生以硬邦邦的规则强制约束，势必不会完全信服，但若用诵读经典以润之，在潜移默化中使学生有意无意对比经典而自觉约束自己的言行，真正做到雅言雅行，成为谦和有礼，责任担当，勇敢乐观的谦谦君子。再，人的情绪、思想，甚至是一言一行都会无痕中影响周遭的他人，我们都应相信身边的每一个人都是善良的，每个人都有荣辱心，都会将身边人当成自己可以借鉴的镜子。一个人影响另一个人，一个团体影响另一个团体。

经典促班级管理之路是行之有效的路，路漫漫其修远兮，吾将上下而求索，且行且思！

参考文献：

［1］李振村.让经典的诗文润泽学生的生命［J］.小学语文教师,2005(12).

［2］陈树民.小学生经典古诗背诵［M］.云南：晨光出版社，2000.

［3］陈少松.古诗词文吟诵研究［M］.北京：社会科学文献出版社，2002.

［4］贾艳君.浅谈小学生开展国学经典诵读的意义和策略［J］.新课程（上），2017（03）.

以班级经典诵读为载体，
培养学生良好习惯的实践研究

浙江省台州市黄岩区江口街道第二小学 沈巧艺

上下五千年的中国文化，为学生们在视野的开阔、知识的增长、情操的陶冶等方面都能起到积极的作用。那些名言和佳句、经典的著作，在历史的长河中闪闪发光。经典不仅为我们提供文学滋养，而且渗透在其中的胸襟、智慧、操守都可以成为我们重新构建人生信念的宝贵资源。由此，笔者提出了"日有所诵，润泽心灵"的口号，并且以养成教育作为主线，尝试着在班级教师和学生中开展经典诵读的活动，使学生能够终身受益。通过组织各种形式的"经典养德"系列诵读活动，实现德育的效果。

一、我们以三项建设作为班级经典诵读实践载体

1.以经典文化为根基的班级文化创设。

利用班级墙、黑板报、手抄报等进行经典文化、思想的宣传，通过各种活动进行教育，通过诵读活动评比等使学生的思想得到升华。

2.以诵读为先导，以丰富活动为载体进行学生良好行为习惯的培养。

每两周更新一次壁报栏中的内容，每月上交数量一定的展示作品，可以古诗配画、诵读内容抄写小报、改写经典，自写古诗等，要在教室里开设诵读专栏。制定班级诵读计划，根据诵读内容，规定每周的诵读量，制定表格，确定班级每周检查和每月展示的时间和负责人。

3. 利用家长资源，促进和谐班集体的建设。

每周召开相关主题班会活动开展和经典文化中优良文化大碰撞的教育，并充分利用家委会的力量自主开展诵读活动。

二、步步为营 策略夯实

1. 针对学生良好行为养成内容，选择合适的诵读经典的内容。

在班级广泛开展诵读经典活动中，要做到读有所依，读有所序，读有所据。读书并非越多越好，不能只求数量不谈质量，而是要针对所培养的良好行为习惯找到适合内容去诵读、学习，并逐步积累、层层上升。教师要依据班级学生特点，努力实现差异诵读、弹性诵读，使每个学生都能够读有所得。

2. 稳固良好行为习惯养成，探索诵读经典的方法。

"普通人只用了自己实际记忆能力的10%，其余的90%都被浪费了，其原因在于他违反了记忆的自然法则。"（心理学家卡尔·希修教授语）也就是说记忆的方法好坏直接影响学生记忆的效果。因此，在经典诵读过程中，教师应有意识地指导学生进行诵读，从而提高诵读效率，加深对经典的理解，促进班级良好建设。

（1）化整为零，步步为营

有些文章较长，同学们背诵时不妨化整为零，再各个击破。这样段段背、段段清，做到步步为营，最后再化零为整，"组装"成篇。如背诵《道德经》时，开始可让学生在课外每天背两章，八十一章就可以在四十天里完成。再花十五天时间把它们化零为整，"组装"成篇：首先让学生一天复习十章，要求连起来背，八天完成，然后用四天让他们二十章连起来背，再用两天让他们四十章连起来背，最后一天背诵整篇《道德经》。这样，一本《道德经》就可以在五十五天里诵读成功，里面所包含的道理足以让他们终身受用。

（2）以写助读，感官兼用

俗话说，眼看十遍，不如手抄一遍。如果诵读时一边读一边写，读读写写，这样就能调动眼、口、手、脑等多种感官的参与。这种方法还能为默写打下坚实的基础。正如朱熹所说："余尝谓读书有三到：心到、眼到、口到。"

（3）游戏诵读，寓教于乐

喜欢做游戏是孩子的天性，如果把经典诵读有机地寓于游戏之中，就能达到润物无声的效果。学生一边玩一边读，既能消除学习的疲劳，又能激发学生诵读诗文的兴趣。化道德修养于无形渗透。

（4）按图索"意"，读图背文

经典作品中诗词韵律、意境感很强，每一首诗都是一幅画，都是一首用心吟唱的歌。因此，在经典诵读中，我们不再单纯地向学生呈现文字，而是制作生动形象的课件，把文字放在画面中，同时配以与诗境、诗情相通的背景音乐。这时的古诗词，不只是文字，而是从视觉、听觉上同时作用于学生大脑的一个立体化的事物。这样一来，诗情、诗境在画面和音乐的作用下形象化、具体化了，学生反复诵读就会自然而然地入情、入境，轻松地读出诗的味道、诗的情感和诗的美感。这样的诵读，如同欣赏一幅画、聆听一首歌，快乐而令人陶醉。可见，在诵读中用艺术手段创设意境，能获得事半功倍的效果。

另外，还可以将诗文的意境、内容，用象征、抽象、夸张、写意等手法，勾勒出简图或简表，然后按图索"意"，一边读图，一边"说"文，最后达到背诵之目的。

3.开展优秀典范少年评比，稳固学生行为习惯养成。

基于礼仪习惯、学习习惯、卫生习惯，结合学校的十佳少年评比开展班级优秀少年评比，展现少年风采，促进学生良好行为习惯养成，有效促进优秀班集体建设。

诵读经典，传承经典。在经典文化的诵读学习过程中，"细雨润无声"般培养学生爱国主义情感、社会主义道德品质，逐步养成良好行为习惯，形成积极的人生态度和正确的价值观。

参考文献：

[1] 中华人民共和国教育部制订.全日制义务教育语文新课程标准[M].北京：北京师范大学出版社，2001.

[2] 李毓秀.弟子规[M].浙江：浙江人民出版社，2014.

[3] 王崧舟.小学生经典诵读[M].浙江：浙江古籍出版社，2015.

[4] 简·尼尔森，琳·洛特，斯带芬·格伦.教室里的正面管教[M].梁帅，译.北京：北京联合出版公司，2015.

[5] 苏霍姆林斯基.给教师的100条建议[M].周蕖，王义高，刘启翔，等译.北京：教育科学出版社，2010.

用《弟子规》浸润小学班级管理的实践研究

浙江省台州市天台小学　娄吟莺

摘要：《弟子规》虽然只有短短的千余字，却是"大道至简"，涉及了许多孝顺父母、尊重他人、诚实守信等优良品德，并且将"孝敬父母、尊敬师长、诚实守信"等日常行为规范具体化、生活化。将《弟子规》与班级管理恰当地结合起来，汲取《弟子规》的传统精髓，理念先行；以诵读《弟子规》为着手，浸润学生心灵；以《弟子规》为载体开展活动，塑造学生优良品行；以文化建设为基础，构建和谐班集体。

关键词：《弟子规》小学班级管理

在小学教育阶段，教师除了帮助学生完成学业的学习，更重要的是培养学生的优良品格，发展学生的核心素养。当代小学生的主流意识是积极健康向上的。不过，随着社会的变化和发展，很多学生价值观、处事方式等发生了很大的改变。习近平总书记在党的十九大报告中赋予了中华优秀传统文化新的时代内涵，提出要重视中华优秀传统文化的教育和传承。笔者认为：小学的班级管理理念，完全可以从我国优秀的传统文化中寻求，用博大精深的传统文化来浸润小学的班级管理。

《弟子规》虽然只有短短的千余字，却是"大道至简"，涉及了许多孝顺父母、尊重他人、诚实守信等优良品德，并且将"孝敬父母、尊敬师长、诚实守信"等日常行为规范具体化、生活化。将《弟子规》与班级管理恰当地结合起来，将经典文化融入班级管理中，让学生在诵读经典，感受中华传统美德的同时，养成良好的行为习惯，树立正确的价值观，从而形成良好班风，构建和谐班集体。

一、汲取《弟子规》的传统精髓，理念先行

1. "首孝悌，次谨信"——作为班主任，必须"立德树人"。

在《弟子规》的总序里，首先提出"弟子"要"首孝悌，次谨信""有余力，则学文"。作为班主任，要坚持以德育为先，把"立德"摆在第一位，是因为任何事都要从做人开始。教师通过正面教育，来引导、感化、激励学生，从而培养学生健全的人格。当然，从学生层面来说，学做人的意义远远大于学知识。因此，班主任必须以人、以生命为本位，而不是以知识、以学业为本位。

2. "泛爱众，而亲仁"——作为班主任，须心怀每一位学生。

在《弟子规》中，讲求的是"泛爱众，而亲仁""凡是人，皆须爱"。作为班主任，要去爱每一位学生，做一名和善而坚定的师长。当学生犯错的时候，要让孩子知道错误是学习的机会，不能冲动，更不要去惩罚学生。老子的《道德经》里提出"以柔克刚"的理念，这对于转化问题学生有着奇特的功效。同样，作为学生，也得有着一颗博爱之心，其中包括关心集体、帮助同学等优良品德。

3. 汲取《弟子规》中各种生活起居等的细节规范，作为班级管理的行为规范。

好习惯使人受益一生，而坏习惯却是人生成长路上的绊脚石。在小学阶段，让学生养成良好的学习习惯，是班主任的重要任务。在《弟子规》中，有许多非常好的生活起居等细节规范，比如：衣："衣贵洁，不贵华"；食："对

饮食，勿拣择"；行："宽转弯，勿触楞。"学习《弟子规》，就是要从学生的行为习惯入手去引导，去教育。

二、以诵读《弟子规》为着手，浸润学生心灵

经典诗文，是我国传统文化的璀璨瑰宝，是中华民族的精神根基。学生诵读《弟子规》，既能净化心灵，又能提升人格。应该说，它能发挥养德、冶情、益智的作用。 在诵读《弟子规》时，班主任可以进行"一日三诵"：每日利用早读课、午间文化课引导学生来学习《弟子规》，并在每天晚上复习当天诵读的内容，可以在"晓黑板"APP上打卡，再利用每周一节的诵读课。

每一节的常态诵读课，可以按照这样的课堂模式进行教学：

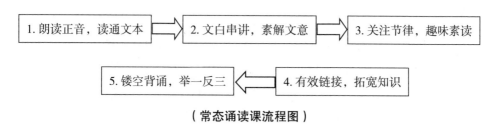

（常态诵读课流程图）

第一，教师引导学生正确朗读《弟子规》，清晰响亮地读出诗文的韵味来。第二，进行文白串讲，大致理解文本的意思。第三，关注节律，趣味素读。《弟子规》三字一句，两句一韵，学生读起来朗朗上口。教师引导学生采用陈琴歌诀乐读法，一边敲击节奏，一边放声朗读。第四，有效链接，拓宽知识。为了增加学生的学习兴趣，每一段文字内容会配备一个相关的历史故事，有时会找来相关的小视频作为趣味赏析。第五，镂空背诵，举一反三。《弟子规》浅显易懂，学生并不觉得背诵这些经典书目是难事，相反他们喜欢背，背得轻松。同时，在反复诵读中，学生们知其义，明其理，悟其道。

三、以《弟子规》为载体开展活动，塑造学生优良品行

一个班集体要想充满活力，一定得有活动。丰富多彩的活动，能让学生对班级产生感情，让学生有归属感和存在感。班主任根据《弟子规》的内容，可以引导学生开展各种主题活动，在品味经典的过程中，调动学生在班集体活动中的主动性、创造性。活动中，学生的思想能得到统一，心灵得以净化，

从而成为一个有自觉行为和准则的人。具体的主题活动有：

1.入学时的始业教育

学生在入学的第一天，教师可以带着学生进行口耳心、坐立行等行为规范的特训，引导学生学习《弟子规》的"不力行，但学文，长浮华，成何人。但力行，不学文，任己见，昧理真。"学生在学习的起步阶段，就能明白知行合一的道理。入学第二天，诵学习"读书法，有三到，心眼口，信皆要。方读此，勿慕彼，此未终，彼勿起"。学生能从中懂得：读书的方法要做到"三到"：眼到、口到、心到，三者缺一不可。只有这样，才能收到事半功倍的效果。在入学的始业教育中，将《弟子规》的这些精华融入学生的意识中，在之后的日常教育中定能收获其效果。

2."孝"活动

《弟子规》主要包括孝、悌、谨、信、泛爱众、余力学文这六大章节。诵读《弟子规》只是阅读经典的起步，更重要的是如何践行。百善孝为先，守孝道，是中华传统美德中极为重要的一条。《弟子规》开篇讲的就是"孝"：学做人，首先就要学"孝"，从小就要孝顺父母。"冬则温，夏则清，晨则省，昏则定。"《黄香替父亲温席》的故事成了千古美谈。如今，虽然不必让孩子帮着父母"冬则温，夏则清"，但"出必告，反必面"要做起来。学了这两句话，就可以明确规定：从现在开始，我们必须"出必告，反必面"。每天出门来上学时，必须和家人打招呼："**，我上学去了，再见。"每天放学后，看到谁来接你了，必须鞠躬说："**，您辛苦了！谢谢您来接我！"到家后，还得和家里的亲人说："**，我回来了。"

另外，教师还可以根据《弟子规》教学的进程，还经常请孩子们为父母为家人做一些力所能及的事情，比如：给刚下班的爸爸捶捶背，为劳累的妈妈洗洗脚，帮奶奶梳头等。

3."生活自理能力训练"活动

现在的孩子生活自理能力普遍下降，小学低年级的孩子，有的不会自己穿衣服，有的鞋带松了也不会系，有的不会扫地擦桌，甚至连红领巾也要妈妈帮忙系。如果鞋带散了就像没看见似的，只有等着别人来帮忙才能解决。教师可以结合《弟子规》的学习，对学生进行日常生活自理能力的训练。

当学习了《弟子规》中的"冠必正，纽必结，袜与履，俱紧切"时，可以在班会活动中进行叠衣服、系鞋带等生活自理大比拼。在学习了"列典籍，有定处，虽有急，卷束齐"后，可以进行整理书包和课桌抽屉的训练。在学习"房室清，墙壁净，几案洁，笔砚正"时，可以训练扫地，擦玻璃、墙壁，摆放课桌椅等值日生应该做的事情。

学生通过一系列活动的训练，学生习得了方法与能力。不过，"冰冻三尺非一日之寒"，学生自理能力的培养，不是一两次教育就会有明显效果的。这是一个漫长的过程，教师还要对学生的细微变化和细小的细节问题，及时给予帮助和指导，让学生真正学会自己能做的事自己做。

4."泛爱众"实践活动

"凡是人，皆须爱，天同覆，地同载。"在经典诗文中，弘扬大爱精神。为了激发学生的"泛爱众"，教师可以组织学生走进当地福利院，为那里的每一位孩子送去爱心；走进养老院，与那里的爷爷奶奶一起欢度节日；走近环卫工人，参与垃圾分类公益活动……

在丰富多彩的主题活动中，学生不仅能加深了对《弟子规》的理解，而且明白了"齐家、修身、治国、平天下"的道理，知与行，在孩子们心中得到了统一，学生的良好习惯也就能逐渐形成。

5."勤学文"活动

古人曰："有余力，则学文。"学生在校的一项重要任务是学习。为了激发学生的学习积极性，教师可以开展经典诵读大比拼，"认真书写"比赛，"百字识字"过关赛，"口算达标赛"等系列学科比赛。在各项活动的开展中，既激发了学生的学习积极性，也增强了班级的凝聚力。

四、以文化建设为基础，构建和谐班集体

班级常规管理应该从学生日常的学习和生活中等方面着手。根据《弟子规》，笔者制定班级目标，引导学生自觉参与班级管理。班级宗旨：首孝悌次谨信 泛爱众 而亲仁。学生的各种行为习惯的细节根据《弟子规》得以不断规范。比如：衣："衣贵洁，不贵华"；食："对饮食，勿拣择"；行："步从容，立端正""宽转弯，勿触棱"；生活起居："晨必盥，兼漱口，便溺回，辄净

手"；学习："读书法，有三到，心眼口，信皆要"。

教师可以依据《弟子规》来治班。一年级的孩子，常爱打小报告，就以"见未真，勿轻言，知未的，勿轻传"来规劝。当有学生课桌上的书本文具洒落一地时，可以用"列典籍，有定处，虽有急，卷束齐"来告之。如果要向别人借东西时，要注意："用人物，须明求，倘不问，即为偷"。如果别人向自己借东西时，要："借人物，及时还，人借物，有勿悭。"

记得在学习"斗闹场，绝勿进，邪僻事，绝勿问"后。班级里的郑浩瀚同学在下课后，过来，提出了自己的疑问："娄老师，那你上次说，看到同学在打架，我们要去劝，可这里又说不能管闲事，那到底该怎么办呐？""这问题提得有水平！是的，《弟子规》里讲是中庸之道，求的是明哲保身。这问题该怎样解答呢？那你想想，如果在学校里，看到自己的同学在打架，我们有能力去劝阻的话，该怎么办？""一定要去劝。""如果是大哥哥大姐姐在打架，我们劝不了了，该怎么办？""找老师帮忙。""是的，我们自己解决不了的，就要请别人来帮忙了。我们要量力而行！""如果在学校外边，看到大人们在打架闹事，我们又该怎么办？""不能过去凑热闹。""我们可以做些什么？""请大人来帮忙，或者打110，请警察叔叔来帮忙"。《弟子规》里的这句话看似中庸，在今天，教师可以与时俱进地进行学习。在无形中，这句话，让学生，也让教师学会了思考，学会了思辨。

总之，将《弟子规》与班级管理恰当地结合起来，汲取《弟子规》的传统精髓，理念先行；以诵读《弟子规》为着手，浸润学生心灵；以《弟子规》为载体开展活动，塑造学生优良品行；以文化建设为基础，构建和谐班集体。将经典文化融入班级管理中，培养了学生孝顺父母、尊重他人、诚实守信等优良品德，规范了学生待人接物、饮食起居、生活礼规等行为举止，激发孩子对传统文化的热爱，打造了特色班级文化，构建了健康、向善、向上的和谐班集体。

参考文献：

[1]苏霍姆林斯基.给教师的100条建议[M].周蕖，王义高，刘启翔，等译.北京：教育科学出版社，2010.

[2]李毓秀.弟子规[M].浙江：浙江人民出版社，2014.

[3]王崧舟.小学生经典诵读[M].浙江：浙江古籍出版社，2015.

[4]简·尼尔森，琳·洛特，斯蒂芬·格伦.教室里的正面管教[M].梁帅，译.北京：北京联合出版公司，2015.

[5]赵淑文.小学生心理发展与心理健康[M].北京：首都师范大学出版社，2007.

[6]帕克·帕尔默·教学勇气——漫步教师心灵[M].吴国珍，等译.上海：华东师范大学出版社，2020.

[7]莫素君.教育的情怀[M].北京：教育科学出版社，2006.

《弟子规》助力新生"一日常规"的实践与思考

浙江省台州市路桥小学　罗海平

摘要： 在党的十九大报告中，习近平总书记特别强调了中华优秀传统文化的价值，并明确指出要"深入挖掘优秀传统文化蕴含的思想观念、人文精神，道德规范"。《弟子规》是一本传世的经典，不仅是一本精彩的启蒙读物，也是文人雅士规范自己行为的经典读本。"教育就是培养习惯。"衡量小学教育成功与否的重要标准就是能否培养良好的习惯。因此，作为小学教育工作者，我们要借力《弟子规》深化"一日常规"的践行，以常规量表的设计实施，以日常行为准则的言语导行，以道德情境主题班队课的开展，重点关注一年级新生的习惯养成，使其行为习惯更规范。

关键词： 弟子规　一日常规好习惯　一年级新生

当代小学生的思想的主流是活泼健康、积极向上的。但是，随着社会的变化和发展，很多学生受到家庭和环境影响，规范意识、习惯的养成却大相径庭。"教育就是培养习惯"我国伟大的教育家叶圣陶曾明确指出。"好习惯，终身受益，坏习惯，终生受累。"因此，有效的"一日常规"教育，对学生的成长发展、身心健康有着举足轻重的作用。

清朝秀才李毓秀所著的《弟子规》，是以《论语·学而》篇中的"弟子入则孝，出则悌，谨而信，泛爱众，而亲仁，行有余力，则以学文"为总序，共分七个部分。它虽然只有简单的千余字，却是"大道至简"，集古圣先贤的智慧和美德于一书，也是一本行为准则的书籍。"十年树木，百年树人"。好习惯的养成是实现教育高效化的有力保障。所以我们要借经典之力激发孩子，以修正自己的行为。让一年级新生从行为习惯"写"好"人"字，这才是教育最本真的模样。本文旨在把传统文化的大教育观融入现代教育，吸收前人的智慧，加以合理运用，回归教育本位。希望能弘扬传统文化，又为儿童"一日常规"养成提供一种新方法。

一、《弟子规》金句，导航始业教育

《弟子规》的总序教育"弟子"要"首孝悌，次谨信""有余力，则学文"。作为德育导师的我们，要德育为先，把"立德树人"摆在第一位。我们要在前人研究的基础上，从儿童道德行为习惯养成入手，将《弟子规》当中所蕴含的适用于儿童行为习惯养成的内容为基础的观点，融入现代教育。通过各种实践活动，促进儿童"一日常规"养成，进行反思和总结，从而提供有价值的借鉴意义。用正面教育来引导人、感化人、激励人，规范学生的行为，根据《小学生行为规范》的内容，再结合本校情况，规范学生的在校行为，促使学生养成良好的行为习惯和学习习惯。

（一）融经典于入学典礼

开学前，我们集结所有一年级学生，举行"一点一点长大"的入学典礼。通过《小魔怪要上学》绘本故事的讲述，让新生初步明白：读书可以使魔怪变成人，不读书可以使人变成魔怪，从而懂得读书的重要性，树立读书的志向；阐述成语故事《积叶成书》的寓意，使家长懂得：一个人的成长，是一点一点的累积过程；在求学之初，使新生对上学产生一个美好的向往，给家长提供一个明确的指导方向：重视亲子阅读，重视日积月累。从而，给每一位新生和家长烙下一个深刻的美好印象。当然，或许孩子们不能完全明白其中的含义，但是只有将种子埋于心田，才能发芽长叶开花。

（二）设计"学之初"课程

小学"学之初"课程

我们将《弟子规》融入始业教育——编设学校"学之初"课程。将《弟子规》晨起礼、求学礼、就餐礼、对众礼、孝亲礼等融入课程中，晨诵暮省。

	星期一	星期二	星期三	星期四	星期五
晨诵	《弟子规》晨起礼	《弟子规》求学礼	《弟子规》就餐礼	《弟子规》对众礼	《弟子规》孝亲礼
"一日常规"教育	1. 早睡早起，制定作息时间表 2. 细读绘本《小魔怪要上学》 3. 介绍自己 4. 习惯培养：学会整理书包	1. 绘本《小阿力的大学校》《我会认真听讲》 2. 课堂雅行：课堂常规；手指操课程 3. 学会整理课桌，做好课前准备	1. 听《上学歌》 2. 路队礼仪：我学解放军叔叔走路 3. "静、齐、快"一分钟的约定	1. 听《石头汤》绘本故事 2. 我是小小书法家（书写自己名字） 3. 课间雅行：文明游戏	1. 听《我爸爸》《我妈妈》绘本故事 2. 如何尊重长辈，怎么沟通 3. 生活细节显孝亲
午休	晨起礼故事篇	求学礼故事篇	就餐礼故事篇	对众礼故事篇	孝亲礼故事篇
"一日常规"教育	1. 小脚丫走校园 2. 画画我们的校园	1. 欣赏动画《三个和尚》 2. 认识"班级"概念	1. 听《找朋友》，拍节奏，叫出好朋友的名字 2. 画画自己的好朋友	1. 电影《海底总动员》 2. 交流：最吸引我的是什么 3. 法制进校园（自我保护） 4. 听医生阿姨说（卫生习惯）	总结：争做路小"小学子"
暮省	回顾一天生活，交流学到的本领以及最开心的事诵读晨读的各礼节句子。				

1.《弟子规》晨起礼：一日之计在于晨

"朝起早，夜眠迟，老易至，惜此时。晨必盥，兼漱口，便溺回，辄净手"规范学生的行为举止。我们要引导学生早睡早起；勤洗脸刷牙，用最佳的面貌来迎接新一天的开始；饭前便后要洗手，这样才能为健康保驾护航。

2.《弟子规》求学礼：课堂课间规范化

课前读诵《弟子规》，全班起立齐诵。午休指定一人讲《弟子规》小故事。每天一个，按号次轮流。这样来加深《弟子规》含义的理解，更深地影响学生的学习、生活和行为习惯。

课中形成班级师生暗号，当发现有交头接耳现象，师念"话说多"，生接："话说多，不如少；惟其是，勿佞巧。"讲述《墨子》里关于子禽向老师请教的故事，引入此句，让其讨论，形成规范。下课时，边整理边念口诀：几案洁，笔砚正；人离席，凳归位；勤洗手，保健康。

课间游戏关注"安全篇"。小学阶段的学生应该是受儿童天性的影响，不分时间地点、场合，在走路的过程中总是连跑带跳，非常容易发生安全事故。借助"步从容，立端正""宽转弯，勿触棱"的内容进行引导，要求学生轻声、慢步、靠右行走，慢慢养成规范的行走习惯。

3.《弟子规》就餐礼：餐桌礼仪记心间

"对饮食，勿拣择。食适可，勿过则"进行餐桌礼仪教育，学生吃饭时要一心一意，不挑食，不掉饭菜等，开展小队比赛。

4.《弟子规》对众礼：和睦相处常反思

"和谐""反思"是课余同学相处的关键词。"和谐篇"结合"兄道友，弟道恭""言语忍，忿自泯"的理念进行贯彻落实，引导他们认识到很多生活上的小事情，不要过于斤斤计较，同学朋友之间不能因为一时的怨愤就开始恶语相向，要学会谦让，积极寻找和平解决的策略。"反思篇"由"见人恶，即内省"讨论改编"见己恶，即内省"，并结合"慈而宽"，学会矛盾产生后的反思。

5.《弟子规》孝亲礼：爱国爱家孝亲尊老

学生学通《弟子规》，就会自认明白"孝"道了。《弟子规》的"孝"篇里有这样两句话："父母呼，应勿缓，父母命，行勿懒。父母教，需敬听，父母责，须顺承。""冬则温，夏则清，晨则省，昏则定。出必告，反必面，居有常，业无变"。"孝"的典范黄香的故事传承千古。我们现在孩子不需要帮着父母"冬则温，夏则清"，但基本礼节"出必告，反必面"是必须的。

学了这两句话，我们和孩子们约定：以后，我们必须做到"出必告，反必面"。每天上学时，必须和家人打招呼。每天放学后，看到谁来接你，你说："** 您辛苦了！谢谢您来接我！"到家后，还得和家里的亲人说："**，我回来了。"让《弟子规》中好的精髓就要落到实处，要化为行动！我们要教育孩子们为家人做一些力所能及的事情，帮家人泡杯茶、捶捶背、帮妈妈分担家务、整理房间、饭后洗碗等。

二、《弟子规》量表，引导学习习惯

（一）量身定制，规范细节

一年级新生由于年龄尚小，判断力弱，不懂得什么事情可以做、什么事情不能做，对自己的行为缺乏自主管理能力。因此，我们结合《弟子规》制定量化表格，能够帮助学生从细节处规范"一日常规"。我们可以设计行为规范量表。比如"课堂学习习惯养成评价表""课前课后常规评价表""课余独立自主好习惯评价表""弟子规践行记录册"等。

1. 课前课后常规评价表：

"几案洁，笔砚正，人离席，凳归位。"

每一节课后做到可得一"★"，一天最多可得6"★"。			
	学习用品，放右上角。	桌凳归位，整齐干净。	先如厕，再玩耍。	勤洗手，多喝水。
星期一				
星期二				
星期三				
星期四				
星期五				
共计				

2.课堂学习习惯养成评价表：

"读书法，有三到，心眼口，信皆要。"

每一节课做到可得一"★"，一天最多可得6"★"。				
	书声琅琅我来读	有问必答我思考	发表意见我举手	握笔写字我规范
星期一				
星期二				
星期三				
星期四				
星期五				
共计				

3.课余独立自主好习惯评价表：

"今日事，今日毕，惜时间，奋追赶。"

我做到了"★"				
老师布置的作业我记下了。	学习用品，每晚整理。	完成作业，牢记心间。	我写作业，不用陪。	一写作业，吃玩靠边。
星期一				
星期二				
星期三				
星期四				
星期五				
周末				
共计				

老师和家长可以帮助他们记录。得到的星星，可以先换成翼文卡，储存保管，再一周一次进行换购奖品。

（二）家校携手，评价促行

我们要及时给予评价和充分肯定，这样学生才能不断汲取信心和奋斗的动力。要善于结合《弟子规》的内容，制定多样的评价方式，如学生自评、家长评价、同伴评价和教师评价。

1. 每月定期召开家长会进行理论学习指导，如何关注孩子良好习惯的养成。

2. 家访，分发好习惯养成评价表，指导记录，定期随访。

每天根据学生学习习惯和行为习惯给予量化打分，存入竞比积分，定期公布，评价坚持有头有尾，促进学生好习惯的形成。完成"学《弟子规》，做文明少年"实践记录表等特色作业，引导家长和学生利用假期学习《弟子规》的内容，用《弟子规》中的内容规范自己，在家里做一个儒雅少年，家长针对孩子的表现进行评价。老师阅读家长反馈单，了解学生在家的文明礼仪表现。家校携手，促进学生将文明礼仪、良好习惯的养成真正落到实处。当然培养好习惯的过程，要具体细化、循序渐进，反复推进，耐下心来，才能见证成效。

三、《弟子规》活动，督促行为习惯

一年级新生模仿力最强，他们日常行为习惯的养成一般都是从模仿开始，模仿老师，模仿父母。因此，我们要在日常的生活中潜移默化，才能润物无声地给学生以人生启迪、智慧引领、精神导航。

（一）多实践促行动

1. 以诵读为着手，浸润学生心灵。

我们可实行"一日三诵"：每日利用早读课、午间文化课引导学生来学习《弟子规》，每天一句一解释，配着一个小故事，每天晚上复习当天诵读的内容，配用"小打卡"软件，鼓励和督促孩子坚持吟诵。

再利用每星期一次的诵读课来复习本周所学知识，举办擂台赛，并开展以个人或小组为单位的诵读赛。

读：每天十分钟，晨诵时间，陈琴歌诀乐读法、吟诵多种方式。

看：午休、课余组织看《弟子规》经典动画片，促进理解。

品：引导学习《弟子规》，每天解释一句，结合一个小故事细品。

诵：融入班会、队活动，开展朗诵、歌诀乐读《弟子规》活动。

2. 立足生本，开展主题实践活动。

确定每月主题活动，从实处做起，从小处着眼，开始着重学《弟子规》

对文明礼仪习惯的养成，中期学《弟子规》夯实礼仪行为巩固，最后将《弟子规》所学，向社会实践延伸。

活动教育很关键。每月一个侧重点，将《弟子规》与仪容仪表礼仪、校园家庭礼仪、交往礼仪、活动礼仪结合。如十月份重仪容仪表，如行走礼仪，引导学生走好路，关注路队整齐、课间安全行走。选取文明礼仪中的一个小点，比如："上下楼梯靠右行""课间不追逐戏闹""不随地乱扔垃圾""爱护公共财物，不乱涂乱画"等教育实践活动。

（二）"照镜子"促内省

"君子博学而日参省乎己"和"不登高山，不知天之高也；不临深溪，不知地之厚也。"这不正是告诉我们学生要在学习的过程中不断地反思，明确自己的学习目标吗？三人行必有我师，虚心求教，是君子该有的美德，每个人都有自己的优点，都有值得别人学习的地方。《弟子规》提到"见人善，即思齐；纵去远，以渐跻。见人恶，即内省；有则改，无加警。"教育的最高境界是自我教育。

中国古代教育家历来重视自我修养。"见贤思齐焉，见不贤而内自省也。"我们要以《弟子规》的内容为镜子，营造学礼行礼的氛围，相互监督，相互评价，树立"小雅士"的形象。

（三）班队会促奋发

班会课、队活动是最有活力的课堂，能以一种更温柔，更有效的方式向学生渗透正确的思想和理念。从而让教育春风化雨，润物无声。简单的说教，枯燥乏味，孩子收效也低。班队会能促进班集体和谐化，能引导学生进行自我教育、自我结束、自我提升。另外，班会课上开放的上课模式，能提升学生的思辨能力、表达能力、组织能力，以及促进创造性思维的发展。结合《弟子规》以古人为榜样，开展"时不我待""言必信""人不学，不知义"等主题微班会。

总之，培养一年级新生良好的行为习惯，应从生活的点滴抓起，在思想上感化，以良好的环境和榜样的指引为基础，唤起学生的思想意识，在细化的生活习惯中慢慢渗透，才能润物无声。结合《弟子规》的内容进行制定量表评价，树立正确的行为规范意识，帮助学生养成行为规范和自我约束能力。诵《弟子规》，既促学启智，又敦品励行，这样才能真正地助力"一日常规"的高效落实。

参考文献：

[1]周勇.我是怎样建设班级文化的——一位博士的班主任生涯回顾与反思[M].四川：四川教育出版社，2010.

[2]李毓秀.弟子规[M].浙江：浙江人民出版社，2014.

[3]王崧舟.小学生经典诵读[M].浙江：浙江古籍出版社，2015.

[4]简·尼尔森，琳·洛特斯蒂芬·格伦.教室里的正面管教[M].梁帅，译.北京：北京联合出版公司，2015.

[5]苏霍姆林斯基.给教师的100条建议[M].北京：教育科学出版社，2010.

利用国学经典促进小学班级管理的有效思考

——以《弟子规》为例

浙江省台州市实验小学 孙丹娟

摘要： 国学经典是中国长久积累下来的国学文化，是代表着中国文化的经典宝藏，因此对国学经典的教育是学校的必要任务，小学班主任可以将国学经典融入到班级管理中进行国学经典的教育。将国学经典融入到班级管理，在管理中渗透国学经典，在国学经典的积极作用下进行班级管理，实现相辅相成的功效。

关键词： 国学经典 小学 班级管理 策略

引言： 利用国学经典进行小学班级管理，指的是在对班级管理的过程中，全方面的渗透国学经典，在国学经典的积极作用下，促进班级管理的进展。因此班主任需要重视对国学经典的合理利用，以学生为主题，结合实际情况，进行国学经典的渗透，使得班级管理效率提高。本文以国学经典中的《弟子规》为例，思考班主任运用国学经典促进小学班级管理的策略。

一、国学经典在小学班级管理中的意义

在小学班级管理中融入国学经典《弟子规》，不仅能够促进班级管理，还有着很多不同方面的积极作用。

（一）树立学生的价值观

小学阶段是树立学生价值观的关键时期，因此教师需要在此阶段为学生树立正确的价值观。利用《弟子规》进行班级管理，能够充分的帮助同学们树立正确、合理的价值观。《弟子规》作为国学经典，包含着丰富的儒家精神，教育人们应如何对人、如何待世、如何做人，有着积极向上的思想。并且《弟子规》中的内容都较为日常和普遍，可以充分结合小学生的日常生活，是小学生能够做到和学到的内容，这对于教导小学生的价值观更有实用性。因此，《弟子规》能够充分的帮助同学们树立价值观。

（二）帮助学生自我约束

小学生由于年龄过小，很多规矩并不懂，没有约束力。利用《弟子规》进行小学班级管理，能够充分帮助同学们进行自我约束。由于《弟子规》中的内容包含着很多的行为规范、自我约束，教师可以充分利用其内容制定班级管理制度，对学生们进行约束，帮助同学们培养良好的行为习惯和约束力。

（三）对学生的思想教育

经济条件的提高，导致现在同学们大多被家庭过分溺爱，缺乏教育和鞭策，学生们性格较弱、不善于谦让和理解，使得班级的同学氛围较差。作为国学经典的《弟子规》中有着丰富的为人处世道理、与人相处道理、行为规范等等，班主任在利用《弟子规》进行班级管理时，将《弟子规》中的德育进行传授，对学生进行管理教育。

二、利用《弟子规》促进班级管理策略

（一）创建班级情境，营造国学氛围

在班级管理的过程中，班级的氛围对同学们有着很大的影响，良好的班

级氛围对学习、教育都有着积极作用。因此教师在利用国学经典进行管理班级时，应该注重营造班级氛围，利用《弟子规》为学生创建班级情境，营造国学经典浓烈的氛围，注重全方面、全角度的进行营造，使得同学们全面融入到氛围中，认可和热爱国学经典，对班主任利用国学经典进行班级管理有着重要意义。

例如，班主任在采用《弟子规》进行班级管理树立同学们正确的价值观时，可以通过多种方式为同学们创建班级情境，营造《弟子规》的强烈氛围。在进行"首孝悌，次谨信"的价值传授时，教师在课上可以为学生讲述《弟子规》的背景和此句子的由来故事，之后通过多媒体为学生放映《弟子规》的相关动画中关于此句的片段。在多媒体的放映中，为学生创建浓烈的国学氛围。放映之后，教师询问学生们，是否掌握了这句话的意思，思考如何从自身角度出发去做到这句话的内容。通过询问创建班级情境，引导小学生们针对这句话进行思考和探索，更加有效的渗透此句话的思想和价值。通过这种方式创建班级的情境，营造国学的氛围，帮助同学们激发对《弟子规》的兴趣，认可《弟子规》的价值观，对班主任利用《弟子规》进行班级管理有着良好的促进效果。

班主任还可以在班级的墙面填上《弟子规》的词句、在图书角放上《弟子规》书籍和相关故事集、出关于《弟子规》主题的黑板报等方式，营造《弟子规》知识浓烈的国学氛围。

（二）开展实践活动，提高学生参与度

国学经典《弟子规》中的词句过于枯燥，使得小学生们缺乏兴趣，班主任利用《弟子规》进行班级管理产生重大阻碍。因此班主任需要思考如何提高小学生们对《弟子规》的兴趣，提高同学们的参与。利用实践活动的方式，在实践活动中渗透《弟子规》的思想理念，丰富的实践活动能都激发同学们的兴趣，提高同学们的参与度。班主任在设计实践活动时，需要注意将思想和活动结合，可以通过主题节日、主题竞赛等方式进行。采用实践活动，不仅能够帮助同学们激发兴趣、提高参与，还能在实践活动中渗透《弟子规》思想、促进班级管理。

例如，班主任在利用《弟子规》树立同学们热爱亲情和尊敬长辈的思想，可以结合节假日采用实践活动。结合《弟子规》中的"冬则温，夏则清，晨则省，昏则定"，句子的大概意思是在自己的力所能及之内为父母做到应做的事，孝顺父母、关心父母。教师可以在父亲节、母亲节时，要求学生们为父母尽自己一份孝心。可以为父母做一次家务、送父母一份礼物、陪伴父母一天等等，重要的是体现自己对父母的爱，通过自己表达的爱，祝福父母节日快乐。通过这种实践活动，帮助同学们体会《弟子规》中的"冬则温，夏则清，晨则省，昏则定"的意思，以自己的方式完成句子的要求。以此树立同学们热爱亲情和尊敬长辈的思想，帮助班主任有效的进行班级管理中的德育教育。

再例如，班主任利用《弟子规》进行行为规范教学时，可以采用课堂活动进行教育。结合《弟子规》中的"冠必正，纽必结，袜与履，俱紧切"，教育同学们要整理自己的衣冠，帽子必须戴正，衣服的纽扣要扣好，袜子和鞋子要穿好并且紧系鞋带。班主任可以在班会上进行"穿戴衣服"比赛，同学们将校服外套、红领巾、和鞋带都解开脱掉，之后进行比赛看谁先整理好自己的衣服、红领巾和鞋带，通过比赛活动帮助同学们培养穿衣的技能，教导同学们要整理好自己的衣冠。通过有趣的活动，帮助班主任用《弟子规》管理学生养成良好的行为规范。

（三）结合班级班规，实现行为约束

良好的行为习惯能够影响人的一生，因此每个人都需要对自我进行行为约束，培养行为习惯。小学生由于年龄因素，缺少判断力，不懂得什么事情应该做、什么事情不该做，对自己的行为缺乏约束。因此，教师需要制定严格的班级制度，利用制度对学生进行约束，能够帮助同学们认清什么事情是对的、什么事情是错的。而《弟子规》中针对行为规范的词句有很多，教师在制定班级班规的时候，可以结合《弟子规》的内容进行制定，树立正确的行为规范条文，帮助学生养成行为规范和自我约束能力。

例如，教师在教导同学们和同学们相处的行为规范时，可以结合《弟子规》制定班级班规。《弟子规》中的"用人物，须明求，倘不问，即为偷。借人物，及时还，后有急，借不难"，指的是在用别人的东西时，应该事先说明清楚，如果不明确询问清楚，则视为偷盗。借别人东西之后，应及时归还，后面再借的时候就不会那么难。教师结合《弟子规》中这些话的内涵，进行班规制定，要求学生们在向同学借东西的时候必须提前说明，借了之后也必须及时归还，否则将会进行惩罚。并提倡同学们如果别人向自己请求借东西时，应大方借给他。通过结合《弟子规》制定班级规章，对学生的行为进行规范和约束，对班主任班级管理中的纪律管理和德育教育有着很大帮助。

（四）结合学生日常，增加代入感

《弟子规》的内容比较古板，使得学生缺乏代入感。因此班主任在利用《弟子规》的内容进行班级管理时，应多将《弟子规》中的思想内容结合到学生们的日常生活中，增加学生们的带入感，帮助同学们懂得《弟子规》在生活中的应用。在日常生活中慢慢渗透《弟子规》，使得《弟子规》的思想品质能够充分发挥，帮助班主任利用《弟子规》进行班级管理。

例如，在吃饭的时候，班主任可以引用《弟子规》中的"见人恶，即内省，有则改，无加警"，教育小学生们，见到同学浪费粮食的行为时，应该反省自己有没有浪费粮食，有的话应及时改正，没有的话应警惕自己不能浪费粮食；在同学答应班主任要及时完成作业的时候，班主任可以引用《弟子规》的"凡出言，信为先，诈与妄，奚可焉"，教导同学们做了承诺就要完成，要有信用，欺骗和乱说话是不可以的；在督促同学们好好学习的时候，班主任可以引用《弟子规》的"唯德学，唯才艺，不如人，当自砺"，教导同学们必须有道德、有学问和拥有才艺，如果没有，那么应当努力学习，激励自己，努力进步等。通过将《弟子规》的思想内容结合学生们的日常生活，在符合学生们生活的情境中进行引用，帮助同学们增加带入感。使得班主任在利用《弟子规》进行班级的学习教育、纪律管理、道德教育等方面的管理时，能够更有效率和效果。

（五）加强家庭联系，共同实行管理

家校联系共同管理，是班级管理的重要方法，因此，班主任在利用《弟子规》进行班级管理时，也应加强和家庭的联系，和家长们共同通过《弟子规》对学生们进行管理教育。

例如，班主任可以通过家访，传授《弟子规》的思想，帮助家长能够重视和利用《弟子规》对学生进行教学；可以通过开展《弟子规》主题的家长会、讲座，传达《弟子规》的思想教育；可以和家长通过互联网等方式沟通交流，和家长共同探讨如何运用《弟子规》为孩子们进行管理和培育。

三、结束语

综上所述，教师将国学经典《弟子规》融入到班级管理中，对班级的管理有着重大帮助。因此，班主任需要重视《弟子规》的学习和教育，利用《弟子规》进行班级管理，提高教学的效率以及培育学生的全面素质。

参考文献

[1]周硕洁.核心素养背景下小学班主任班级管理的创新[J].文学教育（下），2019（11）.

[2]史爱萍.小学班主任班级管理工作中柔性管理模式的运用[J].中国校外教育，2019（32）.

[3]陈平军.沟通艺术在小学班主任管理工作中的应用研究[J].中国校外教育，2019（31）.

[4]侯振保.小学班级管理中渗透心理健康教育的策略探讨[J].科教文汇（中旬刊），2019（10）.

[5]刘金萍.优化和完善农村小学班主任班级管理工作的有效模式分析[J].学周刊，2019（31）.

[6]陈芳.班级管理中小学生良好行为习惯的培养策略[J].西部素质教育，2019，5（19）.

小学中段以国学经典促良好班风形成

浙江省台州市黄岩区西江小学教育集团　王巧

摘要：中华传统文化源远流长，教人向善崇美。我们尝试着将传统文化和班级管理相结合，借助于中华经典文化的力量，用先贤的智慧之水灌溉祖国的未来之花，建设一个文雅大气的班集体。在这两年中我逐渐摸索出了"经典浸润、格言修身、故事励志、主题活动导行"的班级管理模式。一、国学经典促成班风内涵建设。二、国学经典点亮班风外在显现。三、国学经典丰富班级文娱活动。

关键词：国学经典　班级管理

《易经》说"观乎人文，化成天下。"中华传统文化源远流长，教人向善崇美。我们尝试着将传统文化和班级管理相结合，借助于中华经典文化的力量，用先贤的智慧之水灌溉祖国的未来之花，建设一个文雅大气的班集体。在这两年中我逐渐摸索出了"经典浸润、格言修身、故事励志、主题活动导行"的班级管理模式。

小学中段的学生，正处于认知能力逐渐提升，自我意识逐渐完善的年龄，而"怕苦怕累、情感冷漠、个人至上……"这些不良的品行在这些中段孩子身上越来越明显地显露出来。如何滋养孩子纯良的灵魂，如何保留孩子明澈的慧根，如何培养孩子谦谦君子的气质……

也许我们有许许多多、形形色色的班主任管理经验、策略去约束、管理我们的班级。但是，我觉得在经典传统文化下成长的孩子，成长的班级，他们是真正从内心深处萌发出向善向德之心，这些孩子在优秀传统文化的滋养下变得胸襟开阔、志向高远、独立善思、德行高尚。

一、国学经典促成班风内涵建设

（一）"蒙以养正"——经典格言成为行为的准则

俗话说："无规矩，不成方圆。"一个良好班风的集体必然有一个孩子们愿意遵从的"规矩"，也就是孩子们日常行为的准则。我们摒弃日常使用的条条框框的约束，用传统文化里的"经典格言"来替代，让孩子们从内心深处向善崇美，合道为正。

这些格言警句中大部分选自《增广贤文》，同时我也从《论语》《中庸》《弟子规》和《格言联璧》中精心挑选了一些名言警句，将这些"名言警句"挂在班级里最醒目的位置，作为班级的班规。

这些上墙的特殊的班规，有些并不是一开始就有的，而是发生了一些"故事"，它们自然而然地被加入班规当中。比如"修身立德 宽厚谦逊"中有一句"忍一句，息一怒；饶一招，退一步。"

教育案例：

班级里一个女孩子来向我告状，同桌的书本总是放着放着就超过了"三八线"，害得她的东西放不下。坐在讲台桌上的我立刻瞄了一眼她的座位，同桌的书本就书脊超过了桌子一半的距离。于是，我计上心来让小姑娘拿着尺子去量一量同桌超过了多少长度。孩子兴冲冲地去量了，回来告诉我三厘米左右。我装作很惊讶的样子问她："三厘米你的书本和文具就摆不下了？"小姑娘不好意思地低下头。我又接着说："你还记得老师和你们说过的'六尺巷'的故事吗？"孩子脸更红了。我摸摸她的小脑袋，问她："最近咱们《增广贤文》'修身处世'篇中有一句话好像告诉我们遇到这样的事情如何解决？"她低下头，背了："忍一句，息一怒；饶一招，退一步。"

其实这样"斤斤计较"的事情在班级里时常有发生，具有普遍性。于是，我就把这件事放在"每日一议"中进行讨论，孩子们最后把"忍一句，息一怒；饶一招，退一步。"放入了墙上的班规栏中。从这以后，但凡是发生类似的"案例"，我便不用多说什么，让孩子自己去"班规"栏里读一读，孩子们就能释怀。

所有的学问对于学习者而言，学以为己，方可致用；知行合一，方可永固。

（二）"文以化人"——名人故事激励成长的志向

孩子们总是最爱听故事，因为形象生动故事能够"化人于无形"。你看孟子劝说梁惠王的时候就经常用"讲故事"的方式，梁惠王便会欣然明白孟子的用意。其实，这些垂髫的孩子更是如此，他们爱听故事，我们可以把先人圣贤的故事，把深奥难懂的道理转化成一个个有趣的故事"文以化人"激励、引导他们的成长。

"志不强者，智不达。言不行者，行不果。"在漫漫历史长河中，有这样一群人，他们有着精深的智慧，远大的志向，无比坚强的毅力，为中华历史的发展做出了杰出的贡献，为后世的人们做出了表率。给孩子们阅读、讲述这些故事，让他们以先贤为榜样，志存高远。

在这一年中，我利用班级"每日一议"的时间给孩子讲故事，当班级里出现各种问题的时候给孩子们讲故事，也利用主题班会让孩子们自己讲故事。

例如：爱国是一个宏大的思想主题，对于现在的孩子来说这是一个很抽象的概念。2020年是一个很特殊的年头，新型冠状病毒席卷了整个世界。孩子们虽然年龄小，但是在这场没有硝烟的战争中，对孩子进行爱国主义教育，集体主义教育是一个极好的时机。

我给孩子们举行了"在这场战役中，我为我是中国人而自豪和骄傲！"的主题故事班会。在这场班会中孩子们都积极热情地投身其中，上网查找这次疫情中出现感动的故事："最美逆行者"、我的榜样"钟南山爷爷"、卡车司机的30个日日夜夜等等。

最后，我给孩子们讲了南宋爱国诗人陆游《位卑未敢忘忧国》的故事。陆游一生以收复被金人占据的江山为志，可是屡屡受挫。年迈被免官后病了二十多天，病愈后想到自己一生屡遭挫折，壮志难酬，而年事已高，慨叹"位卑未敢忘忧国"与顾炎武的"天下兴亡，匹夫有责"一样，表明虽然自己地位低微，但是从没忘掉忧国忧民的责任。

《弟子规》云："能亲仁，无限好，德日进，过日少"，开展"效先贤"活动，让学生们从这些先贤榜样身上汲取力量，激发他们积极向上，逐渐由"他律"变成"自律"。

（三）"诗以养气"——经典诵读滋养人文的情怀

要想让古文经典的文化内涵和精神实质真正内化为学生自己的思想内容，必须要让学生在平时的学习中和生活中，对经典的内容进行记忆和诵读，熟知才能为用。

1.诵读内容循序渐进

《增广贤文》是一部关于人生哲学的著作，是中国古代儿童启蒙重要读物之一。诚如《总述》中所说："昔时贤文，诲汝谆谆。昔时贤文，诲汝谆谆。集韵增广，多见多闻。观今宜鉴古，无古不成今。"要想让这些"昔时贤文"成为孩子们行为规范的准则，首先必须让孩子们熟悉这些内容。到四年级学生诵读的内容拓展到《大学》《诗经》部分选篇、《论语》部分章节，这些选文的内容大体和品行的修养有关。

2."晨读暮省"日积月累，考核激励

诵读也从一开始的早读朗读，慢慢探索出"1+10+1+J"的诵读引领模式："1"是每周一节的诵读课，"10"是常态早读课10分钟，"1"是利用微信"打卡软件"每日一分钟打卡诵读，"J"是各种激励的方法。

（1）"1"—周一节诵读课

每周一节的阅读课，我是这样教学的：出示篇章内容，朗读正音，读通文本；文白串讲，素解文意；关注节律，趣味素读；有效链接，拓宽知识；镂空背诵，举一反三。

（2）"10"常态早读课10分钟

在每日半个小时的早读课中抽出十分钟的时间，雷打不动地进行《增广贤文》的诵读。

（3）"1"是利用微信"打卡软件"每日一分钟打卡诵读

在打卡之前，孩子们会说"每日一分钟，国学基本功。"目的是让他们在记忆深处养成学习"国学"的习惯。

在诵读过程中，我教学生用"陈琴歌诀乐读法"。孩子们可以用手拍着桌子，可以用脚轻轻跺着地，也可以同桌互相拍着，"一日／为师，终身／为父。凡事／要好，须问／三老。三人／同行，必有／我／师焉。择其善者／而从之，其不善者／而改之。"诗文独有的韵脚，加上"陈琴歌诀乐读法"特有的韵腔，孩子们每日都读得乐在其中。

在诵读声中，书面语言自然而然地转化为有声语言；在反复诵读中，学生们享受汉语言独特的音韵美，进而逐步内化为学生鲜活的语感能力。阅读，是学生形成文化积淀的源源清流，影响着学生健全人格的发展。

（4）"J"各种激励的方式延续和增强孩子们诵读的兴趣

每周坚持完成打卡的颁发"积分卡"，我特意在淘宝网上设计了专门的积分卡，孩子们满"5分"就可以同我换取各种奖励。

人格善化是经典诵读最大的收获，"腹有诗书气自华"，孩子的品位、内涵在诵读中自然提升，孩子的气质、举止在熏陶下自然变化。

二、用国学经典点亮班风外在显现

心理学认为：自然环境对人的影响主要是通地客观现实对人的心理产生影响。美国著名教育家杜威曾说过："学校是一种特别的环境，它用专门的设备来教育孩子。"这些至理名言都阐述了这样一个道理，即教室环境的设计、布置对孩子的成长、发展起着重要影响。

利用"国学经典"布置班级，让教室里的每一块墙壁、每一张书桌、每一个角落都浸润着浓浓传统文化味。

1. 班名

这个班级我三年级开始接手，由于当初两校合并，这个班级来自原来的永宁小学。学习基础在九个平行班里相对落后。家长、孩子都有点自暴自弃的一种感觉。

这让我想到了袁枚的《苔》和歌唱这首《苔》梁俊的故事，给这个班级取名"苔花"中队。我还特意为孩子们写了一段话"春风吹不到的地方，阳光照不到的地方，生命照样倔强萌动。我们要像小苔花那样，坚强、倔强地面对生活而生。"引用这首《苔》希望孩子们不要自卑，努力向阳成长。我还请音乐老师教孩子们这首《苔》，课间时不时听到孩子哼着跃动在教室里，那份快乐、自信就藏在其间。

2. 班级警言

"民之从事，常于几成而败之。慎终如始，则无败事。"这句出自《道德经》的古语告诫我们：世人行事，常在将要成功的时候失败。如果最后时刻还能依然像最开始那样谨慎小心，就不会失败了。凡事皆如此，无论身处顺境逆境，都需时刻保持警惕，须臾不可放松。我把这句名言当作班级的警言。

其实，对于每一个人来说能做到"慎终如始"的坚持是一件多么不容易的事情。孩子们小到日常的保洁工作，大到每日坚持阅读打卡、学习态度，无不考量一个人的毅力。"慎终如始，则无败事。"当孩子们什么事情没有坚持做好的时候，我总是让他们回过头去读一读这句话，省去了许多无益的说教。

再如书架，孩子们经常拿也匆匆，放也匆匆。我就在上面贴了《弟子规》的"列典籍，有定处，读看毕，还原处；虽有急，卷束齐，有缺坏，就补之。"国学的言语非常精炼，短短几个词语把阅读的习惯概括地清清楚楚。有时候，个别孩子还是会忘记这件事，我就让他们去抄一抄这一段话，既收获了国学知识，又纠正了不良的习惯。

3. 班级风貌

孔子说："知者乐水，仁者乐山。知者动，仁者静。"孩子们要有"静如处子，动如脱兔"的精神风貌。我也把孔子的这句名言挂上了墙壁。

班级文化氛围对班级管理有着潜移默化的影响，为了使学生了解经典、亲近经典，我努力将教室的每一处都利用起来，如可以陈列"经典故事""经典格言""水墨绘画"等。总之，学生在教室眼睛所看到的处处是"经典"。随着班级文化布置的熏陶，学生对国学的兴趣也越来越浓郁，他们不断丰富自己教室的每一处，也充实着自己内心的世界。

精致典雅、充满浓浓书卷味的班级不仅陶冶孩子的情操，也会使得孩子更加热爱自己的班级，增强孩子们班级的自豪感、荣誉感和集体精神。

三、用国学经典丰富班级文娱活动

班级的活动是建设班风的一种途径，同时良好的班风也体现在班级的各种活动中。在活动中，莘莘学子才能真正成长成乐学善思、仁爱友善、志向远大的人。

1. 丰富多彩的主题月活动

月　份	主　题	学习活动内容
五月	抗击疫情："忧郁的日子里需要镇静"	举办表彰会，表扬寒假、网课期间持之以恒背诵国学经典的同学。

续表

六月	修身立德	师生共读《增广贤文》
九月	尊师敬长	慕孔圣人，开启《论语》诵读
十月	自强爱国	准备《诗经》诵读参加学校"爱国主义"文艺演出
十一月	勤勉治学	开启《大学》诵读
十二月	谦谦君子	评选本学期班级"谦谦君子"

2. 利用国学经典开展形式多样的班会活动

两年来，我通过在班级里策划开展各种以国学经典为主题班会活动，品味经典，养正孩子的心灵。活动中，班级学生的思想得到洗礼，心灵得以净化，从而成为一个有自觉行为和准则的人，在班集体中学会适时约束自己，管理自己。

（1）"孝悌睦亲"教育

关于"孝"的教育。《增广贤文》批判继承了《太公家教》《孝经》《三字经》中"孝悌"的思想。如"羊有跪乳之恩，鸦有反哺之义。""千经万典，孝悌为先。"诵读只是阅读经典的起步，更重要的是如何践行。

①巧用节日

我利用了各种有意义的节日来践行"孝悌睦亲"教育，例如"三八妇女节"为妈妈洗一次脚，"母亲节"为妈妈做一道菜，"重阳节"给爷爷奶奶外公外婆剪一次指甲，"父亲节"给爸爸一个最温暖的拥抱。从每次活动家长的朋友圈里，我看到了家长们满满的感动。

②"孝悌睦亲"在日常

"冬则温，夏则清，晨则省，昏则定。"《黄香替父亲温席》的故事成了千古美谈。我们现在虽然不必让孩子帮着父母"冬则温，夏则清"，但"出必告，反必面"要做起来。自从学了这两句话，我们就明确规定：从今天开始，我们必须"出必告，反必面"。每天出门来上学时，必须和家人打招呼："**，我上学去了，再见。"每天放学后，看到谁来接你了，必须说："**，您辛苦了！谢谢您来接我！"到家后，还得和家里的亲人说："**，我回来了。"

（2）《行德积善》教育

《荀子·劝学》说："积善成德，而神明自得，圣心备焉。"蒙学养正时期，对孩子品行的引导是最重要的。

2020年10月我们举行了爱心义卖活动，孩子们自行组织、策划广告词，并将自己家中的旧书、旧玩具带到学校进行爱心义卖。最终获得的1000元善款全部捐给了"红十字会"。

"凡是人，皆须爱，天同覆，地同载。"我们还组织学生走进黄岩启智学校，为那里的每一位孩子送去了爱心。我们走进了养老院，与那里的爷爷奶奶一起欢度元旦。"垃圾分类我能行"主题月时，我们走近环卫工人，参与垃圾分类公益活动。

（3）"生活自理能力训练"活动

现在的孩子生活自理能力普遍下降，三年级的孩子，有的不会自己穿衣服，有的鞋带松了也不会系，有的不会扫地擦桌，甚至连红领巾也要妈妈帮忙系，如果散了就只能放在口袋里，等着别人来帮忙。"冠必正，纽必结，袜与履，俱紧切"时，我们在班队活动中进行了叠衣服、系鞋带等生活自理大比拼。在学习了"列典籍，有定处，虽有急，卷束齐"后，我们进行了整理书包和课桌抽屉的训练。在学习"房室清，墙壁净，几案洁，笔砚正"时，我们训练了扫地、擦玻璃、墙壁，摆放课桌椅等值日生应该做的活儿。

一系列活动的训练，学生习得了方法与能力。不过，"冰冻三尺非一日之寒"，学生的自制自理能力的培养，不是一次两次教育就能奏效的。这是一个漫长的过程，课余中，我们班主任还需对学生的细微变化和细小的细节问题，及时给予帮助和指导，让学生真正学会自己能做的事自己做。

一系列的活动中，学生们参与其中，用心体验，收获满满。不仅加深了对经典诗文的理解，而且明白了"齐家、修身、治国、平天下"的道理，美与德在孩子们心中得到了统一，良好的习惯在孩子们身上逐渐形成。我们把一次次的活动制成美篇，在班级微信群里分享，或者做成简易手抄报展示，满满的正能量感动了老师和家长们。

"人生来本是一个蛮物，惟有文化才使他高出于禽兽。"我想通过对班级的显性文化和隐性文化的建设，营造一个学生体验中华经典文化的氛围。班级从创建人文环境，营造氛围入手，充分发挥环境陶冶情操，修身养性之功能，让学生了解中国经典文化、民族精神、传统伦理道德，培养学生的文化品味、君子人格和儒雅风范。

四、国学经典促进良好班风形成建设的意义

《易经》将人的早期教育称为"蒙"，即启蒙的意思。告诉我们教育要谨慎地对待开始，因为这决定了人生的方向。

朱自清先生指出："经典训练的目的不在实用，而在文化。"在孩子成长过程中，经典会对学生的终身发展起到潜移默化的影响，产生妙不可言的润物细无声的作用。依托国学经典促进班级管理增强了班级管理的人文性，学生在反复的诵读和对生活的感悟中受到传统文化的熏陶，懂得做人的道理。国学经典的精华让学生在春风化雨，潜移默化中受到陶冶，从而促进良好行为习惯的养成，促进素养的提升。

参考文献：

［1］陈琴.陈琴带班格言100句［M］.江西：江西人民出版社，2019.

［2］童亚鸣.童蒙养正 寓教于行——小学低段国学经典立德树人的实践探索［J］.求知导刊，2016（3）.

［3］钱爱萍.现代小学课堂里的国学经典教学［J］.上海教育科研，2013（12）.

［4］王财贵.儿童读经教育说明手册［M］.中国台湾：台中师范学院语教中心发行，1995.

［5］王素贞，曹雪梅.冀教版小学语文教材中的国学元素分析［J］.河北师范大学学报（教育科学版），2012（10）.

［6］钱爱萍.现代小学课堂里的国学经典教学［J］.上海教育科研，2013（12）.

［7］王素贞.小学国学教育的现状及可持续发展的对策——以石家庄市小学国学教育为例［J］.教育理论与实践，2019（12）.

［8］袁行霈.国学究竟有什么用？［N］.人民日报，2007-6-20.

规则 自主 文雅

——以经典促班级管理训练三部曲

浙江省台州市仙居县第一小学 张晓英

著名教育家叶圣陶说："教育是什么，往简单方面讲，就是培养学生的良好习惯。"班集体是教育的主阵地，好的班级管理方法能培养孩子养成良好的习惯，使班级形成良好的班风。小学是一个人生观、世界观、价值观形成的启蒙时期，特别是一、二年级，良好的班风能对学生产生积极和深远的影响。

刚入学的班级"小霸王"引发家长罢课

新学年仅仅一个半月，我接手了一年级新班。这个班级的班主任王老师生病住院了，还有一个特殊原因，就是这个班有个挺特别的孩子引发了家长带孩子集体罢课，基本情况如下：

刚入学就在班里"横行霸道"，上课不守纪律，经常没有缘由地打同学，与老师"敌对"，家长怨声载道。学校起先让孩子父母轮流陪他上课，管不住；再由其他家长轮流一起陪同他上课，也管不住；接着由学校派保卫科老师来协同老师上课，还是收效甚微。而此时，一（6）班的班主任老师突然生病住院了。于是，总共四十二个学生的班级中有近三十个学生的家长联名罢课，并向学校提出请求：让这个孩子转学，否则就不上课！然而义务教育阶段，每个孩子都有在学区内享有受教育的权利，学校没有同意家长们的请求。于是，当了十九年班主任的我走马上任。我很忐忑，内心焦灼，但一想到这班"嗷嗷待哺"，却没有"奶娘"的孩子，心软了。

得知换了个经验丰富的老师来任教，家长们回归理性，静观其变。第一次在照片上见到他，知道他叫张一弛，看着清秀，抿着嘴，挺倔强的样子。第一天，我去上课，他对我只是好奇，有时来回走动。第二天课间，他开始了，看到谁在身边，不是一拳就是一脚，等我发现时，他已经"飞速"欺负了三四个同学，我安慰了学生后想过去跟他好好聊聊，没想到他根本不吃这一套。见我过去，他就更疯狂地边推人边快速逃跑，一溜烟跑出教室到大操场上去，我喊他他朝我幸灾乐祸地哈哈大笑。联系他的家长，他的父母来校表明态度："我们会好好教育的，孩子也需要爱！请老师多关照！"但是在一段时间里收效甚微。很明显，家长十分溺爱孩子。在这段时间里，我用了很多方法纠正他的行为，吃过他不少亏：被他兜着转圈圈，被他踢坏鞋子，脑袋被他用橡皮泥远距离砸到……有时被一个7岁小孩子欺负，真的让人抓狂！

由"小霸王"启动班级管理新模式：
背《三字经》，蒙以养正定规则

我知道，他对我始终保持着防御。所以只要我接触到他，我就把他拉到身边抱着他。他开心，我就摸摸他的头；他狂躁，我就抱紧他，不让他发作；他生气，我就握住他的双臂告诉他深呼吸；他平静，我会带他跟其他同学聊天。我想让他知道——我可以当朋友，我力气比他大，我会安慰他，我也会保护弱小。渐渐地，他有点敬畏我了。

有一天，我发现他喜欢唱歌，他唱的是《咏鹅》，我惊奇他会吟唱唐诗，他说他会背其他很多诗，还会背《三字经》，我瞪大眼睛，一脸期待，他不仅会背，还能把其中的故事娓娓道来。是啊，人之初，性本善……亲师友，习礼仪……人生下来本性善良，做人从小就要亲近老师和朋友，学习为人处事的礼节和知识。国学经典中蕴含的古代先贤的思想精髓，不正是可以发挥优秀传统文化的教育作用吗？于是，我夸他："原来你知道要怎么做才对啊！"他点点头。我决定让他来当小老师，带全班同学诵读《三字经》。好习惯就从读这"蒙学第一书"开始。

（一）借《三字经》每日诵，营造向善氛围

我确立了班级班训——"明礼修身，雅言雅行。"班级奋斗目标是：和风细雨展淑女气质，恭谦礼让显绅士风度。我希望通过经典的浸润，培养每个人做"行为雅、语言雅、心灵雅"的文明学生。

"为人子，方少时。"每天早读课抽十分钟，张一弛教大家一句句诵读，我讲故事，跟大家聊怎么做人，比如讲《孔融让梨》《黄香温席》《五子登科》。他们特别喜欢这种方式，很期待早读课的这段聊天时光。一周后，张一弛�‍噘

着嘴跟我说，他不想天天读了，我知道，他不习惯如此约束。旁边的同学听到了，便自告奋勇地要求来领读。对啊，教室是我家，管理靠大家。接下来由张一弛和其他4位同学轮流带读，他也乐意接受了。在张一弛等同学犯错误的时候，和他们聊聊"曰仁义，礼智信"。虽然他们有时似懂非懂，但教育后再背诵，很多重复犯的错误减少了，班里和睦相处的画面多了。

在教室黑板的一角，我专门设立"每日一诵"，每天在这个角落摘抄几句当天的诵读内容，学生在铃声响进教室等待老师时诵读，他们很积极。张一弛有时会跑到教室外面看看老师有没有来，但看到老师的身影，他会立刻跑回座位上装作很认真的样子诵读起来。老师走到讲桌前，他大声喊："张老师来了，停下来！"

（二）创"三字经"微课，正确示范导行

诵读得好的同学都能成为领读小老师，诵读《三字经》成了班级每日必修课。一年级小学生以直观形象记忆为主。我把"微课"运用到班级管理中，通过捕捉班级学生、学校、社会上的微镜头（张一弛很喜欢拍照，我经常拍他），利用"小影"软件，结合班队课、微信等载体，把习惯养成教育真正落到实处。微课教育内容有文明礼仪、卫生、安全等方面，在每周一下午班队课上试行，并进行微信推送，发布到班级群。在班里进行"每周一星"评选。"教之道，贵以专"，学生在每周有重点的行为规范教育中得到正确的示范引领，品行上端正了许多。

在工作室学习时，导师用陈琴歌诀乐读法教我诵读经典。我想，在试行的微课中是否可以把这种类似于三字经的口诀放进去？让他们通过简单的诵读把应该怎么做牢牢得记住，约束自己的言行，我结合微课内容创编了三字歌诀——好习惯三字经。部分歌诀如下：

> 课间礼——备用品，再活动，玩游戏，要文明。
>
> 集会礼——听发言，要安静，勤鼓掌，知礼仪。
>
> 卫生礼——有垃圾，不乱扔，弯弯腰，勤捡起。
>
> 三餐饱，无零食，带开水，无饮料。

以《倒垃圾》为例，我把发生在学生值日过程中真实的小片段，用手机拍摄下来，有半路掉纸屑的、垃圾袋打不开的等情况。让学生在看这段微教育课的同时，把其中的角色与自己进行了对照。然后，再把正确的套垃圾袋的方法、倒垃圾的方法通过图片或视频示范教给学生，让学生学会倒垃圾，看到垃圾马上捡起，懂得对待工作要认真负责。在课的结尾，以"卫生礼三字经"，引导学生诵读铭记。

经过这样的方法指导和碎片化诵读聆听记忆，班里学生的不讲卫生、不文明和不守纪现象在很大程度上可以得到改善。特别是张一弛，他的讲卫生（主动捡纸屑、帮老师整理讲台）班级同学都看在眼里，第二学期开始时，被大家选为劳动委员。虽然他有时还会与同学动手，但究其原因有二：一是同学的过分行为惹火了他，二是受其他同学一些调皮行为的影响。

（三）定"三字经公约"，个性班规出炉

在日常班级管理中，低年级学生的认知和对班级生活的适应程度有很大差异，良好行为不能持续稳定。怎样引导他们自我约束呢？我把《三字经》和"好习惯三字歌经过整理筛选，制定班级公约。公约包括如何上课、排路队、上厕所、玩耍等各方面。我与学生商议，公约人人遵守，如有违反，必须以严肃的态度背诵该条内容。因为内容简单顺口又指向明确，学生们心中能明辨是非，张一弛、蒋烨豪这几个孩子自律性差，犯错较多，但也能心服口服地受罚。

诵《千字文》，博学笃行育自主

经过近一年的摸索和努力，伴随着《三字经》与好习惯公约的诵读，班级也从一开始的乱纷纷状态慢慢走上了正轨，家长们对张一弛的看法也改变了，大部分孩子也愿意与他友好相处。在二年级我继续坚持养成教育，让他们诵读《千字文》，内容包括天地、读书、修身、饮食和祭祀等各种社会文化活动。它极强的趣味性吸引了我和学生，但它有深度。

（一）乐读打卡治拖拉

我决定用丰富的形式来调动学习的积极性，避免枯燥乏味。亲近、喜爱经典，愉悦的精神方能带动习惯的养成，铸造健康的人格。

1. 歌诀乐读，博学于文

新学期第二个星期，我就开始着手引领学生诵读《千字文》。《千字文》的内容广而深，我运用歌诀乐读的方法，根据句意读出一定的节奏，并用手打拍子。如"鸣/凤/在/竹，白/驹/食/场。化/被/草/木，赖及/万/方。"孩子对这种方式感觉很新鲜。在一遍遍的吟诵中，在一个个有韵律的节拍中，他们更喜欢吟诵了。

"知过必改，得能莫忘。""性静情逸，心动神疲。"诵读后，他们更愿意交流，从中懂得要做个怎样的人：知错就改，控制情绪，稳重等。他们找我聊自己的所得，把内容认真书写下来，在班级群里发读书视频等，让我惊讶！

2. 循环回顾，领读有方

我通过循环回顾的方法滚动式前行，熟读成诵，强化"温故而知新"。还请"小老师"来带读，先由全班学生轮流带读，再选出其中一些读得好的学生领读。在不断地坚持和比赛中，他们克服了惰性、磨炼了意志。每天我一到教室，就已经有学生在领读，并且他们会学着我的样子，请学生来比赛读、分组读、齐读，甚至背诵。上课铃响时，科任老师没来，全班学生打拍子诵读，直到老师来上课。坚持诵读，让班级纪律大有好转，让背诵不再是难事。

3. 趣味打卡，积极作业

在熟悉《千字文》的诵读时，我采用了微信小程序诵读打卡的形式。每天我在小程序中布置四句诵读任务，我录制好音频，学生可以在空闲时间跟着录音练习诵读，熟读后录音上传，完成打卡任务。因为在早上、中午的午间诵读和晚上都有诵读的时间，几乎所有的学生都能轻松完成，他们乐此不疲。爱屋及乌，他们对完成语文作业十分积极，学习拖拉的状态得到改善。用经典的力量占领孩子的心灵，学生由被动变主动，班级风气日渐好转。

（二）约之以礼育自主

个人主动性增强，接下来怎样引导他们自主管理班级呢？

1. 共享经典读好书

诵读《千字文》的热情吸引学生们阅读更多的书籍，他们把自己家里的经典书籍带到教室，放到班级书吧与大家共享。我每周或每月推荐阅读一本经典好书，在阅读课上与大家交流读书方法，分享读书体会。我还让大家做摘录以典好句的书签、小卡片等，把好书加入到书吧中，与同学们共读，与同学互赠书签，或在展示板上展示 DIY 小卡片等，一起营造浓厚的读书氛围。

2. 自主管理"我先行"

班级的好书基本以老师推荐为主，家长推荐为辅。比如《国学小古文》《成语接龙》《成语故事》《诗经》等。

可是书吧里的书一多，每天大家来借阅，放回去总是很乱。女生周怡宁请求让她管理，她说："言必信，行必果。我一定会管好的！"我心里一喜：这孩子，居然读过《论语》。从那时起，我每天走进教室，看到的就是书架上一排排整齐的、分类摆放的书，真是令人赏心悦目。没想到过几天后，副班长郭怡多也与她一起管理书吧。我很欣慰："德不孤，必有邻"，志同道合的人之间都会产生共鸣，我加以表扬。后来班里的高个子朱鋆豪又主动来请示是否可以让他来刷瓷砖缝上的灰尘，因为瓷砖贴得高。我同意了，大家也纷纷效仿，请求当班级事务管理员。思考后我着手在班里设置各个工作岗位，发挥他们自主管理班级的潜能。从周一到周五，我一一安排好每个学生的管理任务，人人到岗，人人有责。从此，全班学生开始分工合作为班级服务。

在这个过程中，他们亲力亲为，体会到了劳动的不易，更愿意主动保洁，进而遵守班级其他公约。然而，也有不尽如人意的时候，比如王昊扬三番五次忘记关电脑，我问他怎么办？在他身边的郑浩博就主动提出他也忘关，于是两人约定互相提醒。

吟《弟子规》，心蕴书香知文雅

孩子们上二年级了，我们的饕餮盛宴是《弟子规》。"腹有诗书气自华"，此时可以放手让学生自己诵读领悟，诵读与实践的结合更能促进学生良好道德习惯的养成。

1. 践行《弟子规》，端正品行蕴书香

我以《弟子规》为切入点，让学生明白如何做一个有道德的人。诵读《弟子规》只是阅读经典的起步，更重要的是如何践行。每周结合诵读内容，给学生定好践行内容："入则孝"——洗脚、捶背、盛饭、扫地等；"出则悌"——主动让座、热情招待客人等。周一班队课汇报交流，互相学习。一开始只是部分学生在做,家长把孩子在家的良好表现拍照发到班级微信群里,满满的正能量感动了我和家长们。坚持一段时间后,越来越多的学生加入到践行的队伍中,践行《弟子规》,班训"明礼修身,雅言雅行"也真正得到了落实,学生个人修养提高了,无形中促进良好班风的形成。

2. 内化《弟子规》,谦谦君子显文雅

在班级管理中我言传身教,培养每个学生做"行为雅、语言雅、心灵雅"的谦谦君子。

《弟子规》的潜移默化不断发挥出其神奇的作用:"长者先,幼者后。"二(6)班朱家增在公交车上给老爷爷让座,受到了同学和家长的称赞。"亲所好,力为具。""路遇长,疾趋揖。"很多学生虽然是家里的小皇帝,但也能够学着去感恩父母老师。那天,我翻开语文书,发现里面夹着一张李柯仪自制的精美干花书签,我很感动。"见人恶,即内省。"张一弛看到同学吵架,很快把他们叫到我面前,还说要想想自己做得对不对。虽然是小事,但能看到他们在成长。熟记《弟子规》,可以在实践中对照、检验自己的礼仪规范。

付出总有回报,班级也因大家的努力获得第一学期期末考核第一名,被评为校先进班。

以"诵读经典促班级管理",继续行走在路上

从诵读《三字经》《千字文》到践行《弟子规》,国学经典中所蕴含的思想道德教育对学生的行为养成和对班级管理的借鉴意义是毋庸置疑的。经典的浸润无疑是一道上乘的添加剂,经典诵读已融入了班级学生的内心,有了经典的陪伴,我想学生们自然能参悟到班训和奋斗目标的真谛。"一木峥嵘万树春",三年级、四年级……我会继续带领学生诵读《增广贤文》《孟子》《论语》《古文观止》等,还会借"学校七彩小舞台"和"七彩星期一"的东风,展示班级学生与经典的对话,通过吟诵、书法、情景剧等丰富多彩的形式演绎经典;诵经典促班级管理,愿我的学生以君子风度、淑女气质厚德养性,慢慢形成一种习惯,做拥有"雅言雅行"的文明人。

参考文献:

[1]孙卓慧."国学经典"在班级管理中的应用[J].新课程(中旬),

2014（11）.

　　［2］刘霞.品读国学经典 促进班级管理［J］.赤子（旬刊），2014（4）.

以经典文化促进和乐班级建设的探索

浙江省台州市天台县实验小学福溪校区 张燕

摘要：中华经典文化博大精深，源远流长，其中蕴含着丰富的育人管理之道，被历朝历代的统治者运用到治家治国之中。因此，班主任可以从诵读经典文化，润泽和乐人格；引用经典文化，创设和乐班级文化；践行经典文化，建设和乐班级等三方面来尝试将经典文化应用到班级管理中来，以经典文化来浸润和乐班级建设，使学生和谐快乐成长。

关键词：经典文化　和乐　班级建设

　　我国经典文化从儒家的"修身、齐家、治国、平天下"，到法家的"依法治国"，再到道家的"人法天，天法道，道法自然"……这些老祖宗流传下来的智慧是中华上下五千年的瑰宝，体现着中华民族至诚的信念、精神以及管理育人之道。天台县实验小学把天台山文化中佛教的"以和为上"，道教的"天人合一"与儒家的"和而不同"相融合，打造"和乐"教育。学校的口号是：和乐校园 五彩童年。坚持和以致远，乐以致趣的理念，建设现代化学校，奠基和乐人生；给儿童一个健康快乐的童年；给教师一种幸福温暖的生活；给家长一份温馨和谐的亲情。

　　作为班主任，需要并且必须借鉴中华经典文化的力量来建设良好班集体，传承和发扬经典文化，用老祖宗的智慧之水来灌溉祖国未来之花。以下，就班级诵读学习经典文化，浸润和乐班级建设的探索开展初步的分析与探讨。

一、引用经典文化，创设和乐班级文化

　　大家都知道，班级文化是一个班级灵魂所在，是班级所有成员共同的态度、价值观、信念的复合体，具有无形的教育功能、激励功能和制约功能，这

些无形的存在可以形成巨大的力量，潜移默化地影响着班级中的每一个成员。

（一）诗词歌赋飘香建设和乐班级氛围

教室是育人的天堂，教室是成长的摇篮。因此，教室的布置应充满国学味，努力营造"书香醇美 雅致和乐"的育人氛围。在教室前面黑板的旁边可以开辟专栏——每周经典诵读篇目及介绍，在教室后面的黑板上可以开辟诗词歌赋专栏，高年级张贴自己学习经典的感悟，低年级张贴自己最喜欢的诗词、格言，名句等，教室两侧墙壁可以张贴名家名言，让学生徜徉在经典文化的海洋，寻找经典的力量，净化躁动的心灵，启迪幼小的心灵，陶冶和乐性情。

（二）仿效《弟子规》制定和乐班级班规

在让孩子们诵读经典，自我教育的同时，建立健全的制度更是开展班级工作的一项重要任务，因此制定融合经典的班规尤为重要。

低段，可以通过谈话和孩子达成约定，并且仿效《弟子规》对学生的行为习惯以儿歌的形式制定班规，通俗易懂，朗朗上口，既快乐又有趣。如：发言歌：想发言，请举手，老师叫，再开口。认真听，不插嘴，身站直，声音响。读书歌：腰板直，脚平放，眼离书，一尺远。左手压，右手指，张开嘴，大声读。如厕歌：小学生，要懂事，上厕所，要文明。等候时，不嬉闹，如厕毕，要洗手。

高段，应该专门组织学生召开班会，在班会上大家集思广益，并且汲取《弟子规》的精华，确定班规。如：孝亲礼：兄道友，弟道恭，兄弟睦，孝在中。父母呼，应勿缓，父母教，需敬听。仪式礼：逢集会，快静齐，敬畏感，存于心。按规矩，行礼仪，有活动，勤参与。着装礼：按校规，着校服，宜简朴，有朝气。仪容美，贵洁净，内外衣，勤换洗。

因为每个学生都是班规的制定者，所以他们会很自觉对照班规，进入约束的状态。学生的言行举止变得文明，彬彬有礼，班级和乐有序。

（三）汲取经典精华确定和乐班级班歌

众所周知，班歌是班级文化的重要组成部分，它是一个班级的名片，是班级精神的体现；班歌能增强学生的集体荣誉感和归属感，增强班级凝聚力；

班歌能激发学生进取心，能提高学生自信心，并能促进学生身心健康发展。

　　尤其是在高段，班歌的激励尤为重要。在创编班歌的班会课中，可以问孩子们："我们要做怎样的人？"孩子们肯定会说要做文明有礼，志高德厚的人。老师可以结合《易经》中君子立德四合，引导他们："我们做人要与天地合其德。天是光明磊落的，地承载万物，它其实告诉我们行为要光明磊落，德行要厚重才能承载万物。与日月合其明。日月给了人温暖，给了人生长的需要，那么我们要做像日月一样温暖他人的人。与四时合其序。我们要顺应四时的特点、变化，才能在天地间得以生存成长。与鬼神合其吉凶。我们对万物要心存敬畏，做坏事会有坏报，做好事就有善报，我们一定要做一个善良的人。"

　　因此，班歌的第一段就这样确定：我要做大写的人，与天地合其德，合其德；与日月合其明，合其明；我要做大写的人，与四时合其序，合其序；与鬼神合其吉凶，合其吉凶。我要做大写的人！

　　接着对男生和女生的德行分别提要求，确定班歌第二段：我是男子汉，志高好比天，天行健，自强不息，自强不息。我是小淑女，德厚如大地，地势坤，厚德载物，厚德载物。我们有担当，如青天自强不息；像大地厚德载物！

　　最后，可以用著名的横渠四句来结尾：做个读书人，为天地立心，为天地立心！为生民立命，为生民立命！为往圣继绝学，为往圣继绝学！为万世开太平，为万世开太平！

　　通过《志高德厚读书人》班歌，希望这些精神情怀能根植学生的心底，成为他们成长的灵魂营养。诚如所愿，在班歌的凝聚激励下，班级的管理更上了一层。前一阶段，由于复习时间抓得紧，有些同学上课不专注了，这时，就可以说天行健，孩子们马上接君子以自强不息，这样一来，那几个做小动作的孩子就立刻停下来，想到之前学过的自强不息的含义，马上就专注了。

　　有了班规和班歌的制约和激励，班级学生更加儒雅有礼，志高德厚，大气有为，学生和谐快乐地成长，和乐班级文化自然形成。

二、诵悟经典文化，润泽和乐人格

　　根据学生的年龄特点、语言基础等，班主任精心选择部分优秀的经典作品让学生朗诵、记忆、感悟。高年级以诵读《古文观止》《论语》《大学》为主，低年级以诵读《弟子规》《三字经》《千字文》《增广贤文》为主。学生学习时间比较紧，可以充分利用早读、午间诵唱、课前5分钟、班会课等时间见缝插针地教学生诵读学习经典。

（一）吟诵《弟子规》培养和雅行为

一年级的孩子刚入学，为了让孩子们尽快融入校园生活，养成好的学习习惯、生活习惯，形成健康人格，可以依托《弟子规》来教育。每天三句，根据三句的意思穿插讲述故事，借助故事情节明白道理，正确地指引、规范学生的言行，培养和雅行为。

在《弟子规》中，有许多非常好的生活起居等细节规范，比如：穿衣："衣贵洁，不贵华"；饮食："对饮食，勿拣择"；行走："宽转弯，勿触棱……"学习《弟子规》，就要从学生的行为习惯入手去引导，去教育。

上课前，可以带领孩子们读"房室清，墙壁净，几案洁，笔砚正……"孩子们边背诵边整理课桌，准备书本文具。久而久之，孩子们就养成了课前准备的好习惯。

在教"身有伤，贻亲忧，德有伤，贻亲羞"时，告诫孩子们在做每一件事时，都应该先问问自己："我这样做对得起我的父母吗？"从而让孩子明白什么是"孝"。在教"兄道友，弟道恭，兄弟睦，孝在中"时，小林同学竟然站起来对大家说："我以后要和同学们友好相处，因为同学们也是我的兄弟姐妹啊！"学生明白了道理，也就能和雅有礼。

（二）读悟《古文观止》启迪和善心灵

《古文观止》是清康熙年间吴楚材、吴调侯选编的古代散文名篇佳作，蕴含着丰富的德育教育思想资源，对建设和乐班集体有着积极重要的意义。书中这些文章所叙述的历史事件、塑造的人物形象，甚至作者对人物事件的评说都蕴含着道德标准。例如置于首篇的《左传·郑伯克段于鄢》就很好地诠释了"百善孝为先"。序言中称"以此正蒙养而裨后学"，是指《古文观止》用正确的方式对儿童进行启蒙教育。

让学生撰写经典阅读体会来启迪和善心灵。每次诵读理解完一篇文言文之后，可以让孩子们在《读书笔记》上谈体会，写感悟，从而提升自己的思想境界，让孩子们的心灵在经典中洗涤。如：学完《岳阳楼记》之后，好多同学由那句名言"先天下之忧而忧，后天下之乐而乐。"感慨范仲淹的忧国忧民情怀，想到了要热爱祖国，从爱集体开始，要无私奉献，好好学习，成为国家栋梁之材等等。周末，有个家长发来了一张照片，说儿子把书房整理得干净整洁，还在墙上张贴了自己写的"先天下之忧而忧，后天下之乐而乐"的书法作为座右铭，提醒自己要树立远大理想，勤奋学习，长大报效国家。有这样的学生真让人感到骄傲！

学生写得好的感悟，还可以推荐投稿来激发学生的兴趣。如：叶一谦的《马说》读后感就发表在《台州晚报》上。

通过诵读学习《弟子规》《古文观止》等经典文化，培养了和雅言行，启迪了和善心灵，从而浸润了和乐人格。学生不管是集会、做操，还是上课、路队都非常守纪，而且文明有礼，见到老师能主动打招呼，与同学和睦相处，班级凝聚力强，和乐融融。

三、践行经典文化，建设和乐班级

如何更好地将学生学习到的经典文化培植在学生的内心，这就需要外化为行。这就需要充分利用家委会的力量，举行各种活动；召开相关主题班会活动。

（一）实践经典文化　滋养和乐少年

在诵读经典文化，将书中的精华内化于心的同时，利用节假日开展活动将思想外践于行。孔子云："君子欲讷于言而敏于行。"如学了《郑伯克段于鄢》之后，孩子们知道要孝敬老人、长辈；要老吾老以及人之老。于是在重阳节的时候，就组织班级孩子去敬老院慰问老人。孩子们给老人讲故事、唱歌跳舞，送水果，梳头发，扶老人回房间，给老人喂水饺，跟老人聊天，给老人们送去了温暖和欢笑。老人们都说："好久没有这样开心了，感谢老师和孩子们！"孩子们也收获了成长。在三八妇女节时，孩子们在家为妈妈洗脚，帮妈妈打扫卫生，有些同学还写了感恩的信给妈妈，细心的女孩做贺卡、做手链、做蛋糕等给妈妈，还有的同学烧饭做菜给爸妈吃。有这样孝顺的孩子，爸妈心里怎不乐开了花?

在学完《岳阳楼记》之后,同学们都想为班级为社会做点什么。于是,在元旦这一天,当新年的曙光照耀大地时,组织学生为"城市的美容师"环卫工人送上爱心早餐,并向市民分发爱护环境的倡议书,呼吁大家一起来为美丽天台出一份力,让爱的暖流流遍大街小巷。3月5日,是学雷锋做好事的日子,班上的孩子纷纷上街打扫卫生,捡垃圾,去除城市"牛皮癣",到医院义务当引导员,去旅游景区义务当小导游,为游客指路、提供茶水等,让孩子们真正有了为民服务的意识,奉献社会,奉献爱心!这些活动陶冶了孩子们的思想情操,这就是和善之美,这就是和乐少年!

(二)演绎经典文化 形成和谐班风

在校艺术节、六一节中,班里的孩子用经典尽展风采。如:今年的校艺术节上,经典班的全体学生上台诵唱《木瓜》《鹿鸣》《陋室铭》,全校师生无不被孩子们的吟唱所陶醉,并向往之。在校经典诵读大赛中均获一等奖,去年代表学校参评的经典诵读《弟子规》获县一等奖。

充分挖掘经典中的教育资源,开展讲述经典美德故事比赛,召开相关主题班会活动,进行文化浸润和思想教育。利用中华民族的二十四节气以及传统佳节,如:立春、清明、端午、中秋、重阳、冬至时,讲解来历、礼仪和含义,升华节日中的"和"的内涵。开展经典文化中"孝""善""和"为主题的教育,如:百善孝为先;日行一善,善行一生;和谐生活……让经典文化中的思想精髓深入人心,真正做到内化于心,外化为行。

自从开展经典诵读之后,班级热闹了许多,处处呈现着和谐友爱的画面。学生你一句我一句地手拍手对读,师生有节奏地互诵,孩子教家长一句一句地读,处处透着乐。学生间文明谦让的情景多了,互相帮助的画面多了,抢着打扫卫生的事多了……这是一种和谐的美,这就是和乐班风,这就是和乐班级!

漫步校园,校门口围墙上"忠、孝、仁、义、礼、智、信、廉"几个镏金大字闪耀着经典文化的光辉,操场旁孔子的雕像巍然屹立,他的思想精髓弥散在苍翠的大树下,升腾在朝气蓬勃的孩童声里。孩子们仿佛穿越时空的隧道，走近他的身边，感受他的力量，传承国学的思想。这就是和乐校园！

经典文化广博精深，蕴含着丰富的育德育人的思想，扎根在中华民族优秀文化的土壤中让我变得厚重坚实！为此，班主任应当积极汲取其中的精华，并将其科学合理的运用到班级管理之中，引导学生在经典文化中感悟，在实践中洗礼，润物细无声地营造和谐友爱的和乐班集体，让学生和谐快乐地成长。

参考文献：

[1]陈琴，华一欣.经典即人生：文字是修正灵魂的良药[M].北京：中华书局，2011.

[2]冯国庆.传统文化在班级管理中的运用[J].班主任之友，2019（10）.

[3]吴征远.《弟子规》与美丽心灵的培育[J].山西青年，2013（5）.

[4]蒋哲力.小学班级文化建设策略研究[J].文学教育（中），2013（5）.

[5]林秋玉."和乐德育"的实践研究[J].教育观察（中下旬刊），2013（1）.

试论小学班级管理中《弟子规》的巧用

浙江省台州市椒江区中山小学　王苏芳

摘要：《弟子规》在小学日常班级管理中，为我们提供了许多问题的解决之道。本文旨在汲取《弟子规》的先进理念，带领学生素读《弟子规》，为班级管理打好底格；精装《弟子规》，为班级管理勾明框线；践行《弟子规》，为班级管理润染色彩；活用《弟子规》，为班级管理裱出正像。规范学生待人接物、饮食起居、生活礼规等行为举止，激发孩子对传统文化的热爱，营造了良好的班级环境，打造了特色班级文化。

关键词：小学　班级管理　弟子规　巧用

好的班级管理应该具有令学生感觉到享受的艺术气息，甚至，可以把班级管理通解为美术创作，这需要老师为其铺底、勾勒、着色、装裱。在小学日常班级管理中，很多教师经常会不自觉地采取命令式的、恐吓式的话语教育学生。这样，既不能让学生很好地认识到自己的行为，反而很容易因为操作的模糊性而让他们产生一种心理上的压抑感及厌恶感。每个班主任都希望能借助一双"隐形的翅膀"，冲出困境，飞向远方。有些老师也借助《弟子规》这本的通俗易懂的启蒙读物来管理班级，但只按步于原文，以及没有做到很顺畅的循序渐进，而使得管理举步维艰，难以收到班级管理应有的效果。

　　"半部《论语》治天下"。《弟子规》采用《论语·学而》中的文义，三字一句，押韵顺口，很适合低年级学生诵读。这是我国儒家传统文化中的经典之作，是中国传统家规、家训、家法、家教的集大成者。本文结合实例，将《弟子规》应用于班级管理与美术创作结合起来，将传统儒家思想巧妙地融入到班级管理中，以期引起同行们的引鉴。

一、素读《弟子规》，为班级管理打好底格

　　"素读"，就是不求甚解的读。这是一种非常朴素的读法，不追求对内容深度理解，用手或脚或身体打起节奏，在快乐的反复朗读中轻轻松松地就可以记诵到滚瓜烂熟为止。

　　这是一种底格的构架，正如一幅美术作品创作前，所有的内容处理、构图、明暗和色调都建立在这个基础之上。这种读法，我们在广州的特级教师陈琴那里找到了充分的依据，只是稍作了一些改动：我们先是实行"一日两诵"：每日利用晨读进行常态课的学习，每天学4到6句，结合注释与趣味故事来理解句子的意思，了解我国古代名人是如何待人接物、求学知礼。为了更好地学经典，我们结合教学内容让学生观看《弟子规》儿童动画版，将那些深奥的道理以故事、小剧场形式展开。同时还制作了《弟子规》系列微课程10节，帮助孩子们学习经典。接着用"陈琴歌诀乐读法"诵读，用顶针背、火车背、踏浪背等多种有趣的形式进行熟记于心。孩子们一边打着节奏，一边高声朗读，"手之舞之，足之蹈之"，乐此不疲。孩子们在潜移默化中浸润了品性，这是每天的一诵。每天的二诵是在每天晚上再次复习当天诵读的内容，并在"钉钉"上打卡。经过一段时间的诵读，我们发现孩子们对诵读《弟子规》很有兴趣。课间休息时间、上下学路上，我们总能听到孩子们一边游戏，一边背诵着。孔子曾提出"兴于诗，立于礼，成于乐"，我们素读于诗，熏陶于礼，行之于乐虽是曲解诗礼乐的本意，但无疑给后面的行为展开铺

好了底色，定下了总体的格调。

二、精装《弟子规》，为班级管理勾明框线

教室是学生在校每天学习生活的主场地，为了"让教室的每一面墙壁都会'说话'"，我们在教室后墙壁上醒目地张贴"首孝悌，次谨信，泛爱众，而亲仁"的班级口号；两侧是"惟德学，惟才艺，不如人，当自励""心有疑，随札记，就人问，求确义"等教育标语；教室板报开辟出了"读经典，益终生""我型我秀"一角；教室图书角张贴"列典籍，有定处，读看毕，还原处"。我们还在教室里设立和合书吧。由学生自发把家里相关的国学书籍带来，放在书吧中，与全班同学互相借阅。根据学生年龄特点和不同爱好，每周每月推荐阅读一本经典好书，在阅读课上与大家交流读书方法，分享读书体会。学生或家长也可以推荐好书，还可以做推荐理由的书签、小卡片与大家交换分享。

学生抬眼望人文，举目品经典。置身于浓郁的国学氛围中，徜徉在美妙的文化经典里，学生在"润物细无声"的熏陶、感染下，向上向善。

三、践行《弟子规》，为班级管理润染色彩

"学在经典，行在生活。"诵读《弟子规》只是阅读经典的起步，更重要的是如何践行。结合"首孝悌"这一章节时，让学生们为家人做一些力所能及的事情，扫扫地、抹抹桌、捶捶背、泡杯茶，做妈妈洗衣做饭的好助手、饭后收拾碗筷等。学习"冠必正，纽必结，袜与履，俱紧切"时，我们在班队活动中进行了叠衣服、系鞋带等生活自理大比拼。在学习了"虽有急，卷束齐，有缺坏，就补之"后，我们进行爱护图书训练。在学习"房室清，墙壁净，几案洁，笔砚正"时，我们开展教室、书桌、书包大整洁检查。在学习"凡是人，皆须爱，天同覆，地同载"弘扬大爱精神时，我们组织学生走进了养老院，与那里的爷爷奶奶一起欢度春节，为他们送去一份温暖。我们教育孩子爱护校园的一花一草，关心身边每一个人。

在丰富多彩的实践活动中，孩子们的思想得到洗礼，心灵得以净化，从而习惯与品德在孩子们身上逐渐形成。

四、活用《弟子规》，为班级管理裱出正像

小学阶段是学生行为习惯的形成期，低段是小学的起始阶段，因此我们借鉴《弟子规》，把习惯养成教育摆在重要位置，更好地推进班集体建设。

1.制定正确的行为规范条文

我们借鉴《弟子规》，制定班级目标，引导学生自觉参与班级管理。我们的班级宗旨：首孝悌，次谨信，泛爱众，而亲仁。学生的各种行为习惯的细节根据《弟子规》得以不断规范。比如衣："衣贵洁，不贵华"；食："对饮食，勿拣择"；行："步从容，立端正""宽转弯，勿触楞"；生活起居："晨必盥，兼漱口，便溺回，辄净手"；学习："读书法，有三到，心眼口，信皆要"。

我们也依据《弟子规》来治班。一年级的孩子，常爱打小报告。我们就会以"见未真，勿轻言，知未的，勿轻传"来规劝。当下课时，有学生不整理书籍文具时，我们用"列典籍，有定处，虽有急，卷束齐"来告之。如果要向别人借东西时，我们要注意："用人物，须明求，倘不问，即为偷"。如果别人向我们借东西时，我们要："借人物，及时还，人借物，有勿悭。"

光有《弟子规》的经典文化的浸润和引领是不够的，我们还需要具体化的常规建设。在班级管理中，我们根据《弟子规》巧妙地改编成"博学十礼"，来规范学生的日常行为。即将学生的日常行为规范、一日常规等落实到了实处。孩子们在朗朗上口的诵读中，将德育在无形间内化于有形中。（参见附表1：博学十礼）

2.制作日常行为表

为了让学生日常行为规范落到实处，我们制定了《〈弟子规〉日常行为记录表》。在学习《弟子规》相应的章节后发放给孩子，引导孩子落实表中内容，在实践中逐渐养成良好的生活习惯、学习习惯。比如在"孝"这一环节，落实内容如下（参见附表2）。

践行这个记录表，孩子们将《弟子规》的精髓变成内心自觉或不自觉的思想要求，他们学会了自我约束，自我管理。那么，班级管理就变得轻松自如，和谐的班集体就会慢慢建成。

国学浩瀚如大海，璀璨如星辰，是班级文化建设的重要资源。在班级管

理中乘上《弟子规》这股"东风"，挥动这双"隐形的翅膀"，既传承了传统文化，又能让班级管理"忽如一夜春风来，千树万树梨花开"。

参考文献：

[1]中华人民共和国教育部制订.全日制义务教育语文新课程标准[M].北京：北京师范大学出版社，2001.

[2]郭文斌.《弟子规》到底说什么[M].北京：中华书局.2011.

[3]陈琴.经典即人生[M].北京：中华书局.2011.

[4]李毓秀.弟子规[M].浙江：浙江人民出版社，2014.

[5]王崧舟.小学生经典诵读[M].浙江：浙江古籍出版社，2015.

附表1：博学十礼

博学十礼	具体内容
（1）国旗礼	升国旗 要肃立 唱国歌 行队礼 衣冠正 要得体 红领巾 胸前系
（2）孝亲礼	父母呼 应勿缓 父母教 须敬听 兄道友 弟道恭 兄弟睦 孝在中
（3）尊师礼	称尊长 勿呼名 对尊长 勿显能 路遇长 应问候 问起对 视勿移
（4）求学礼	读书法 有三到 心眼口 信皆要 几案洁 笔砚正 心有疑 求确义
（5）仪式礼	按规矩 行礼仪 有活动 勤参与 逢集会 快静齐 敬畏感 存于心
（6）对众礼	凡是人 皆须爱 与人交 礼相待 常微笑 递美好 文明语 挂嘴边
（7）卫生礼	有垃圾 不乱扔 弯弯腰 勤捡起 三餐饱 无零食 带开水 无饮料
（8）着装礼	仪容美 贵洁净 内外衣 勤换洗 按校规 着校服 宜简朴 有朝气
（9）就餐礼	对饮食 勿拣择 爱粮食 不争抢 先净手 后用餐 食不言 慢吞咽
（10）借赠礼	借人物 妥保管 重承诺 及时还 赠人物 宜大方 细节处 透涵养

附表2：《弟子规》日常行为记录表

《弟子规》日常行为记录表（第_____周）

班级：_____　　　　姓名：_____

《弟子规》内容	我能这样做	周一	周二	周三	周四	周五	周六	周日
父母呼应勿缓	爸爸妈妈叫你的时候，要回应，不能迟缓。							
父母教须敬听	听从爸妈的教诲。							
出必告反必面	出门要告诉爸妈一声，回来了也要告知。							
活动延伸	爸妈下班回家主动送上一杯水。							
	爸妈迟回家吃饭时就主动端来饭菜。							
	主动承担家务。							

说明：请根据自己每天的表现，在相应的表格用☆评上等级，分为三星级（优秀，☆☆☆）、二星级（良好，☆☆）、一星级（一般，☆）。每周一为提交表格时间。好习惯养成贵在坚持！加油，孩子！

论语智慧：班级管理的金钥匙

浙江省台州市黄岩区永宁小学　张国红

摘要：半部论语治天下，治班如治国，论语涵盖的管理艺术堪称一绝。作为班主任，将论语智慧运用到班级的精神引领、制度落实、环境熏陶、活动感悟等领域，无异于找寻班级管理的金钥匙。

关键词：论语智慧　班级管理

《论语》全文15935字，"半部《论语》治天下"，《论语》涵盖的管理艺术堪称一绝。治班犹如治国，向《论语》取经，挖掘其智慧并尝试运用于班级管理，无异于找寻班级管理的金钥匙。结合班主任实际工作内容，本文试着谈谈以《论语》的思想内涵引领班级管理，望抛砖引玉。

一、引领精神成长

如今的学生已经不同于以前的学生了。那种对教师天生敬畏的时代似乎已然过去了——独生子女的特有身份，让很大一部分学生拥有了"家庭小太阳"的超级待遇——绝大多数父母对子女十分宠溺，任性与依赖，孤独与自私集于孩子一身；互联网因子的强势浸润，更使得他们打上了时代的烙印。再加上根深蒂固的应试教育，使重成绩轻道德成为社会的痼疾。近年来，新闻中接二连三的青少年自杀和弑母事件更是触目惊心，如何引领学生的精神成长，成为摆在班主任面前的重要课题。

论语倡导："弟子入则孝，出则弟，谨而信，泛爱众，而亲仁。行有余力，则以学文。"论语有言："德之不修，学之不讲，闻义不能徙，不善不能改，是吾忧也。"孔子非常重视弟子道德培养，强调以德为中心，以德为首，孝悌、谨信、爱众、亲仁；孔子最为担心的是人们不修德，其次才是不讲学。用现在的话说就是"以德为先"。在班级管理中，班主任肩负学生引路人的重要责任，尤其应该坚持以育人为先，把德育放在首位。

（一）从小学会孝敬长辈

现在的很多孩子不懂得去关心父母，关心他人，他们常常以自我为中心，无心顾及他人。正式开学前，朋友圈就有不少人转发报道，父母因为孩子不听话而住院，因为辅导孩子作业气得脑出血的都有。无怪乎有人把孩子放假在家称为：神兽出笼了。因此，学会孝敬长辈实应当世之需。

如教《可贵的沉默》这一课时，就曾经上演了与课文同出一辙的场景。

案例1：

笔者：谁来说说自己的生日是什么时候？怎么过的？（学生纷纷举手，高兴之情溢于言表）

笔者：谁知道自己父母的生日，又是怎么过的？（学生一个个面面相觑，有些面露愧色，有些一脸茫然，有些努力回想，却怎么也想不起来……）

笔者：孔子曾经说："父母之年，不可不知也。一则以喜，一则以惧。"谁来猜猜，孔子这话什么意思？对我们有什么启发？

学生1：孔子说做孩子的一定要记住爸爸妈妈的生日，一方面为他们长寿而高兴，另一方面，又要害怕他们的衰老。爸爸妈妈总是记挂着我们的生日，忙着给我们过生日，我们却没关注他们的生日，真不应该。

学生2：是啊，爸爸妈妈总有一天会老去的，会离开我们的，我们的生日其实是妈妈冒着生命危险的日子，我以后要把自己的生日过成感恩妈妈的节日，尽量让妈妈长寿一些。

……

案例1中，结合语文学科，及时引入"论语"中的相关论述，让学生在思维反差式对比中激荡灵魂，领悟为人子之道。

有一次，有新闻报道：一位小孩不声不响离开了家，父母慌了，心急如焚，就怕孩子出了什么意外，还拨打了110。第三天找到孩子时，父母喜极而泣，孩子却责怪父母小题大做，没事找事，不就是在同学家住了两晚吗？针对这一新闻，及时利用短时德育课，教育学生。

案例2：

笔者：看了这则新闻，你们有什么想法？

学生有的说这小孩应该提前跟爸妈说一声，免得父母担心；有的说小学生不能随便在外面住宿，有的说他把爸爸妈妈吓着了，我们应该少让爸爸妈妈操心……

于是，我特意让抄录员每天在黑板最上方抄录一两句，如"事父母几谏，见志不从，又敬不违，劳而不怨。"子曰："父母在，不远游，游必有方。"由小老师来带领大家学习。

案例2中，将精神引领渗透在日常的小事中，结合身边发生的事情，以小老师带教，学生自悟，引领学生健康成长。

诸如此类，在班级管理中，我们要适时适地引导学生学会关心家人，如让他们主动为家人烧菜，把自己制作的美食与人分享，自制荷包送给父母等，让他们用实际行动孝敬长辈，关爱他人。同时，每人学唱《一日习惯歌》对照自己的行为，让自己的行为越来越优秀，少让父母为自己担心，另外，还可以结合传统节日，经典故事中的精神提炼引领学生等。

（二）学会与同学友好相处

同学是小学生在学校生活中的重要成长伙伴，能不能和同学友好相处，对学生成长的影响是巨大的。

小学生经常喜欢盯着别人的缺点，而感觉不到自己的缺点，比如，有学生在走廊奔跑，被值周老师看到了，或者做了其他错事被同学看到了，当老师找他们时，很多人第一个反应就是：谁谁谁也这样做过。他们似乎为自己找一个同样犯错的人以减轻自己的过错感。《论语》中说："见贤思齐焉，见不贤而内自省也。"这种思维方式，不管是老师还是学生，都是人生得以成长，得以进步的积极态度。"无痕的教育是最有教育意义的"，于是，用多种形式看似无意地把这些经典语句抄写在黑板上，进行每日经典诵读，歌诀乐读，还进行创编式的表演读。让《论语》中的经典语句不断与学生见面，后来，慢慢地，等学生再犯错时还扯上其他同学也犯错时，我就起个头说：《论语》里有句话是怎么说的：见贤思什么呀？（学生：见贤思齐焉）见不贤呢？渐渐地，学生就会立刻顺着背下去了，然后也不用老师再多说什么，背着背着，他们自己马上领悟了，说：我不应该拿别人的错来说，应该说自己正确的做法是什么。要想办法改正自己的错误，而不是找借口找理由。

小学生很容易受同学影响，所以引导他们明辨是非善恶，谨慎择友非常重要。班级里有时会有同学互相玩在一起，而忘记了写作业或者有的与同学闹了点小矛盾，就请所谓的朋友帮自己，还颇为自豪。为了正确引导学生，班会课，让学生诵读："益者三友，损者三友。友直，友谅，友多闻，益矣。友便辟，友善柔，友便佞，损矣。"（有益的交友有三种，有害的交友有三种。同正直的人交友，同诚信的人交友，同见闻广博的人交友，这是有益的。同惯于走邪道的人交朋友，同善于阿谀奉承的人交朋友，同惯于花言巧语的人交朋友，这是有害的。"子绝四——勿意，勿必，勿固，勿我。"（不要瞎猜，不独断，不固执，不自以为是），理解后再将之制成书签，互赠书签引导学生学习正确为人处世。

二、保障制度落实

（一）立威信

建设班级，班主任首先要有威信。"其身正，不令而行；其身不正，虽令不从。"⑨班主任教育学生要做到的事情，自己首先要做到。比如不迟到，不早退，不说脏话，及时整理，不做有损自己形象的事情。曾经就听到六年级的几个学生说："体育老师教育我们要举止文明，我就看到有一次，他上完课，在回教室的路上，随地吐痰。"这样就直接影响了我们的教育效果，也降低了我们的威信。因此，当我们要求学生有礼貌，自己要做到有礼貌。学生问好时，都要真诚热情地予以回应。我们教育学生要及时把东西归位，我们自己也要及时整理归位。教育学生看到垃圾要弯腰捡起，当我们自己看到垃圾时，也做到随手捡起，学生自然会效仿。

（二）选干部

在班级制度建设中，拥有一支强有力的班干部队伍是制度得以落实的重要保障。"举直错诸枉，则民服；举枉错诸直，则民不服。"提拔正直无私的人做班干部，才能让班风正，全班团结一心，班级健康发展。"乡人皆好之，何如？""未可也。""乡人皆恶之，何如？"未可也。不如乡人之善者好之，其不善者恶之。"（《论语》）评价一个班干部是否优秀，不是简单的看同学好之或恶之，而是看这个班干部被怎样的同学拥护，被怎样的同学厌恶，即以善恶为标准而非以众人的好恶为依据。我们在选班干部时，要留心日常观察，善于分析，如果只重能力，忽视全面考察，或者只看一时成效，很容易留下长久隐患。如，有些班干部有管理能力，但方法简单官僚习气重；有些班干部善于宽以待己，严于律人……我们要睁大眼睛，深入学生，全面了解，选择并培养真正的班级建设的左膀右臂。

三、强化环境熏陶

《论语》的《里仁》篇说："里仁为美。择不处仁，焉得知？"可见，孔子十分强调环境的育人作用。人不能离开环境而生活，人在不知不觉中已接受了环境的影响。环境熏陶是引导学生感悟进而有效实施德育的肥沃土壤。

在班级管理中，我们要重视环境的熏陶作用，并努力与家庭环境、社会环境形成合力。

比如坚持做好校园的净化、绿化、美化工作，并力求使环境建设洋溢"温暖的气息"，让学生在雅而美的环境中受到无声的教育。

（一）校门口文化

通过对联、液晶屏、墙面、横幅等召唤每一位学生、教师、家长营造舒适的成长环境，并努力实现快乐成长。根据教育教学的实际需要做到及时更换内容，如，三月学雷锋宣传，五月防溺水宣传，还有人防教育宣传，良好学习习惯宣传等。

（二）专题文化长廊

将每一间教室打造成立体图书馆，如在每间教室的内外墙，设置图书推荐栏目和学生展示栏目等，定期进行更换；并让学生根据需要，进行分专题、分类别、分时段完善。让学校的每个角落都散发着教育的魅力，能用无声的语言来教育和熏陶学生。

（三）细节文化建设

细节处体现文化，比如：教室开关、书柜转角、窨井盖等是最不起眼的地方，除了净化、美化，更重要的是"文化"，在相应的地方写上耐人寻味、意味深长的文字，将会达到意想不到的效果。如：在开关处贴"及时关灯，节约用电"，在书柜转角贴"我是爱护图书的好学生"等标语。

（四）建设学生书吧、教师书社；完善图书室、阅览室、微机室、多媒体教室的设施、设备，将各种制度的张贴上墙等。

四、丰富活动感悟

孔子是一位善于在活动中育人的导师。《论语》记载：孔子最赞赏的是"莫春者，春服既成，冠者五六人，童子六七人，浴乎沂，风乎舞雩，咏而归。"孔子带着弟子们春游，弟子们边游边受教育，而且其乐融融。班级管理中，我们也要善于因时因地组织开展丰富多彩的活动，在活动中，在感悟中引领学生成长。如，每天跑操时，教师都陪着学生一起跑。另外组织内容丰富，形式多样的活动，如朗诵会、故事会，指导学生生动形象地讲述故事，把故事内容转化为内心感受，设身处地，情发于内而口述于人；每月编演一次情景剧，运用取之于学生的真实情景材料，让学生自编自导自演。走进剧本则情满剧本，培养高尚的道德情操；每日游戏，制定游戏规则，明确游戏方法，在好玩的游戏中，亲身经历中感悟如何做人做事；每天让学生互相交流身边的新闻，发表看法；一日三读：早晨，小老师领读，中午同伴静读，晚上亲子共读等；五分钟演讲，二分钟唱歌，五分钟日记广播；每周一次主题班队会，在具体实施中学生小干部负责组稿，进行活动设计，队员们积极参与，打动学生的心，使学生乐在德育中；每周十佳好事评选，社会实践；每学期一次书画展示、劳动竞赛、辩论会、记者招待会。每学期进行民主选举、捐款活动、郊游等。实践表明，这些活动不仅提升了学生的感悟能力，促进了学生德、智、体、美各方面素质的和谐发展，而且深受学生喜爱。

总之，《论语》是智慧的集大成者，无论从商、从政、从事教育，都需要从中汲取智慧。《论语》常读常新，作为班主任，我们要在教育教学实践中不断挖掘其中的管理智慧，运用到我们的班级管理中去，让自己走上永不停息的自我提升之路。

参考文献：

［1］邓启铜，殷光熹.论语［M］.云南：云南大学出版社，2007.

［2］陈琴.陈琴带班格言100句［M］.江西：江西人民出版社，2019.

［3］陈琴.经典即人生［M］.北京：中华书局，2011.

［4］王锋.浅谈从论语中汲取班级管理的智慧［J］.赤子，2017（27）.

［5］房启发.《论语》的智慧与班级管理［J］.教师，2012（28）。

第五章

浸润例中成长

见贤思齐焉 见不贤而内自省也

浙江省台州市三门县海游街道中心小学 林惠英

【案例背景】

每到期末复习迎考阶段，办公室的老师们便开始忙碌起来，我也不例外，忙着背诵默写，忙着批改试卷，"撒大网捕小鱼"。语数英老师凑到一块时，忙着讨论这次模考的成绩，"** 真棒，每次都考不倒。** 真是无可救药了！"每天的作业，孩子们都要带回一叠的作业。试卷，试卷，读的试卷，写的试卷，听的试卷。老师们戏称这是"肚痛"期。

复习迎考阶段，有些孩子因为学习负担的加重，就会产生厌学心理，导致学习内驱力缺失。学习内驱力是在需要基础上产生的一种内部唤醒状态或紧张状态，表现为推动有机体活动以达到需要的内部学习动力。它指学生对学习目的、意义、作用的认识，是激发学生学习动机的心理能量。

【情境再现】

期末"肚痛"逃学的孩子

早上收到了两条请假短信，韩 ** 和梅 ** 家长，都说孩子肚子疼，要晚些到。我填写了学生缺勤纪律单，送到了政教处。8点20分，梅 ** 到了。但韩 ** 一个早上都没来。中午12点50分了，马上上课了，韩 ** 还没来，难道肚子疼还没好转。我拨了电话给韩 ** 奶奶，但电话一直没人接听，又拨，还是没人接听。我想过几分钟再联系吧。过了几分钟，电话响起，是韩 ** 奶奶。"** 奶奶，** 的身体好没好转吗？""已经好了。"韩 ** 奶奶大声说，那头还伴随着机器的轰鸣声，"那怎么还没来上学啊！""已经去了的，我把她送上公交车，我再过来上班的。""那今天到现在一直没到学校的。"我有点急了。"啊，早上就好了，她爸爸十点钟就送去学校了。""是送进校门了吗？送进校门的话没有老师的请假条，保安是不会让她出去的。"

一通电话在我的急切询问下结束。那边韩 ** 奶奶联系爸爸，得知孩子爸爸还在睡觉，马上催促起床，找孩子。我这边也冷静下来，先到班级里询问，得知班里同学中午在校门口碰见了韩**，还对同学说自己肚子还痛，在打电话给爸爸。好吧，我心有点不慌了，孩子肯定不会走远了，赶紧联系韩**爸爸，心里也有点想法，可能孩子是没有完成家庭作业，不敢来上学，怕老师批评。

又过了十几分钟，韩**的奶奶又打电话过来，说孩子爸爸和孩子都在校门口，但孩子不想来上课，孩子爸爸拿她没办法，正在校门口僵持着。

我赶紧走到校门口，发现孩子正撅着嘴巴坐着。我拉起她的手，放软声音："来，跟林老师说说，你早上第三节课在哪里？""嗯，嗯……我就在食堂楼上"韩**小声说。"你是不是周末作业没完成，怕老师批评啊？"孩子低头不语。"来，我们进去吧！"我拉着孩子的手进去了，孩子一点也没有反抗。"谢谢林老师啊！"孩子爸爸一副如释重负的表情。

来到我的办公室，我让孩子坐下，还给她倒了一杯水。孩子这时心情放松下来了。我觉得时机到了，"**，你在家的时候不做作业，周一不想上学，宁愿躲在食堂楼上也不进教室。你是不是不想上学了啊？""不是的。""既然不是，你能永远都躲着吗？你上午掉下的功课，今天下午是要补回去的啊！周末你是轻松了，可今天你的任务就重了啊！"孩子不说话，点了点头，眼泪下来了，"他们都不管我，奶奶也不管我的。"

看来我得跟韩**的家长好好沟通沟通，孩子内心是极度渴望关爱的。下午孩子课间自觉在补作业。放学后，我给孩子补了一下上午的课，孩子一直补到五点钟。

【我的思考】

上述肚痛现象的孩子自律能力差，学习动机弱。期末学习压力重，家庭教育缺失，在家约束能力弱。跟家长沟通，让其多花时间督促，陪伴孩子很重要，但更重要的是激发孩子内心的需求，提高学习内驱力，形成自我督促的能力。

苏霍姆林斯基说："真正的教育是启发寻求自我教育的教育。"所谓自我教育，就是充分调动学生的内部动力，发挥其主观能动性，让学生自觉进行自我认识，自我督促，自我改正。

中国古代的教育家历来重视自我修养。"见贤思齐焉，见不贤而内自省也。"《弟子规》提到"见人善，即思齐；纵去远，以渐跻。见人恶，即内省；有则改，无加警。"我们班主任最头疼的是什么？就是孩子的错误容易反复。一千次的谈话本身还是为了激发孩子内心的需求。心理学家马斯洛的需要层次论中指出人的自我实现的需要是最高层次的需要。孩子心中小小目标的达到也能完成自我实现的最高需求，体现自我价值。

1. 定目标

虽然一个星期以来，孩子们肚痛现象没有再发生，但离期末考试只有两周了，不知道经过周末两天，下周一，有没有孩子肚疼？韩 ** 会不会按时上学呢？今天是周五，我拿出了几张学习目标卡让孩子们填写。学习目标卡促使孩子树立榜样，认识自身的不足。孩子可以从平时积累的勤学格言、谚语中选一句作座右铭，作为激励自己的一句话，时时内省，自我督促。花了十分钟，每个孩子都郑重地写下了榜样和目标，还认识到了自己的缺点。

我的小伙伴优点：
我身上的缺点：
我要努力这样做：
激励自己的一句话：

我特地把几个有厌学现象的孩子的目标卡在全班面前展示，重点表扬了他们这几天的进步。看着他们因老师表扬而激动的小脸，我的心里也踏实了，这周跟以往的期末复习相比，我的呵斥声少了，学生脸上的精神气多了。

心中暗暗高兴的同时，我觉得还不够，我给这几个孩子发了课后"雅行表"，鼓励他们自我评价，个个都能成为学习小雅士呢！

周末两天一晃而过，周一7：45分，今天我故意迟几分钟走进教室，班长在领读，孩子们整整齐齐地坐在教室里，正捧着书本有滋有味地诵读呢！看到这一幕，我心中一种幸福感油然而生。

2. 时鼓励

在韩 ** 制定了学习目标卡，又每日坚持记录课后雅行评价表后，连续几日，没有因肚子痛请假或迟到的现象，作业完成得都比较好。我奖励给她一个本子，在扉页寄语，选用了勤学格言："书山有路勤为径，学海无涯苦作舟。"孩子很高兴。

站在老师的角度，我想我们每个老师都衷心希望孩子们勤奋好学，天天向上。特别是期末复习阶段，即将面临考试，我的心里，功利性变浓了，心胸变窄了，整天有"恨铁不成钢"的感觉，我一股脑的，恨不得全都塞给学生，可是我注意到每个孩子的差异了吗？我花更多的时间跟家长沟通交流了吗？

当期末复习时，更多的孩子出现厌学现象，最根本的目的是激发起孩子对学习的内在需求，激发他们自主学习的动机，这是我的出发点。

当孩子"肚痛"的时候，你越责怪，他越不想学习。我应该为他们提供自我展示的平台，哪怕在复习阶段，人人争分夺秒的阶段，挤出再多的时间去学习，还不如匀出时间去关注学生的心理，让孩子找到成就感。

当我把目光更多聚焦于学生心理，关注到每个学生的不同接受梯度，孩子们就可以平安渡过"肚痛期"。

清音润德化无形

浙江省台州市三门县海游街道中心小学　林惠英

【案例背景】

黑格尔曾说："我们之所以是我们，是由于我们有历史。"中国五千年的文明史，丰富、灿烂的传统文化，犹如一坛深邃的老酒，可细细品读。国学是中国传统文化的精髓，对于传承文明，增强民族凝聚力，以及中华民族的复兴都起着重要的作用。身为班主任，肩负"传道授业解惑"的育人重任。如何将经典国学中的教育理念融入到现代教育中，我们不仅要对其中的育人思想进行提炼，还要顺应时代规律和特征，更要从学生品德成长特点看，关注学生内心的需求。

箴言警句，指简洁、机智、有教导性的话。在经典国学文化中，箴言警句比比皆是。经典国学中的箴言警句是中国古代思想家、哲学家、政治家立身处世的生活经验的总结，它是思想智慧的结晶，经过了时间的筛选，精彩、凝练，富有哲理。长期以来，这些励志句子是中国人品质和内涵的一种代表，已深深融入民族文化的血液。它对塑造人的灵魂，启迪人的智慧，鼓舞人的斗志具有不可替代的作用。

【情境再现】

10月15日，老师刚一踏进教室，班长迎上来："老师，卢**昨晚的课堂作业本没有完成。"10月20日，今日检查作业，发现卢**的作业又没有完成。不光语文，数学、英语也是如此。这孩子父母离婚，平时生活全由爷爷奶奶照顾，爸爸工作回到家已经深夜，妈妈只是周末偶尔来带他过去。爷爷奶奶年纪大了，照顾他的生活已不易。孩子的习惯较差，经常丢三落四，不是今天忘带笔，就是忘带作业本，更是经常不完成家庭作业，很让人头疼。但这孩子头脑聪明，上课比较认真，发言积极。

【我的思考】让清音润德化无形

一、读经诵典，涵养德行

经典诵读课上，大屏幕上出现了关于勤学的箴言警句：

莫道君行早，更有早行人。

一年之计在于春，一日之计在于寅。

黑发不知勤学早，转眼便是白头翁。

少壮不努力，老大徒伤悲。

枯木逢春犹再发，人无两度再少年。

光阴似箭，日月如梭。

好学者如禾如稻，不好学者如蒿如草。

光阴黄金难买，一世如驹过隙。

孩子们饶有兴趣地轻声读起来。

师：你读懂了什么？

生1：我知道应该勤奋学习。

生2：我还知道我们应该珍惜时间，我从"光阴似箭，日月如梭""一世如驹过隙"等地方感受到。

师：是啊，这些都是勤学的箴言警句，简洁明快，干净利落，有的富有韵律，朗朗上口。我们一起读一读。

二、沟通的技巧

身为班主任，谈话一直是我与学生沟通思想，尤其是做思想转化工作的重要手段。但我知道谈话应选择恰当的时机，在一定的氛围下进行，还要讲究一定的方法。

又一个周一，卢**第二次作业没有完成，在早读课集体诵读《增广贤文》后，我把他叫出教室，让他背诵其中的惜时名言。这孩子刚才摇头晃脑，读得非常认真，马上脱口而出："一年之计在于春，一日之计在于寅。""枯木逢春犹再发，人无两度再少年。"孩子一口气背了好几句。"你能说说是什么意思吗？"可能心虚，孩子说得头头是道，特别卖力，好像将功补过似的。"你说得真好！可见你刚才上课特别认真！"我笑着拍拍他的肩鼓励他。"可是……"我随即轻轻对他说，"你周末在家光顾着玩，忘了写作业，你的时间就在玩中偷偷溜走了，你有什么想说的吗？"我追问。

卢**张了张嘴，神情尴尬，干脆低头不语了。我也沉默，我不像以往一样念我的紧箍咒。研究表明，三年级的孩子道德判断已经到了从他律到自律的分水岭，应该有了自悟的能力。

大约沉默了2分钟，我才轻轻对他说："过去的时间追不回来了，你准备今天怎么做呢？"他一听，眼睛一亮，连忙保证："林老师，我马上补回来！""好，不光补回来，还要罚你把惜时格言抄写一遍。""嗯，好的！""君子一言，驷马难追！"

放学前他就把所有的作业补齐，包括罚的作业。课间他一直没出去玩。我对他今天的改正行为进行了鼓励。

三、蒙以养正，圣功也

小学正是人生观、世界观形成的关键时期。经典国学中的箴言警句能涵养人的品德，鼓舞人的斗志。但如果只是单一阅读，空洞说教，学生就会兴趣泛泛。把握时机读故事，把故事融进箴言警句的诵读中，如"凿壁偷光""囊萤映雪""铁杵成针"等。

为引导学生辩证学经典，指导学生质疑、思考，增强说服力，更引导思考"何为勤""何为学？"在集体讨论、问题轰炸、角色扮演和诵读中，增强学生的感受，引导学生将箴言警句作为自己的座右铭，用以指导自己的行动，发挥箴言警句在勤学教育中的导向作用。"十年树木，百年树人"，学生品德的养成不是一朝一夕的事情，但长期渗透，必如春雨一般润物无声。

言语忍，忿自泯

——两颗鸡米花引发的大战

浙江省天台县实验小学　张燕

【案例背景】

现在的很多孩子由于大人的宠爱，比较任性，有时说话不分场合，随口乱说，这样容易祸从口出，无意当中得罪一些人，也易产生误会，引发事端。因此，教育孩子好好说话，积口德，懂得宽容忍让，说话有理有据是非常重要的。"言语忍，忿自泯"出自清代教育家李毓秀所作的三言韵文《弟子规》。意思是能够忍住脾气，言语宽容忍让，对方就不会恼怒，在言语当中尊重对方，互相怨恨的心就不会有了。

【情境再现】

中午，正想躺在办公室休息一下，小季跑过来大声说："张老师，张老师，不好啦，小范和小陈打起来了。"我忙赶到教室，只见两个家伙虽然被拉开了，但还是气嘟嘟地盯着对方。看到我之后，总算有些缓下来了。

"怎么在擂台赛呀，这么气势汹汹！"听我这么一说，同学们都抿着嘴会心地笑了。于是，我把他们叫到办公室。"他说我偷吃了小齐的鸡米花，我没有，是他诬陷我。"小范委屈地说。"他打了我两巴掌。"小陈更委屈，眼里含着泪花愤愤地说。

原来是中午学校食堂有鸡米花，小齐偷偷带了两颗到教室，结果上了一个厕所回来鸡米花不见了，就问坐在后面的小陈，他说是小范拿走吃的。小范知道后很生气，因为，他一直坐在小磊的旁边做作业，没有离开过位置，小磊可以作证。于是就跟小陈理论，说着说着，小范就冲上前去对着小陈的头狠狠地打了两下，这下，小陈也火了，拿起铅笔盒、书本就砸，两个人扭打在一起了。幸亏，同学们及时把他们拉开，不然后果不堪设想。

我先在黑板上写了六个大字：言语忍，忿自泯。"你们还记得《弟子规》里的这句话是什么意思吗？小范你来说。"小范先动手，我故意让他说。他还有些不服气，抿着嘴不说话。这时有同学回答了："说话时做到互相忍让，忿恨就自然消失了。"

"小范，你听明白了吗？""他先诬陷我的。"小范还有些不服气。

"我们班规中有一条，团结同学，不打架。老师还说过，谁先动手就先批评谁。现在你先动手打人，你错在先，先向小陈道歉。""他诬陷你是他的错，张老师调查清楚了，我等会儿会批评他，但是你如果当时不那么冲动，把事情告诉张老师，让张老师来处理的话，就不会打架了，不就忿自泯了，是不是？你是男子汉，志高好比天，我们要做大气的人，心胸要开阔，受了一点委屈就沉不住气了，这样以后怎么成大事。冲动是魔鬼，要想想后果。""张老师，我错了。"小范终于认识到了自己的错误，"小陈，对不起，是我不好，你狠狠地打我两下吧！""没关系的，我也有错，不该乱猜测！"小陈说。

我又对小陈说："你以后要学会说话，没有亲眼所见的事情不要瞎猜乱说。很多事情往往是祸从口出，就像上次你在班级说＊＊和＊＊很好，在谈恋爱，结果他俩很生气都不理你。这次你没有亲眼看见小范拿鸡米花就乱说，结果你俩大打出手。你刚才说小范打了你两大巴掌这句话也是不准确的，明明打了你的头。我们写文章要注意用词的准确性，说话也一样。你也应该向小范道歉。以后做到言语忍。"小陈低下了头，也认识到了自己的错误，向小范道歉了。

事后，我联系了双方的家长，说明了事情的经过，家长都比较开明，也清楚自己孩子的秉性。我也希望家长能针对自己孩子的不足多教育，还在班级开展了"言语忍，忿自泯"的主题班会，让孩子们写反思，感悟。

【我的思考】

六年级的孩子十二三岁，有些孩子已经到了青春期了，自尊心很强，受不得委屈，很容易冲动，鲁莽行事，祸从口出。因此谨记："言语忍，忿自泯"，从经典中汲取教育智慧非常重要，这方面的教育以后要加强！

经典文化广博精深，每一位小学班主任应当积极地汲取其中的精华，并将其科学合理的运用到班级管理之中，这是对中华优秀经典文化的继承和发扬，引导学生在体验中感悟，在实践中洗礼，培养和乐好少年，润物细无声地建设和乐班集体。

物虽小 勿私藏 苟私藏 亲心伤

浙江省天台县实验小学 张燕

【案例背景】

现在的孩子虽说条件比较好，一般大人都会满足孩子的要求，但是难免会有孩子看见别人好的东西就想占为己有，这种事情一定要遏止在萌芽阶段，如不及时制止，发展下去就会对品德造成很大的伤害，也可能就因此而毁了他一生的前途。因此，教育孩子不能乱拿别人的东西，君子爱财取之有道就非常重要了。"物虽小，勿私藏，苟私藏，亲心伤。"出自清代教育家李毓秀所作的三言韵文《弟子规》。意思是即使小到一颗糖果，如果没有经过主人同意，就私自把它隐藏起来，那就等于是小偷。这种行为会让父母蒙羞，感到是一种羞耻，父母会很伤心。

【情境再现】

天气真冷，我正在办公室填写学生的素质报告单，庞**同学轻轻走了进来，她眼里噙着泪水，皱着眉头，好像很难过的样子。"怎么啦？"我忙站起来关切地问。她欲言又止，可能是看到办公室里还有其他的老师吧。于是，我把她带到办公室外面，温和地问她："发生了什么事，告诉张老师好吗？""张老师，我……我……做错了一件事，你不要告诉别人可以吗？"看着她那充满期盼闪着泪光的眼睛，我摸着她的头说："你说吧，张老师一定保密！"

"我拿了小范10元钱。"当她说完这句话时，就用力低下头不敢看我。原来是这样，我忙安慰她说："首先谢谢你那么信任张老师，能把这件事告诉张老师，你拿了同学的钱是不应该的，但是你能主动向老师承认错误，还是好孩子。你把钱带来，张老师帮你处理。我不会告诉其他同学的，你就放心吧。记住下次千万不能这样做了！"她拼命点着头。看着她诚恳的样子，我很欣慰。

来到教室，小范跑过来对我说："张老师，庞 ** 偷了我的钱。"我把他拉到一旁问："你怎么知道的？""齐 ** 说的，她说庞 ** 中午偷的时候她看见了。"

齐 ** 是庞 ** 的好朋友，两个人形影不离。于是，我把齐 ** 叫来询问。她说："张老师，上午同学们放学回家的时候，庞 ** 说东西忘带了就回教室拿。我偷偷地跟在后面看到了她拿了小范的钱。"齐 ** 这个孩子比较憨厚老实，她一五一十地向我汇报。"小齐，张老师要表扬你，好朋友犯错你不包庇，能指出朋友的错误，让她及时醒悟并改正，你真是个好孩子，但这件事你不要告诉其他同学。""我知道了。"她脸红了接着说，"张老师，其实我也有一次拿了同学的钱。是这样的，上次，庞 ** 和我回教室拿试卷时看到徐 ** 的抽屉里有硬币，庞 ** 说我们拿了一起买吃的，我同意了。后来，您教了我们《志高德厚读书人》的班歌，我觉得我们要做品德高尚的大写的人。回家之后，我内心很煎熬，很难过，恨自己当时没有经得住诱惑。这次，我看庞 ** 又拿同学的钱，我觉得再不阻止她不行了，她这样下去会害了她自己。于是，我让她主动向您坦白。"

原来是这样，我当时心里是五味杂陈，喜的是齐 ** 能从我教的班歌中悟出道理，能认识到自己的错误并督促好友改正，忧的是我的教育管理当中，还有那么大的漏洞，孩子们在我的三令五申下还有人带钱到学校，甚至在我的眼皮子底下偷东西，我竟浑然不觉。

我把她俩叫来说："你们还记得《弟子规》中"物虽小，勿私藏，苟私藏，亲心伤"的意思吗？""还记得，就是公物虽小，也不可以私自收藏，占为己有；如果私藏，品德就有缺失，父母亲知道了一定很伤心。""是呀，你们的爸爸妈妈一定会伤心的，但是这件事我必须要告诉你们的爸爸妈妈。"她俩低下了头。

【我的思考】

晚上，我也在反思：为什么三令五申不准带零花钱进教室，怎么还有学生带；为什么三令五申不准带零食到教室，垃圾桶里还是发现了零食包装袋；为什么我在教室时孩子们表现那么好，一离开教室就又是一番景象……我知道孩子们上六年级了，花样也多了，但是归根结底还是自己没有教育好孩子。接下去我要继续用经典来浸润孩子们的心灵，让孩子们良好的礼仪和品格在经典的诵读中逐渐形成；让孩子们困惑于心的问题在经典的读悟中得以疏导；让孩子们生命的智慧在经典的吟诵中开始启迪。我要让孩子们在经典中感受传统文化的博大精深，最终成为知书达礼的谦谦君子。

我国经典文化从儒家的"修身、齐家、治国、平天下"，到法家的"依法治国"，再到道家的"人法天，天法道，道法自然"……这些老祖宗流传下来的智慧是中华上下五千年的瑰宝，体现着中华民族至诚的信念、精神以及管理育人之道。作为班主任，需要并且必须借鉴中华经典文化的力量来建设良好班集体，传承和发扬经典文化，用老祖宗的智慧之水来灌溉祖国未来之花。

先"听他们说"

浙江省台州市路桥小学 罗海平

【案例背景】

2019年3月18日下午，我校决定于下周组织全体六年级学生去温岭松门素质教育基地，进行为期3天的素质拓展活动。

起初，孩子们情绪极高。想起五年级两岸三度拓展活动感恩教育时，孩子们泪流满面的感人场面；想起活动回来后，班级队形队列更加井然有序的振奋画面；想起家长反馈孩子长大了很多的无限欣喜！我也激动不已。

【情境再现】

一、曲高和寡：从一个人发展到一群人

"想参加的举手！"孩子们的欢喜劲儿伴着那高高举起的双手，一股激动的热浪无法平息。

有个别孩子犹豫了一下没举手。当时的我没在意，记下了不参加同学的名字。到下午的时候，好几个孩子又来告诉我他们也不想参加了！

去年的拓展活动，家长们反馈极好，都觉得现在的孩子需要多磨砺。学校联系的拓展机构既放心，又实惠。当我把消息发微信群时，家长们也掀起了一股热潮，觉得孩子能参加这样的拓展活动，是给孩子一次最好的锻炼机会，意义非凡。

可是，第二天，小干部收回了回执：20人不参加。这人数突然锐减，让我非常意外。

二、学会倾听：从一群人寻回源头一个人

午休时间，我找来了班级里的"百事通"罗忆希了解情况。心直口快的忆希说："昨天有几个同学在窃窃私语，好像在讨论为什么他们不去？有人说去年拓展活动太辛苦，晒黑了好多。所以不去的人就增加了。早晨又有好多人看了班长和副班长的回执上选了不参加。接着好多女生都拿回单子，改成不参加了！女孩子太善变了！"哦，原来是这种思想在发酵。怪不得……真是孩子大了，不由"娘"啊！

回到办公室，我提起这报名风波。

"现在的孩子呀，越来越不会吃苦啦！"同事们开始了热火朝天的议论

"可能他们想着这三天在家里可以多玩玩，多看看电视，多上上网啦！我们要给他们多布置一点学习任务。不能让不去的孩子，凭空多三天的假期。"孩子们这如意算盘打得真精！此刻，我心里的那团怒其不争的火越燃越旺。

这时乐萱妈妈打来电话："昨天晚上乐萱和之宣悄悄地在微信联系，说拓展活动太辛苦啦，要晒黑啦，又说住的条件又不好，洗刷不方便，反正一连串的娇气的抱怨……"

"哎呀！现在的孩子生活太幸福了！"

"我和她爸爸昨天晚上做了她好久的思想工作，觉得这是难得的机会，毕业前最后一次了。应该珍惜这一次机会，和同学们一起出去好好锻炼。再说了，我觉得这样的拓展活动，可以磨磨孩子的娇气。可是她……"

是我给的"自由"过了火，还是我职业忽视，不够关注孩子们真实的心声。

"我只听到她们在微信里聊，就觉得去年拓展活动挺辛苦的，然后，聊着聊着就对参加拓展活动多了一份嫌弃。我觉得她很听班长的话。"可是这些孩子都是很懂事的呀，他们知道拓展活动的意义：虽然辛苦，但却是锻炼自己的好机会。

"孩子大了，想法也多了。罗老师，您给我报上去，我晚上做她思想工作。"

"这可不行哦！如果她要参加，还是让她自己来跟我说。您不能这样直接帮她决定。"后来又有好几个家长发微信让我帮忙做孩子的思想工作，鼓励孩子参加拓展活动。

突然我有点丈二和尚摸不着头脑，这帮我带了六年的孩子，在临毕业前，我突然无法掌控她们的思想，特别是班长和副班长，她们到底是怎么想的？她们在同学中间又说了什么？为什么这次会出现这样的情况。不过我心里暗自想：不管怎么样，说明班长和副班长的凝聚力还是很强的。我只能如此"阿Q主义"了。细细想来，学会倾听是当务之急，还是先从班长之宣那里了解情况。

"老师，我最近肠胃一直不好！我觉得拓展活动运动太激烈了。再说……"说着之宣不好意思地低下了头。

"嗯，肠胃没事儿吧？医生有说过尽量减少运动吗？"

"没有。"

"那我觉得合理的运动还是必须的。那为什么不去的人数一下子增加那么多？"

"昨天有同学问我为什么不去？我只随意地回了一句：去年去过了。"我深刻地体会到了伙伴意见对孩子们的决策居然起到了导向性的作用，明显超出了父母的教导。

我再叫来副班长嘉颖同学，她倒是直率，开口就说："罗老师，那几天我刚好不方便。听了之宣分析了一下，我觉得应该放弃参加活动。"

"不方便？是月经期吗？"青春期教育要孩子们学会泰然地面对自己的生

理现象，对此，之前有专家来对五、六年级的孩子开过讲座。我也在学了诸晓敏老师的《青春的色彩》后，现学现用，在自己班开展过这样的青春期健康知识活动课。我很开心，孩子们能坦然地说出来。

"对的，因为上次青春期活动课时，您也讲过月经期的时候，尽量多注意休息，别过度地劳累。"

"哦，能理解。"班长之宣肯定也这样分析给她听的。

"你知道那么多女同学都不去是啥原因吗？"回想之前家长的反馈，我在心里暗想：是班长主张不参加的观点在左右着大家吗？我有点不忍直视，是有意的"捆绑式"决意，还是大家在盲从？

"好像好些人觉得我们不去，她们也不想去了。说人少太没意思了！"

"那为什么你听到这样的舆论，你不出面把事情说清楚，来个正确引导呢？"这是我留给班长和副班长思考的问题，也是我这个做班主任的该反思的。在我们班主任的实践工作中，烦琐的事务会让我们不知不觉中磨灭掉了很多的教育热情，引发了不同层次的职业倦怠。而此时我们班主任会变得相对迟钝与消极，不会主动地去关注孩子们的心理，以致丧失了及时捕捉教育的最佳契机。

三、学会思辨：从一群人回归自己一个人

六年级的孩子有自己的想法，我要学着去理解，但是又要正确地去引导。沉思片刻，我又来到教室："那这样吧！请参加的同学到教室外活动一下。不参加的留在教室里，我们来讨论一下：到底是什么能一时间改变了你们的想法。"

"听说是因为太辛苦了？"见好多女生羞涩地低下了头。看来确实有此言论在左右。

"是这样吗？冯锐，你来说说。"

"罗老师，我没想那么多。我看那么多人不去，我也想不去。"

"你这是跟风现象啦！"我微笑地看着她。冯锐同学，不好意思地低下了头。

"嘉颖，你来说一下！"我觉得这时候应该让她在大家面前说出她不参加的真正原因。班干部的火车头作用，起到舆论导向性作用。

"罗老师，那几天我刚好不方便！"她略带不好意思地低下了头。

"哦，生理期是吧！能理解。"我很后悔这样的了解开展得太迟。

"那其他女孩子都是这个时候生理期吗？"

这时，班长之宣也站了起来："罗老师，拓展活动是很辛苦的，但也很有意义。让我们在活动中体验生活，学会独立自主，健康成长。其实我也很想去。只是我也和嘉颖一样是这个原因。"

"哦，真巧！"一听这原因，其他女孩子脸上的疑虑似乎解开了。大家面面相觑，那眼神似乎在交流。都说"当局者迷，旁观者清"，而面对孩子们此刻的疑团，真正能化解困惑的应该只有孩子们自己。

"那大家是怎么看待这次拓展活动的？"我开始寻找她们内心的真实想法。

"去年的拓展活动确实很辛苦，住的环境也比较艰苦，但还是比较有意义的。"雯羽同学如实说。

"这一次是小学六年的最后一次集体出行活动了，爸爸妈妈也一再希望我去。我刚才是看她们都不去，所以我想着这么多人不去，我去也太没意思了。"

……

"那再给大家考虑一下吧。"我转身准备离开教室。

教室里沉寂片刻，顿时，又开始窃窃私语。过了一会儿，几个女孩跑出教室，追上我："罗老师，我们还是参加吧！"

于是我发回回执单，让她们再仔细思考。再次收回回执，报名人数就又猛增了，只剩几个有特殊情况的请假不去。这下子，我终于明白了。我不知道是该为班长在大家心目中树立的权威而自豪，还是该为她们的不知原因，盲目跟风而感慨！

【我的思考】

四、余音绕"良"：学会一个人思考

事情到此，似乎已经圆满地解决了。我觉得我也可以和家长交代了。然而我又觉得事情到此并没有完结。我仔细翻看告家长书签字，确实好多孩子都涂改过。在这个懵懂的年龄，面对好多事情，我们该如何选择，该如何做出正确的选择，适合自己的选择，而不是盲目跟从别人。作为"人生导师"的班主任，我们该如何引导，让他们学会有主见，让他们学会明辨是非，而不是随意地跟从别人的选择。此刻，我才深刻的意识到，在这个懵懂的年龄，伙伴们的言行，已经远远超出了父母的引导，甚至可能超过了老师的教导！而他们的决定可能是为了所谓的"闺蜜情谊""兄弟义气"，也可能就是听到一点点言论，就可以推翻自己原有的思想。要启发学生独立思辨，采用讨论法结合个案了解，并联系实际问题进行引导，那应该是行之有效的。对此我觉得：需要开个讨论会，让他们自己来正确地思辨。

刚好第二天有一节队活动课。"同学们，我们对拓展活动报名的风波，开一次讨论会。请如实地回答老师几个问题。"《三国志》中说道："用兵之道，攻心为上，攻城为下；心战为上，兵战为下。"因此，我认为教育应该是引导为上，攻心为上。特别是对于六年级的孩子，我应该放下控制的心态，回归真正的引导上。

首先要引领价值回归。"当得知参加拓展活动，你的第一想法是想去的，请举手！"我发现全班同学都举手了，大家都实事求是，值得肯定。

"那后来为什么会衍生出那么多同学立马改变主意了？我知道有几个同学是因为生理期，这个我能理解，但是其他同学改变主意的原因是什么？"

雯羽同学就是那个改变观点的同学，她说："罗老师，最初我们想去是觉得都快毕业了，这是最后一次和同学们在一起的活动，要珍惜！"

茜茜同学说："因为上次的拓展活动蛮有意义的，特别是感恩教育，让我一直印象很深。"

佳欣同学说："上次我们个个都感觉很有收获。"经我这么一问，大部分同学陆续列举了拓展活动的意义。

我继续追问："那这么有意义的活动，为什么这么多同学轻易就想着放弃了呢？"

有的说："大家说挺辛苦的，想想也是。"

有的说："女孩子怕晒黑，想想也对。所以慢慢的，脑袋里的天平就倾斜了！"

这时"局外人"俊豪心直口快，马上举手了："罗老师，她们这是'东施效颦'。"我捂着嘴，很是感慨：这家伙居然搜出了这个词来形容，但想想也是有点道理。因为好多同学没根据各自的实际情况盲目地效仿，不正有"邯郸学步"的模样吗？

我马上引出小古文《邯郸学步》：

昔有学步于邯郸者，曾未得其仿佛，又复失其故步，遂匍匐而归耳。——《汉书·叙传上》

析句意，说寓意，谈反思。

"同学们，这个故事告诉我们什么呢？"

"比喻模仿别人不得法，反而把自己原有的本领忘掉了。"

"同学们，人生中有太多的选择题。通过这次风波，你觉得我们选择的重要前提是什么？"

有的说："坚持对的。"

有的说："只要是适合自己的，只要是对的，再辛苦也要去坚持。"

有的说："选择应该听从自己的心声，而不应该人云亦云，跟着别人的选择走。"

还有人说："做人做事都要有主见，不能做墙头草。风来就倒。"

……

"是的，你们思考得很深刻。面对选择，要先思考，明辨是非。"

此刻，我好似凯旋的战士，孩子们由心底发出的感想，绝不"邯郸学步"深深地撼动着我的心。我想以后孩子们都会记住：任何时候，要先思辨，再选择，切不可盲从。

五、余音启思：改变，先听他们说

我很庆幸，我没有用强制增加作业的方式去让孩子重新考虑问题，去强制他们接受生活的磨炼。美国人本主义心理学家马斯洛的需要层次理论，明确指出：只有个体对需要的渴求达到一定的强度，才能够产生动机，进而转化为实际的行动。报名风波，为我以后的教育之路打开了一扇新门：遇到任何教育事件，我们都不能用固有的思维妄下定论，一味地去苦口婆心地说教。实践证明：学会倾听，是解决任何事情的钥匙。讨论法，是最行之有效，是特别适合与小学高年级学生沟通的巧妙方法。

其次，班级就是一个小型的社会。孩子在这个社会里，演绎着不同的角色，也会遇到不同的人生选择。如何引导孩子学会自主决策是人生成长之路的重要课题。一个鸡蛋从外打破是食物，从内打破是生命。孩子的成长，从外吸收、听取老师和家长的意见，应是认识的参照；从内突破，激发内在觉醒才是他们生命真正的历程，是成长的关键。让孩子认识到自己的自主性和独立性。引导孩子学会用发展的眼光去看待问题，具备独立精神与思辨能力。这是健全人格的重要构成部分，是人能够更强地立足于社会，发挥其潜能的重要基础。从今天开始，我要从孩子生活中的小事去引导孩子学会独立思辨，告别盲从。

诵经典，润人心

浙江省台州市路桥区路桥街道实验小学　林玲

教育不是一蹴而就，更不是随意改变，而是心灵的影响和唤醒！"唤醒"，包含两个方面：一是教育者的"唤"，二是受教育者的"醒"。"唤"是手段，"醒"是目的。"唤""醒"能否建立起直线联系，一看教师的教育艺术，二看学生心灵的醒悟是否已到契机。作为教师，理应明白学生的"醒"是强求不来的，需要我们慢慢影响，步步唤醒！成功的教育不是推动，而是影响。

不论这些生命个体在融入这个班级之前是怎样的不同，只要我们给予良好的影响，不强压，就会以"走心"之举于无形中牵引着他们踏实向前。对学生进行"仁、义、礼、智、信"的内驱动教育就是对学生的素养教育，这就是中国国学经典中最核心的。将经典文化融入到班级管理中，让学生在感受传统文化，感悟古训的深刻内涵的同时，使学生养成良好的行为习惯，帮助学生树立正确的价值观，提高学生的综合素质，从而提高班级管理水平，营造良好的学习生活环境。

【教育案例 1】

初接班级不久的一节体育课还未结束，体育老师就一个电话："班主任，赶紧把你班的人从我这领走！"就把我匆匆召唤至操场。原来是铭铭又惹事儿了：列队不像列队，还冲到队伍前嘻嘻哈哈地指着体育老师来一句"傻逼"。体育老师的火从那通电话一直烧到我去还下不去。听黄老师强压着怒气还和我提及：有次雨后体育课，提醒孩子们别玩沙坑里的沙，小心弄湿、弄脏衣服。结果铭铭不仅玩了，还拿满是沙子的脏手将黄老师的那件白衬衫抹了个遍！说不生气是假话，但是有句话说得好：你生气，有人会借着你的火气让你更生气！结果你才是那个一直跳脚的人！于是，我平心静气地先听着体育老师"如数家珍"似的吐倒这孩子的种种劣迹，我才知道平时看起来乖乖的男孩原来这么"有个性"。问铭铭为什么，一开始就是不开口，后来只有一句："就是好玩嘛！"要是火气大得批评上了，按照他一言不合就冲动的性格，不要说会听你的了，就是和你对着干也是"正常"的。"欸，铭铭，你和昊昊经常谈论《三国演义》，我记得其中有一段关于吕布遣名士袁涣写信去骂刘备的故事，你给我讲讲呗！"一提《三国演义》，铭铭立马一改"闭口状"，眉飞色舞，滔滔不绝。"那你说，如果你是吕布，袁涣要是真的如他所说，一离你回头就对你开骂，甚至带兵攻打你，你会有什么反应？""我肯定会极度愤怒！""这就对了，自己不愿承受的事，强加在别人身上，不是也一样令人不适吗？那你认为黄老师本意如何？""为我好。""那你是怎么做的？"铭铭一下子蔫了。我想他绝对"以己度人"了。"看来，己所不欲，勿施于人的道理，不用老师细说了。真厉害！这样，铭铭你可以将'己所不欲，勿施于人'这句话写下来，贴于你的课桌显眼之处，好吗？"此后，要是还出现类似的事件，我就让铭铭说说这句话的意思。这句话让铭铭慢慢改掉了经常无故打人的坏习惯。

像这样的男孩事件，在接班第一学期，几乎每天都会在班级上演，层出不穷，拿其他任课老师的话来说，就跟"打地鼠"一般，着实让人不知如何是好！虽想方设法，却收效甚微！但这种情况不能任由他"烂着"，必须破除。

可是，平时工作忙碌，时间上不允许。于是，我在班队课、道德与法治课时，把普希金的《假如生活欺骗了你》这首诗歌教给了孩子们，并告诉他们生活并不是一帆风顺的，会遇到很多烦心的事，会和同学、朋友发生很多的小摩擦、小问题，这时我们要用一颗宽容的心去对待。之后，遇到类似的告状事件，我就起头吟唱"假如生活欺骗了你"，全班孩子都会一起吟诵"不要悲伤，不要心急！忧郁的日子里需要镇静，相信吧，快乐的日子将会来临……"诉苦的孩子也会跟着一起吟诵，然后再读"饶人不是痴汉，痴汉不会饶人""己所不欲，勿施于人""来说是非者，便是是非人"等经典名句。读完之后，我再问诉苦的孩子："你刚才跟老师说什么呀？"投诉的孩子甚至会摸摸小脑袋，不好意思地说："老师，我忘了。"

【教育案例2】

班里的小丁和小王两位同学打架了。经过一节课的反思，他们互相道歉，握手言和了。但是，事情并没有结束。当小丁同学含泪讲述事情的经过时，我也请小王同学换位思考——如果你是小丁同学，你现在的心情是怎样的？

由小伟同学创作，小宇同学续编完善，小闵同学修改，五名同学重点参与传唱的一首歌，严重伤害了小丁同学的自尊！我对大家说："不去听大家唱了什么，看到小丁同学近乎疯狂的举动以及他的眼泪，我都能感受到他很愤怒！我们都明白'见善如不及，见不善如探汤'，大家是如何做的？我们都清楚'利刀割体伤犹和，恶语伤人恨不消'，同窗犹如兄弟姐妹，竟然戏弄嘲笑，让人怎能忍受？今天，以此事为戒，并请同学们谨记：勿以恶小而为之，勿以善小而不为！"

【反思】

古有"至圣先师"孔子就提出"少成若天性，习惯成自然。"直指习惯养成的重要性。今有我国近代教育家叶圣陶先生也说过："教育就是培养习惯。"中国的先哲也有"慎始"的教训。可以说，从古至今的教育目标都指向"养成教育"，从小进行"润心"教育，能减少许多成长中的问题，真正做到"防患于未然"。

"传习雅言之道，养成君子之风；继往盛之绝学，留华夏之文脉。"古人雅言之道，大道养人，传承之责，重责树人！所以，本着养人养性，树人树德的目的，教育在传授知识之外，更应重拾经典，以经典润人心，养人性。

诵读经典古诗文，讲述古圣先贤的故事，同学们逐渐明白做人、处事、待人接物的道理。"知过必改，得能莫忘。"知道自己有过错，一定要改正；适合自己干的事，不要放弃。"性静情逸，心动神疲。"使他们品性沉静淡泊，不骄不躁，情绪就安逸自在。立规矩不是为了让学生臣服，若对学生以硬邦邦的规则强制约束，势必不会完全信服，但若用诵读经典以润之，在潜移默化中使学生有意无意对比经典而自觉约束自己的言行，真正做到雅言雅行，成为谦和有礼，责任担当，勇敢乐观的谦谦君子。再，人的情绪、思想，甚至是一言一行都会无痕中影响周遭的人，我们都应相信身边的每一个人都是善良的，每个人都有荣辱心，都会将身边人当成自己可以借鉴的镜子。一个人影响另一个人，一个团体影响另一个团体。

鼓励：孩子成长路上的动力源泉

浙江省台州市天台县天台小学 娄吟莺

【案例背景】

孩子需要鼓励，就像植物需要水。鼓励是一种爱的语言，能够促进孩子改善行为，孩子会在被鼓励后发生转变。我们要着眼于孩子的优点，在他们的行为中寻找闪光点，充分鼓励他们利用优点转向积极的方面，让孩子把犯错误、不完美作为学习的好机会。泰戈尔曾说："不是铁器的敲打，而是水的载歌载舞使粗糙的石块变成了美丽的鹅卵石，一味地批评不一定能产生良好的教育效果，而深切的关怀和爱护，使教育成为载歌载舞的水。"小辉是我在乡下支教时遇到的一位孩子。他同样渴望得到老师的鼓励。

【情境再现】

至今，我还清楚地记得我们初次相见的情景。新生报到那天，孩子们来得差不多了。忽然，一个头发蓬乱，衣衫褴褛，脚穿拖鞋的妇女，拉扯着一位男孩走进了教室，迎面扑来一股刺鼻的味道。细看这位男孩：油腻的头发，发黄的眼屎，满是污垢的双耳，身上的衣裤说它是"剃刀布"一点儿都不为过。要不是亲眼所见，我真不敢相信现在竟然还有这样的孩子。事后，我向他的原班主任了解情况，她告诉我，这孩子一向褴褛，学习成绩也是差得离谱。她还善意地提醒我，孩子就那样了，随他去吧。

听到这番话，我痛心不已：孩子的学习之路才刚刚起步，我不能轻言放弃！看着他那清澈的眼神，我暗下决心：得帮帮这个孩子，如果在学习上他

真的无能为力，我得想方设法让他在习惯上得到一些改善！于是，我的目光开始在他身上停留，试图寻找教育契机。、

新生排座位时，这位孩子受到了大家的排斥，谁都不愿和他坐在一起。为难之时，下课铃响了，我赶紧把他带到办公室，打了水，帮他擦了擦脸，整了整衣服。原本泥猴似的他经过这么一番打理，还真是判若两人。我开心地取出随身携带的小镜子，放在他的面前，说："小辉，你瞧，镜子里的你多帅气呀！"这一瞧，他那惶恐暗淡的脸上闪过一丝兴奋！我趁机引导："小辉，这样多好哇，大家肯定喜欢和干净的你交朋友，对吗？记得明天要洗脸哦！"

第二天，我惊喜地发现：他的眼屎不见了！脸蛋白净了！头发也变得清爽了！

我赶紧抓住这难能可贵的闪光点当着全班孩子的面，进行大力表扬："孩子们，你们发现了吗？小辉今天好帅气哦！"

其他孩子异口同声地答道："是——！"他咧开嘴笑了。

"可是，娄老师，他这里好脏！"同桌指着他的耳朵说道。

我摸摸他的小脑袋："明天你一定能让这小耳朵变干净的，对不对？"

他开心地用力地点点头。

就这样，我每天找机会表扬他，激励他，罗森塔尔效应渐渐地在他身上奏效了。一个多月后，那个"蓝衣服上找不到一处蓝"，"黑裤子中看不到一处黑"的脏小孩不见了。他还成了我们班级里尽心尽职的仪表小管家，每天检查同学们的着装，每周检查大家的指甲修剪情况。

非常庆幸的是，我还收到了意外的惊喜。如今的小辉，在课堂上能安静地坐着，目光中闪烁着求知的欲望。偶尔，也能见到他高举的小手，虽然，他的回答不一定是对的。记得那天，在抽查背诵《三字经》时，他来到了我的身旁。从"人之初，性本善"一直背到了"教不严，师之惰"，那么长的一段文字，他竟能一字不差，非常流利地背诵了下来，这对他来说真是"奇迹"哪！

【我的思考】

植物的成长，需要阳光和雨露；孩子的成长，需要老师的关爱与尊重。锦上添花容易，雪中送炭不易。我们的尊重与关爱，应该面向每一位孩子，

包括班级中的那几位特殊的不完美小孩。在小辉告别"脏小孩"的过程中，我有意识的做到：

1.示范激励：孩子一般比较注重具体化的语言，而空洞的说教，是很难有成效的。刚开始，我没有用类似"你要做个讲卫生的孩子"来教育小辉。而是把孩子请到办公室，先给他示范，帮他洗干净了脸，让他明白干净的自己是多么的神清气爽。

2.目标激励：目标层次化，会使任务降低难度，让孩子感受到"跳一跳，就能摘到桃子"的喜悦。我把"脏"到"干净"的过程给细化，从洗干净脸蛋，到耳根，到整个身体，再到着装，最后让小辉当了我们班级的仪表小管家。从个人的目标提升到了班级目标，孩子朝着既定目标努力奋进，最终达成了目标，也让孩子在班级中找到了归属感和自身价值的体现。

3.关怀激励：对于像小辉这样的孩子，由于经常不受待见，所以外表给人的感觉是冷漠的，有时甚至是不近人情，要走进他们的内心世界，需要更多的感情关怀。在与小辉交流时，我从未用过一个"脏"字来说过他。当他接收我的善意时，就与我建立了情感联结。

4.成功激励：想要获得成功是人们的普遍心理，像小辉这样的孩子也不例外。当我捕捉到他的一点小进步时，就会及时地在班级里进行大力地表扬，让他体验到成功的快乐，汲取继续前进的动力。

称赞，是一种神奇的力量，给予了小辉前行的勇气。等待，更是一份独特的美丽，等来了小辉的改变。我不敢保证小辉以后的学习成绩会怎样，但至少他在习惯、兴趣、自信上有了那么一些小小的改变。鲁道夫·德雷格斯曾说过："丧失信心是所有不良行为的基础。"而鼓励，是帮助一个行为不当的孩子最好的方法。我们在尊重孩子的前提下，给孩子及时的鼓励，让他感觉到"我能行，老师相信我"，帮他们找回良好的感觉，感觉好才能积蓄能量做得好。当他感受到我们的充分肯定和尊重时，就可以实现自我教育，自我完善，前行的道路就会走得更加稳健。

用人物，须明求；倘不问，不可取

——由丢东西事件引发的思考

浙江省台州市天台县天台小学 娄吟莺

【案例背景】

《弟子规》中有云："用人物，须明求；倘不问，即为偷。"在班主任工作中，学生丢东西事件偶有发生。对于小学低年级的孩子来说，还不具备明辨是非的能力，乱拿别人的东西不该属于道德范畴，用"偷"字不妥，可改为"用人物，须明求；倘不问，不可取。"

班级里的小宁同学，父母离异，爸爸常年在外打工，跟着奶奶生活。奶奶为了补贴家用，在一家宾馆里做工。奶奶很疼爱孩子，平常从来不缺少孩子在物质上的需求。可是，在一年级第一学期的第二个星期，班级里就发生了关于小宁同学的丢东西事件。

【情境再现】

在开学的第二个星期，班级里有个孩子的铅笔机不见了。当时我很想帮孩子找回东西，但我明白，这种事，如果老师说得越凶就越找不回。而搜书包的行为更不可取。我耐着性子对孩子们说："小朋友们，我们班浩睿的铅笔机丢了，你们看，他可着急了。大家赶紧在自己的抽屉里找一找，看看有没有拿错了。"过了一会儿，孩子们纷纷说没有。

这时，我就紧锁眉头，更加急切地说："大家再仔细找一遍吧，把书包里、抽屉里，每个角落都找一找，你们如果能找到，就是帮了同学一个大忙，老师要好好表扬你。"这一回，真有一个同学举手了，是小宁从抽屉里拿出了铅笔机。我履行承诺，在同学面前当真表扬了她，表扬她帮浩睿找回了丢失的东西。然后，我在班级里讲了"自己的东西保管好，别人的东西我不要"的道理。我以为这事情就了结了。

没想到，过了几天，班级里又有一位同学的东西不见了，这回丢的是铅笔袋。意想不到的是，又是小宁同学从她的抽屉里拿出来了。难道上次她只记得表扬，忘了我后边的那番道理了吗？我暗暗做了几次深呼吸，先表扬了她，再在班级里旧提"自己的东西保管好，别人的东西我不要"。同时，教孩子们一起诵读和铭记《弟子规》里的句子："用人物，须明求；倘不问，不可取。"希望用经典的力量去浸润孩子的心灵。

之后，我找小宁谈话了："老师希望你以后要多翻翻自己的抽屉了，可能是哪个捣蛋鬼和你开玩笑了，老把别人的东西藏你这儿。如果你丢了东西，肯定会着急的，对吗？那别人的东西丢了也会很着急的，所以一定要还给他。"另外，我告诉小宁："看到别人那里有自己喜欢的东西，可以跟他说，给我看一看，行吗？你能借我用一用，可以吗？如果别人不同意就拿了，这是错误的。"希望小宁的书包里不要再出现其他东西了。

【我的思考】

在查找丢失物的整个过程中，我没有用"偷"这个字，因为我觉得小学低年级的孩子还不具备明辨是非的能力，不能把这件事情归到道德范畴中。当我确定是小宁"拿"走东西的时候，就明确地告诉她正确的做法：看到别人那里有自己喜欢的东西，可以跟他说，"给我看一看，行吗？"或者"借给我用一用，可以吗？"如果别人不同意就拿了，这是错误的。我们要做到：用人物，须明求；倘不问，不可取。一年级的孩子，当发生了错误行为时，不能马上给他急着贴上"偷"的标签，重在引导今后遇到类似的问题时，我们应该如何做才是正向行为。

关于孩子的"乱拿"的行为，我们一定要慎重对待孩子的"第一次"。发现"第一次"时，一定要妥善处理好。在小宁第一次"拿"走同学的铅笔机时，虽然她在我的引导下主动归还了。但是，我只是在班级里笼统地讲解"自己的东西保管好，别人的东西我不要"这样的大道理，在课后没有及时找她谈话，才导致第二次丢东西的事件会再次发生。

在第二次丢东西事件发生后，我才意识到之前的做法有不到位之处，所以马上进行了改进。在谈话之前，我对小宁做了全面了解，了解到：她是单亲家庭的孩子，爸爸常年在外打工，跟着奶奶生活。奶奶为了补贴家用，在一家宾馆里做临时工。奶奶很疼爱孩子，对孩子在物质上的需求从来都是有求必应的。看来，小宁不缺物质上的需求，缺的是精神上的关爱。

在今后的工作中，我需要做的有：

1. 平时，我要多关注小宁这孩子，给予小宁更多的关爱。另外，我要在她身上寻找闪光点，让她能为班级做点事，在班级里找到存在感和归属感。

2. 联系小宁的奶奶，让奶奶知晓小宁在学校发生的事情，争取和奶奶统一教育的一致性。我们一定要做到"用人物，须明求；倘不问，不可取。"另外，对孩子在物质上的需求有求必应，未必是好事。有需要的东西，我们不能缺；用不到的东西，可以不用买。

3. 围绕"用人物，须明求；倘不问，不可取"这个主题，在近阶段开一次班会。让同学们在待人接物上有正确的认识观，有明辨是非的能力。倘不问，不可取，我们要引起高度重视。通过讲故事、演情景剧等活动，引导学生意识到：小病如果不治，终会酿成大病。小错不改，累积到一定时间就会出大错。知错能改，善莫大焉。相信小宁在班级大环境的影响下，树立正确的是非观，朝着正向成长。

过则勿惮改

——老师，我们的笔丢了！

浙江省台州市实验小学　孙丹娟

【案例背景】

随着生活水平的日益提高，只要是孩子需要的东西，特别是学习用品，家长们都会很爽快地给孩子们购买，所以我们身边的孩子基本上都不缺乏各种学习用品。现在的文具店里的各种学习用品也五花八门，有些造型胜过功用，孩子们特别喜欢买这些花里胡哨的文具，特别是各种别致的笔悄悄地躲进了孩子们的文具盒。小学中高年级的孩子，绝大多数自制力不强，处于经不住诱惑的年龄段，他们从同学那里看见喜欢的笔会偷偷地拿走。

【情境再现】

这几天学校在开运动会，我这个班主任可忙了，为给运动员们加油鼓劲，在操场东奔西走，恨不得能有分身术。就在这样的紧张忙碌时刻，没想到教室里竟然发生了一件可怕的事——很多同学的笔不见了。

前天下午，也就是运动会第一天，放学前有学生向我反映，说他们的笔丢了。开始我并不在意，可是到了运动会第二天早晨，当我走进教室，向我反映丢笔的人数越来越多的时候，我就意识到问题的严重性。我知道有人趁运动会期间，教室里人少这个空档，做了不该做的事，我的心突然揪得难受——哪个娃干了这样的蠢事呢？非得查个水落石出不可。但是怎么查？从何查起？考验我这个学生心目中无所不能的孙老师开始了：

1. 用排除法，缩小调查范围

我决定先采用排除法去调查。昨天下午没比赛项目的学生有26人去参加街道的一个读书活动启动仪式去了，根本没作案机会。剩下就是参与比赛项目的运动员和几个没比赛平时又比较调皮的学生。运动员都在操场参加比赛，那么我就可以缩小调查的范围。于是我将目标先锁定在2个最调皮的男生身上。我先将他们单独叫出教室进行询问，他们很肯定的向我保证，此事与他们无关。当时我就相信他们了，但是我又对自己的简单行为进行了否定——他们成绩不好，平时调皮捣蛋，难道就应该是首先怀疑的对象吗？并且当着全班的面把他们叫出去，难免会引来大家的猜想，我为自己的思虑不周而脸红。问题关键是只要查个水落石出，那所有的怀疑都将不攻自破。

2. 三招唤醒，做全班思想工作

第一招：虚张声势

我开始在教室里当着全体学生的面做思想工作了。我知道此事处理得当与否将对犯错的孩子个人和整个班级班风都带来极大的影响。有什么好办法呢？我想先用"虚张声势"这一招吧。于是，我就在班里大吹特吹，说我自己如何如何了得，如何如何厉害，我学过心理学，会读心术，会从你的眼神里读出你的心思，我曾经在已经毕业的学生班里破过许多疑难案件，甚至连警察都难破的案件都被我破了。在孩子们心里我就把自己吹得跟神探福尔摩斯一样厉害。这一招是险招，我知道针对低段小朋友或许有用，但是我们班孩子已经四年级了，他们都已经10周岁了，他们的理解力和判断力都逐渐强大起来，他们已经不那么容易全部听老师的话了，也就是说不好"骗"了。

如果我这次不把案件调查清楚，以后他们肯定再也不会相信我的话了。

第二招：**情理交融**

接着，我采用了"情理交融"这一招。我开始在班里对学生晓之以理，动之以情：拿了同学笔的孩子可能一时冲动犯下了错，但是只要你敢于承认并改正自己的错误，那老师保证以后绝不再追究！我们最近在学《论语》，"至圣先师"孔子曾经说过，"过则勿惮改""过而不改，是谓过矣""人非圣贤，孰能无过？"犯错误并不可怕，重要的是对待错误的态度。有了过错，就不要怕去改正，如果有了过错，不想改、不去改，则就真正成为过错了。看着孩子们静静地听着，若有所思的样子，我想：都说打铁要趁热，孩子们都喜欢听故事，我就给他们讲讲故事吧。于是我讲述了《世说新语》中著名的"周处除三害"的故事和清代康熙年间著名清官郭琇"洗屋雪耻"改过自新的故事。"周处除三害""洗屋雪耻"，让人们对周处、郭琇刮目相看。一则他们有知耻之心，对自己的过错深感羞愧；二则他们有改过之心，勇于同不光彩的旧我告别；三则他们有过而能改的实际行动，使他们得以蜕变新生。"我知道你们要面子，不肯当众承认，那么只要你有改错的勇气和决心，你可以在今天上午以书面的形式悄悄地放到我办公桌的抽屉里，我一定替你保密！"说完，我就继续去看运动会了。

第三招：**威逼利诱**

运动会进行得如火如荼，我也跟着班级比赛的运动员在操场四处转，但我的心还是牵挂着办公室的那个抽屉的。待中午开饭时间了，同学们纷纷回教室吃午餐了，我第一时间先进办公室打开办公桌抽屉，我翻了好久，没有发现我想象中的认错的纸条，我有些失望！

我走进教室，对吃饭的孩子们又强调了一遍，这次我采用"威逼利诱"法："你们边吃边听着，我相信你只是一时冲动犯错的，老师期待着你自觉认错，我最欣赏勇敢的人。若是等我亲自查出来，那我们班以后就没有你的容身之处了！过而能改，善莫大焉。"说完我又走了。

中午我从家里回到学校，走进办公室第一件事又是打开抽屉，仔细搜索了一遍，仍旧毫无收获。我是既伤心又难过，难道我是碰到"硬骨头"了？我一边整理堆在办公桌上一整天没有批改的作业，一边思考接下来怎么调查的时候，突然发现桌子左上角的一本笔记本上面有一张从英语簿上撕下来的一页纸，我打开看了看，真是不看不知道，一看吓一跳。这就是我朝思暮想的认错纸条！看着熟悉的字迹和落款，我真的不敢相信是她做的！但是她亲自承认了错误，我必须替她保密。接下来我的处理得当与否至关重要。

3. 保守秘密，赢取学生信任

下午我没有急着公布案件调查的真相，我走进教室也装作若无其事的样子，我更加没有往她坐的位置多看一眼，我知道此刻我的眼神对这个孩子来说具有多么大的杀伤力啊。我决定等下午运动会结束的时候再抽空找她谈谈，可惜下午因为下雨迫使运动会暂停，同学们都回到教室自修。我先去学校核对了这两天比赛得分情况，再次回到教室，发现敬业的数学老师已经在教室给孩子们面批辅导作业。我就趁大家只顾自己的作业的时候，悄悄地来到她的身边，暗示她跟我出来一下，她马上跟着我来到办公室。我知道此刻这个孩子应该是战战兢兢的，我坐下来了，也让她坐下来，因为这样更能缩短我们之间的心理距离。我没有批评她，只是问她什么时间做的？为什么这么做？当时心里怎么想的？她一一如实相告。眼前这个小女孩竟然会犯这样的错误，是班级里任何人都不会想到的，简直出乎所有人的意料。"你这个错误我答应过会替你在全班保密的，我肯定做到！"因为我是那么相信她，相信她只是一时糊涂，相信她有决心改错！她说那些笔都放在家里了，明天会将拿走的笔都带回来。我让她悄悄地回到自己的座位上去。接下来我知道自己的每一句话和每一个眼神都要慎重，因为我在替人保守秘密。

事情发生的第三天，也就是今天上午，因为下雨，运动会暂停，改为上课。早读期间我悄悄地问她东西都带回来了没有，她说都带回来了，准备中午放到我办公室去。我点点头表示信任。下午我来到办公室，看见桌面上放着一个塑料袋，里面是两包用餐巾纸包得严严实实的东西，我捏着这些东西，像找到了失散多年的老朋友一样高兴。可是又高兴不了多久，我心情变得沉重起来，拆开包装，桌面上赫然展现的是那么多笔，一支支数了数，竟然有二十多支！上课了，我拿着这些同学们遗失的笔走进教室，全班学生都安静下来，我把犯错的同学早已向我承认错误的事实陈述了一遍，并让失主把笔都领了回去。

4. 吐露秘密，唤醒全体学生

当丢失的笔完璧归赵的时候，教室里开始有一部分人在窃窃私语，我知道他们肯定在议论是谁干的。有些人在猜测是那几个调皮的男生干的，我把他们的猜测否定了，我再次强调"过则勿惮改"，一个人有不怕改错的勇气，那么我们就要给他改错的机会。既然她改了我就兑现我的承诺——替她保密。然后，我发下作文稿纸，让孩子们写一写：就此事发表你们的看法。于是很多孩子就开始写，有人写了自己一直藏在心里的之前做过的偷拿别人东西的事，今天借此机会他们在文章中向我吐露自己曾经有过的小偷小摸行为。让孩子们在稿纸上一吐为快，将积压在心里的秘密统统告诉了我，因为他们相信我也会帮他们保守秘密。看了孩子们上交的稿纸，我了解了许多孩子的秘密，很多人干的很多事都是让我大跌眼镜的，看来平时在老师和同学们之间的乖学生也会犯错。"人非圣贤，孰能无过？"何况他们都是一群孩子？看着孩子们眼神清澈透亮地注视着我，这些天被这件事困扰的我终于松了一口气。课间，那个拿人家笔的孩子每次看见我都会淡淡一笑，班级其他孩子们卸下了心理负担，笑容也变得多了起来。

【我的思考】

就这次丢笔事件引起了我的思考：孩子们犯错不要紧，要紧的是要允许他们改错，给他们改错的机会。我还明白了不能用老眼光去看人，对任何事都要一分为二地去判断，客观公正地对待每一个学生。允许孩子们在试错中成长！

班主任老师善于观察和正确引导，可以让我们的教育事半功倍。教育不是一蹴而就，更不是随意改变，而是心灵的影响和唤醒！一是教育者的"唤"，二是受教育者的"醒"。"唤"是手段，"醒"是目的。"唤""醒"能否建立起直线联系，一看教师的教育艺术，二看学生心灵的醒悟是否已到契机。作为教师，理应明白学生的"醒"是强求不来的，需要我们慢慢影响，步步唤醒！

班级管理不能是刚性或者柔性的，一定是刚柔并济的，而且是充满人性的，是感性与理性相结合的。以人为本，不骄不躁，耐心地做好班级管理工作，相信班主任工作也会开出美丽的花朵。

无心非，名为错，有心非，名为恶

浙江省台州市仙居县第一小学 张晓英

【案例背景】

每次出门学习或者听课，我在知道消息时总会充满担心，因为自己的班级总有那几个不在状态的学生容易惹事。上周到杭州听课，班里有个孩子玩雨伞飞出去，砸到一年级一个小女生，去医院检查，鼻梁居然轻微移位，后来双方家长协商解决了这件事。这学期学生在诵读《弟子规》，其中有一句"无心非，名为错，有心非，名为恶。过能改，归于无，倘掩饰，增一辜。"我会经常借此提醒学生少犯错，不犯错，知错就改。针对上述事件，我又在班里进行了一次安全教育，希望老师出门时学生们能自觉遵守纪律。不过，学生的自律需要老师抓住教育的契机好好培养。

【情境再现】

今天学校举行中部板块课堂教学评比，我要去听课。副班主任生病了，我担心早读课班级值日生管不住，就抽空去楼下教室看了一下，果不出所料，一进教室后门，就看到部分学生站起来，与值日班长在争论谁谁谁不认真，有一部分不认真读书的学生被记下了名字，索性不读，还有一部分学生在看好戏，简直是一盘散沙！我很生气，大声问他们："你们这是认真早读的样子吗？"我问值日班长哪个同学最不认真，提醒了还不听的？原来是张一弛和蒋烨豪带的头。我把他们俩叫到讲台上来，让他们自己说说做了什么。他们也承认没有在读，走来走去不听值日班长的话。平时这两人就喜欢在一起玩，这次刚好我没在，他们就更加肆无忌惮了。所以我觉得有必要在全班对这两人进行批评教育。教育了一番之后，我布置全班学生开始抄写生字，大家都表示接下来能够做到自觉做作业了。好，我准备第一节课听完后再来看一看，我在心里这样对自己说。

第一节课听完，刚好是学校的大课间活动结束，我回到班级，看到大部分学生都完成了生字抄写，还有四五个在写的，这也是正常的。我问班里的"小调皮"张一弛和蒋烨豪做完了没，他们都兴奋地告诉我写好了。我立刻竖起大拇指夸奖他俩。这是一个好的开始。第一节课铃声响起，我出了教室，听到里面传来了《弟子规》的朗诵声，因为我规定大家在老师没来上课之前，铃声响起就要开始诵读《弟子规》的，全班学生还是挺喜欢这种方式的，及时把心收回来，把注意力集中到课堂上来，还能加深对《弟子规》的印象，等科任老师一到教室立刻安静下来。我比较满意第一节课前他们的表现。

下午第一节下课，我回到教室，立刻被几个孩子围住，他们纷纷向我告状："张一弛把赵老师弄摔倒了！"我大吃一惊，看到赵老师跟张一弛在谈话，我问她怎么回事。赵老师跟我说张一弛的确把她给绊摔倒了。原来数学陈老师提前布置了今晚的数学作业，大家画好了画都主动开始做作业了，张一弛到处乱跑，把其他同学影响到了，赵老师让他回到位置上做作业，他就开始跟老师发脾气，结果脚一不小心勾到赵老师的脚，让老师摔倒在地上。

我一边同情安慰年轻的赵老师，一边把张一弛叫到旁边问："你为什么不听老师的话？"

他小声说："我不想做数学作业，想下午晚托班的时候再做。"

我问他："美术课画好了画，可以做什么？"

他说："在位子上看书，画点别的东西，或者休息。"

我耐心地跟他说："那你不小心把赵老师弄摔倒了，她很痛的，你要怎么做？"

其实他都知道，但自控能力不太好。他告诉我："我马上跟老师道歉。"

我说："很好。那你的作业晚点能认真做吗？"

他爽快地对我说："好。"

我说："这样就对了。像刚才这节课，明知道上课随便乱走动是不对的，还这样做，这不是故意犯错了？知道错了马上改正就很好，赵老师也原谅你了，我们在《弟子规》里背过的'无心非，名为错'。"

他立刻接下去说："有心非，名为恶。过能改，归于无，倘掩饰，增一辜。"

我说："还好你承认了自己的错误，也没有掩饰，否则就错上加错了，是吗？"

他点点头回答："嗯。"

等我听完课回来，张一弛第一个过来跟我说他已经完成数学作业了。他想跟我背《弟子规》，我很欣喜。

"行高者，名自高，人所重，非貌高。才大者，望自大，人所服，非言大。"他很快背完了这几句。

我告诉他："一个行为高尚的人，名声自然会高，因为人们敬重的是一个人的品行，而不是看他是否有一副好的相貌。一个才学丰富的人，名望自然会大，因为人们所佩服的，是有真才实学的人，而不是自吹自擂的人。你愿意像刚才你所背诵的，做一个行为高尚，知识丰富的人吗？"

他开心地点头："愿意。"

我说："那你就从现在开始，努力、认真地把作业做好，你看你背书那么及时，比其他很多同学都快呢，你如果做什么事都先人一步，你以后可厉害了！"

我又转身对旁边的蒋烨豪说："你看张一弛做得这么快，你能不能跟他比一比？"看到张一弛的做法得到了我的表扬，蒋烨豪也笑了笑，点点头。

【我的思考】

这两个人是班里的"头号人物"，更需要老师的耐心引导，把他们稳住，对班级而言，就是良好班风形成的助推力。而我很多时候可能因为自身做事比较急躁，缺乏对他们行为背后潜藏的想法的分析与思考，如果老师的教导是处在理解、尊重他们的立场上，好好同他们交流，可能他们在很多时候也会考虑到老师的感受。当然其中，也离不开国学经典对他们思想的浸润和洗礼。坚持去做了，我想，即使在老师听课期间，他们也会想到老师信任他，他要怎样做得好。也许他们现在不知道如何是自律，但他们会朝着这个方向努力，而不是专跟老师唱反调。

与朋友交，久而敬之

浙江省台州市仙居县第一小学　张晓英

【案例背景】

与人交往，如果能结交到知心朋友，是很幸运的一件事，当然友谊也需要用心经营。对学生而言，他们眼中的好朋友大多是自己喜欢的，能跟自己一起玩的。相处开心时，两人可能会形影不离，一起上学，一起做作业，一起玩耍；吵架了也许就一拍两散，谁也不理谁。

其实无论是大人还是孩子，人与人之间的交往最难把握的是度的问题。《论语》中有这样一句：子曰："晏平仲善于人交，久而敬之。"一个人与人交往，认识久了，别人还是尊敬他，那么他一定很善。善是交友之道，懂得进退的分寸，保持良好的关系，人家对你恭敬。

【情境再现】

同学与同学之间结为好朋友是非常不错的，可以增进两人之间的友谊。班里蒋烨豪和张一弛貌似是不错的朋友。不过今天放学排队时，两人都不见了，有学生说张一弛往教室西边走廊走过去了，后来又有学生说蒋烨豪也不在队伍中。找了一会儿，我没有找到人，于是等我把队伍带出去后，我联系了张一弛的妈妈，她告诉我儿子可能去蒋烨豪家里了，最近他都喜欢中午到蒋烨豪家里去。我立刻给蒋烨豪妈妈打电话，她说孩子还没回家，她还说张一弛总喜欢来她家，来了就不想走，问他为什么，他说可以跟蒋烨豪一起做作业。其实是她家有乐高玩具，两人可以一起玩玩具。我明白了，难怪上一周他们也有几次放学不排队就走了的情况，但当天下午只是批评教育了一下。

突然，蒋烨豪妈妈打电话来说两个人到她家了，我就联系张一弛妈妈，她说让他奶奶去蒋烨豪家接。我就跟她聊了一会儿，她说上周张一弛去了三四次，说是喜欢跟蒋烨豪一起做作业。我跟她说："我觉得一个人能有朋友是令人开心的一件事，对待朋友也要有最起码的尊重，要懂礼仪，守规矩。你的儿子一周当中有两三次到别人家里做作业，一起玩，吃饭了也不回家，别人家会怎么想？是叫你留下来吃，还是赶你走？如果请吃饭，三天两头请，换作是你接待儿子的同学，你会怎么想？去别人家做客，尽量要在接受别人邀请的情况下，而不是不请自来。再者，因为想要去同学家，连放学排队这样的基本规矩也不遵守了，是有问题的，要让他俩认识到自己的做法是错误的，要遵守学校的规章制度。"张一弛妈妈在孩子如何与别人交往的问题上也有些基本的误区。经过一番谈话，她也表示会跟儿子谈谈。

下午，张一弛妈妈带儿子来到学校，要他说说自己的做法正确与否，并承诺以后该怎么做。而蒋烨豪和他妈妈也都认识到了自己的不对。我对俩孩子说："还记得《论语》中的一句话吗？子曰：晏平仲善于人交，久而敬之。"他俩都说会背，我问他们什么意思，他俩摸摸小脑袋不说话。我解释道："孔子说晏平仲善于与人交朋友，相识久了，别人还是尊敬他。晏平仲一定是个善人，如果他不善，别人跟他交往这么久，肯定不恭敬了，对吧？"他们点点头。我继续说："与人交往不仅要讲方法，关键还要看德行。晏平仲的善就是他很懂得进退应对，很懂得与人保持礼节，保持距离，能把握分寸。"我问张一弛："你觉得自己把握分寸了吗？"我跟他和他妈妈一起分析了他的做法，从刚才的似懂非懂到现在终于全明白了。最后我问他俩："你们觉得要怎样交朋友？"他们说："要互相尊重。"我摸摸俩孩子的头，告诉他们要做一个有智慧，有德行，有见地的人，让朋友对你"久而敬之"。一场结伴回家的风波算是过去了。

【我的思考】

孔子希望他的学生向晏平仲学习，做到"善与人交"，成为有道德的人。我也希望我的学生能学习交朋友的礼节，做到不失礼，不失敬，交到更多真朋友。学生中出现朋友间过分亲密或者因为一丁点小事闹翻的事比比皆是，上述事例很能反映问题。如何教会他们学会相处之道？跟人交往，一开始就走得很近，好得不得了，处着处着，慢慢就淡了，最后疏远了，不可能长久。真正的友谊是从开始的"君子之交淡如水"，逐渐加深，由疏远到亲密，越是相处久，越恭敬，因为有德行，得人心。这就是我想教给学生的"善交"。人际交往是学生成长的必修课，老师要适时发现问题，给予点拨，为他们今后的人际关系处理助力。

忍一句，息一怒；饶一招，退一步

浙江省台州市黄岩区西江小学教育集团　王　巧

【案例背景】

班主任每日就像是调解员"老娘舅"，一群孩子生活在一个小小的教室里，各种摩擦和纷争总是不断。今天这孩子来告状同桌拿了他的橡皮擦，明天那个孩子来哭诉被谁踩了一脚……其实，都是一些鸡毛蒜皮的小事，但是对于孩子来说那是不得了的大事情。如何让孩子学会用"宽恕之心"去对待一些寻常的小事，在一些矛盾面前学会做一些合适的退让，这对于他将来的人际交往和格局培养也是至关重要的。

【情境再现】

班级里一个女孩子来向我告状，同桌的书本总是放着放着就超过了"三八线"，害得她的东西放不下。一边听孩子描述，一边坐在讲台桌上的我瞄了一眼她的座位，同桌的书本书脊部分超过了桌子一半的距离。

于是，我计上心来让小姑娘拿着尺子去量一量同桌到底超过了多少长度。孩子兴冲冲地拿尺子去量了，回来告诉我三厘米左右。我用手比划了一下长度，装作很惊讶的样子问她："三厘米？你的书本和文具就摆不下了？"小姑娘听了，嘟囔了一句："平时都半本书挂在我这边呢？"我摸摸孩子的小脑袋，接着说："你还记得老师和你们说过的'六尺巷'的故事吗？"孩子脸更红了。显然，她已经明白我的话。我继续问她："最近咱们《增广贤文》'修身处世'篇中有一句话好像告诉我们遇到这样的事情如何解决？"她抬起头，眼睛亮亮地看着我，说："忍一句，息一怒；饶一招，退一步。"

我奖励她两颗小糖果，孩子欢天喜地地跑回自己座位和同桌分享去了。

【我的思考】

雨果曾经说："世界上最宽广的是海洋，比海洋更宽广的是天空，而比天空更宽广的，是人的胸怀。"包容是一种智慧，更是一种气度。

故事中的小姑娘与同桌的矛盾眼前只是小小的"三厘米"，可是孩子不愿意为这小小的"三厘米"做一些退让。那么将来呢？孩子出社会，长大之后，面对更大的事情的时候呢？"金无足赤，人无完人。"对他人的包容，正是建立在对他人的体谅和理解之上。

在这件事情之后，我给孩子们召开了一个微班会《谦谦君子——宽厚谦逊》，一起来讨论面对同学、朋友甚至父母之间发生小矛盾的时候，我们应该如何去做。我引用了《娄师德与狄仁杰》的故事，告诉孩子们要学会有一颗"宽容"的心，宽广得像大海一般的内心，可以包容别人的不足，也能欣赏别人的优秀。孩子们在"曾经的我……"和"现在的我……"这个环节里，讲述曾经面对和同学之间的纷争的时候，是锱铢必较，最后小事变成吵架、打架这样的大事收场。经过微课学习之后，孩子们纷纷表示今后自己遇到类似的事情一定冷静想一想，学会宽恕，更学会宽容。在讨论的过程中，我也适时地把"忍一句，息一怒；饶一招，退一步。""饶人不是痴汉，痴汉不会饶人。""得忍且忍，得耐且耐；不忍不耐，小事成大。"这些近期孩子们在《增广贤文》里学习的格言放入其中。最后，孩子们选取了"忍一句，息一怒；饶一招，退一步。"，并把这句格言写入了我们的班规中。

其实这样"斤斤计较"的事情在班级里时常有发生，具有普遍性。从这以后，但凡是发生类似的"案例"，我便不用多说什么，让孩子自己去"班规"栏里读一读，孩子们就能释怀。所有的学问对于学习者而言学以为己，方可致用；知行合一，方可永固。

一屋不扫，何以扫天下？

浙江省台州市黄岩区西江小学教育集团　王　巧

【案例背景】

这个班级是我从三年级开始接班的，孩子们的各种习惯非常的不理想。教室的地面垃圾随处可见。家长还宽慰我，现在已经好多了，原来下午去接孩子的时候，教室里简直找不到可以踩的地方，垃圾桶每日都是满满两大桶，还会溢出垃圾桶外。再看孩子们的抽屉，周一我让他们按照大书和小书分类整理成两叠，铅笔盒和其他小杂物放在横档的位置。可是，到周三我检查，四分之三的孩子抽屉又变成了"小猪圈"。孩子卫生、规整这些小习惯非常的不好，导致学习上也经常是作业丢三落四。

【情境再现】

最近进入了雨季，教室里我特意在后面放了两个塑料桶给孩子们装雨伞。每天，教室后面的雨伞总是放得乱七八糟的，有些时候更甚是丢在塑料桶边的地上。

怎样才能让孩子们的雨伞归整的整齐一些呢？我仔细观察了雨伞，单是从样子上，雨伞大体可以分成长柄和折叠两类。之所以放的乱糟糟是因为第一，孩子们长柄和折叠的杂在一起放。第二，所有的雨伞都没有用扣子扎起来。第三，在课间取用的时候由于雨伞都处于散开状态，抽出一把的同时会带出别人的。有些调皮的孩子只管自己的雨伞拿走了，被自己顺手带出来的那把丢在地上是没有人捡起的。

兵法曰："知己知彼，百战百胜。"了解了情况，我的心中就有了策略。花了十几分钟的时间，我把所有的雨伞逐一整齐地卷好，扣上扣子。再把雨伞分成长柄的一桶，短柄的一桶。尤其是短柄的这一桶，我整整齐齐地把雨伞竖着插。做完了这些，我把两桶雨伞放在了讲台桌上，再把自己这几天拍的照片放映在多媒体上。鲜明的对比让孩子们"哇——"惊叹了一声。我心里暗暗得意了一下，要的就是这样的效果。

我假装问孩子们："你们在惊叹什么呢？"调皮的小陈同学站起来，怼了我一句："老师，你不就是想告诉我们，雨伞要整齐摆放么？""嗯，对，可是看着这么一件小事情，咱们把它做好可不简单，你们想想，怎么样才能把咱们班级的雨伞每日都归位整齐？"孩子们交头接耳，接受了我的归整方法。同时，也很周全地想到让每一个同学的雨伞手柄上都贴上标签纸，这样一方面可以立刻发现谁没有做好，另一方面等雨季结束也可以提醒那些老是对自己雨伞"过河拆桥"的人及时带回家。

"一屋不扫，何以扫天下？"我借机给孩子们讲述了东汉陈蕃的故事。孩子们也高高兴兴地把这一条归入了班级的班规中。

【我的思考】

洛克说："儿童不是规则可以教好的，规则总是会被他们忘掉的。……习惯一旦培养好之后，便不再借助记忆。很容易地自然地就发生作用了。""雨伞事件"折射出的是孩子习惯的培养，作为班主任，我们是孩子习惯启蒙最重要的导师。教室里，其实不仅仅有"雨伞"，比如孩子们抽屉的整理、试卷的分类整合保存、水杯的摆放、桌子椅子的摆放……这些小小的习惯都需要我们班主任心细如发地关注，持之以恒地去坚持培养。

比如说，下课之后调皮的孩子总是迫不及待地跑出教室，桌子上铅笔、书本摊成一片，椅子也是放哪里算哪里。于是，我想到《弟子规》里的一句"几案洁，笔砚正。"自己再创造性地加上了一句"人离席，凳归位。"每节下课，班长喊了"下课，起立！"之后，孩子们就会集体说："几案洁，笔砚正。人离席，凳归位。老师，请休息！"这样日日提醒，我发现下课之后，我们班级孩子的桌面特别整齐，凳子也都整整齐齐归位到自己座位的底下。

"一屋不扫，何以扫天下？"孩子们这些小习惯的培养长远去看对于他们将来为人处事有着深远的影响和作用。

人之短处，要曲为弥缝；人有顽因，要善为化诲

浙江省台州市椒江区中山小学　王苏芳

【案例背景】

在班级管理中，我常用的一个做法是把学生分成小组，开展小组加星活动，旨在通过集体的力量来影响个人行为的转变，通过生生之间的相互监督、相互提醒，培养班集体的凝聚力和团结协作能力，往往收到意想不到的效果。

常言道：世事无绝对。去年刚插入咱们班的牛牛同学，在这样的管理面前无动于衷，处之泰然。分组时，小朋友都不欢迎他，因为每次小组参加比赛，他所在的这一小组总是因为他而失去机会。面对小朋友的指责、抱怨甚至是愤怒，他努努嘴，皱皱眉，可是心理始终是不舒服，不服气。怎么说都无济于事。从他上课的精神面貌与表现看，与咱们班的同学总是格格不入。

体育老师也经常和我这班主任提起他："你们班上的那个同学，真是让人头疼。上课老是和老师唱反调，大家在听课的时候吧，他却独自玩、跑起来，不亦乐乎，我让大家开始跑步的时候，他却落在最后面，真怪癖。"谈心、家访，这些常规方法用在他身上也不见奏效。家长也常说："这孩子，我也不知道他在想什么。"真是没法说的。怎么办？我为此愁云满脸，有时一天好好的心情就被葬送在他手里。

【情境再现】

有一次上语文课，我讲完练习，小朋友都开始写《课堂作业本》了。我巡视了四周，只有牛牛没有写，他正弯着头在整理抽屉。我有些恼火：别的小朋友都已经在写作业了，有的已做了两三题了，可他还在那儿磨磨蹭蹭浪费时间！哎，这孩子……我一时怒上心来，走到他面前，刚想开口批他几句，却看到他拿一根牛皮筋正把叠得整齐的书本绑起来，还从口袋里摸摸索索地掏出一张皱巴巴的纸来。"拿纸干什么呢？"我不禁有些诧异，便停下脚步静观其变。只见他先把这张皱巴巴的纸抹平，然后，用左手托住，右手刮出抽屉里的粉灰和小纸屑，抹到了纸上，再把这张纸小心翼翼地包起来，还在上面用手紧紧地按一按，好像生怕垃圾粉会长翅膀飞出来似的。最后，他旁若无人地走下座位，把这个包有垃圾粉的纸团扔到了废纸篓里。再看看他的抽屉，一尘不染，书本摆放井井有条。我的心不由为之一震，多好的孩子呀！为了把抽屉整理干净，不把教室地面弄脏，那么细心而又耐心地做着这一切，尽管他选择的时间不太适宜，可他的习惯是多么的良好，毕竟他的初衷是多么的美好！

通常学生桌下放着杂七杂八的书，乱作一团，我时刻提醒他们整理总是不见效。我想：这不正是一次千载难逢的机会吗？机会是需要把握的。既可以教育全班学生，说不定还可以唤起他的热情与积极性。

快下课了，我喊了暂停，把牛牛请到讲台前，摸着他的头，向同学们讲述了刚才只有我一个人注意到的一幕。在我的建议下，同学们热烈的掌声响起来了。我看到，掌声里的他是多么的不自在，两只小手不停地扯着裤边，微微泛红的脸上露着羞涩的笑。

在这次掌声鼓励之后，牛牛作业仍然马虎，但每天都能按时交上来了；上课也老走神，但偶尔也能举举手了……尽管在他人看来，这是多么的不值一提，但对于牛牛而言，却是一个多么不易的转变！我也抓住他的每一次进步不断地表扬他，鼓励他，激发他与自己挑战的勇气和力量！他也不负我望，学习与生活的脚步走得越来越踏实，越来越稳健！交流也多了，皱眉头也少了。学习上他显得更加认真了，每一次课堂作业都是提前完成，仔细检查后拿着本子来批改。上课发言也积极多了，特别是当稍有难度的题出现时，总能看到他那手指按着脑门锁眉深思的神情，然后便自信地举起小手。

【反思】

"尺有所短，寸有所长"，我们应该怎样面对学生的缺点、固执？明代处世奇书《菜根谭》中说："人之短处，要曲为弥缝，如暴而扬之，是以短攻短；人有顽因，要善为化海，如忿而疾之，是以顽济顽。"意思就是说：对于别人的缺点，我们要小心谨慎地替他人掩饰，如果故意揭发并四处宣扬，就等于是用自己的缺点去攻击别人的缺点。对于别人的固执，要循循善诱，循序渐进，如果因此感到愤怒和厌恶，就等于用自己的固执来帮助别人的固执。是啊，教师只有像对待荷叶上的露珠一样，小心翼翼地保护学生的幼小心灵，去热爱学生，给学生以关心、尊重、理解，学生心灵的琴弦才会为教师所拨动，真正做到以情育情，以情引情，以情换情之效。

每一个教育者的任务就是给培养对象创造有利的人文环境，对每一个受教育者认真负责，实现人文关怀，让他们的才智得到充分释放，身心健康成长，一个也不少。每一个小学生心中都藏有一盏灯，需要教育者去点燃，让它发光、燃烧，造福社会；而炽热的心是火种的燃料。教育工作者都做火种，做"春蚕"，世界就会变成温暖的人间！教育者要善于捕捉"巧妙之处"，匠心独具地开展工作，能真正做到"怒时能静，急时能安，暴时能忍。"

卡耐基说过："使人发挥最大能力的方法，就是赞美与鼓励，这也就是所谓的赏识。"我认为赏识的前提首先是要学会发现，哪怕仅仅是星星之火，也要及时地肯定、赞扬，以促其燎原之势。是啊，每个孩子都有自己的长处，都具有比别人强的某方面能力，关键就在于你是否善于发现。正如罗丹所说：

"美是到处都有的，对于我们的眼睛，不是缺少美，而是缺少发现。"如果我们做老师的能带着欣赏的眼光、带着审美的心情去看孩子，就必定能从他身上发现美好的东西，并且能使其不断地扩大、扩大、再扩大……

但愿，在这个并不缺少美的世界里，不再缺少发现！

躬自厚而薄责于人

——记一次打架事件

浙江省台州市黄岩区永宁小学　张国红

【案例背景】

如今的孩子大多为独生子女，他们享有"家中小太阳"的特殊待遇，家里无论是爷爷奶奶、外公外婆还是爸爸妈妈唯恐自己给孩子的不够多，更舍不得孩子受一点点委屈。如此特殊的家庭地位，导致很多孩子与同学相处时也是以自我为中心，他们只顾及自己的感受，不会从别人的角度看问题，一旦和同学闹矛盾，就想当然地将责任归于对方。因此，引导他们学会正确处理与同学之间的矛盾显得非常有必要。"躬自厚而薄责于人，则远怨矣。"出自《论语·卫灵公》。孔子说："多责备自己而少责备他人，那就可以避免别人的怨恨了。"发生矛盾时，多做自我批评，而不是一味指责别人，责己严，待人宽，这是保持和谐人际关系不可缺少的原则。

【情境再现】

中午顾不得休息，坐在办公室填写学生的成长记录册，每日事情多，不抓紧做怕到学期结束也难完成。

"报告，张老师，有人打架了！教室里桌子都被推倒了！"随着学生一声响亮的报告，我看到办公室门口小范和小川都高高噘着嘴，火气正旺，你一句我一句的争辩声，好像有理就在音高。当我目光直视他们时，两人才停止了互相指责。

两个战斗员，均狼狈不堪：一个衣领整个歪斜着，能想象到刚才战斗的惨烈；一个左手按住右手臂，满脸被泪涂花了，肯定是受伤了。两人用充火的眼睛互相敌视着对方，似乎恨不能一口吞下对方。

我放下手中的笔，看了看小川的伤，划了道痕，有点血丝。"运用英勇无畏的战斗精神了？"两人抬眼看看，紧抿着嘴忍住没笑。"学以致用，应该是好事，可好像哪里不对劲吧？"小范嗫嚅着："那是保家卫国时，跟敌人打仗用的或者遇上坏人用的。"

"哦，对，你们是遇上敌人还是坏人了？"

两人的头埋得更深了。"不是，是同学。"

"同学是什么意思？"

"一起学习的好朋友。"

"那为啥大打出手呢？"在他们的叙述中，我了解了事情的大致经过：小川想回自己座位写作业，可小范站在他座位边，他进不去，几句不合，话不投机就打起来了。

我问："发生事情先要分析事情原因，你们知道问题出在哪里了吗？"

小川说："我不该骂他，应该有礼貌地说。"小范说："我不该挡住他。"

我肯定了小川本来是想进座位早点完成作业，是爱学习的表现。

见我表扬，小川羞涩不已。

"但是，现在小川的作业写好了吗？小范得到了什么呢？你们靠武力获得了什么？"

"搞得自己不高兴，还受伤了，同学也被我们影响不能好好写作业，对我们很有意见，还耽误了老师的工作，我自己的作业也没写。"小川红着脸说。

"一点好处也没，作业也没写，惹来一肚子不高兴。"小范应和着。

我翻出《论语》："你们读读这句话，是什么意思？"两个人一起朗读：躬自厚而薄责于人，则远怨矣。然后互相看看对方，先用眼神交流：这话什么意思？在我的提示下，他们高兴地说："懂了。"同时，脸也更红了，互相悄悄瞟了对方一眼，眼神里的愧疚多了起来。

"是啊，武力只能让事情越来越糟糕！缺乏礼貌有时容易惹来事端，而不能设身处地站在对方的角度想，会让鸡毛蒜皮的小事变成后悔莫及的悲惨事件。"之后，我又问他们最近看新闻了没有，将台州新闻中，有人为一丁点小事大打出手，最后出人命的事讲给他们听，让他们说说自己的感受。

从他们的回答中，我知道此刻的他们是从内心里承认错误，并下决心下不为例了。

分析了问题，我又让他们自己想出解决问题的办法。在我的引导下，小范拿来红药水小心翼翼地给小川涂上，边涂，边问："还疼不疼？"小川则认真地把小范的衣服重新拉整齐，并轻轻拍掉了小范衣服上的泥粉。

看着他们和刚来时截然不同的表现，我表扬他们知错能改，并让他们说说以后该怎么做，万一班上其他同学闹矛盾他们能做什么。回到教室，我看到桌子已经摆正，同学们正认真写着字。

此后，小范和小川的学习也不断上进了，当同学再有小摩擦时，他们还当起了调解员。于是，我又借机在班里召开主题班会，让大家群策群力，如何防止打架事件的发生，让打架事件"防患于未然。"效果令人欣慰，此后没再处理过学生打架的事件了，纵有小矛盾，也早有班干部帮助解决了。

【我的思考】

孩子是成长中的人，在成长过程中出现问题是正常的，作为教师，首先要调整好自己的心态。不要因为学生犯错而一律归于"祸事"，珍惜机会，处理适当，反而能成为学生自我教育的契机，产生教育意义。通过"祸事"引导学生在错误中提高认知，不断成长，使"祸事"转变为"福事"。不仅教育了当事人，而且带动了全班教育的良性转变。

学生心智尚未完全成熟，常常不能控制自己的情绪。在学生余怒未消的情况下，教师不要急着做出是非判断，也不能让愤怒冲昏自己的头脑，教师作为教育者，要站在旁观者的角度，冷静地思索、寻找教育的切入点（本案例中以打架是否是英勇行为为切入点）。而劈头盖脸的批评，只能加深敌对情绪，使学生表面上认错，内心毫不认错。

犯错的学生，总会自然地构筑起挨批评的心理事先防御系统，在批评中挖掘学生的优点予以表扬，往往能让学生消除事前的戒备心理，从而使得问题的处理趋于流畅。

"浇树要浇根，育人先育心"。教育过程只有成为信息交流、思想交流、感情交流的过程，激起学生内心的共鸣才能取得实效，批评教育亦然。学生打架时，老师先要给学生安全的心理感觉，给他们充分表述事情经过和想法的权利，而后，引导学生学习经典著作如《论语》中的相关语句，理解，并根据自己的表述对自己的问题和行为进行认识、思考、分析，从而认识到问题的本质原因，获得自我认识和成长的机会。（案例中分析打架的祸首，并通过后果陈述和新闻故事牵引让学生发自内心地知错，也使学生认识到教师不是批评他们而是帮助他们成长）

不宜妄自菲薄

——一次通读课文引发的思考

浙江省台州市黄岩区永宁小学　张国红

【案例背景】

"十根手指有长短"，一个班级里，几十个学生，因先天或后天因素的影响，其在兴趣、性格、习惯、能力等诸多方面总是千差万别的，由此，必然有一部分的"后进生"应运而生。这些后进生或是习惯上或是智力上明显落后于同龄人。他们也常常自我认知"我不行"，而时时处处畏畏缩缩。"恢弘志士之气，不宜妄自菲薄"出自诸葛亮的《出师表》，这是诸葛亮以恳切的言辞，针对当时蜀汉最弱的局势，劝勉刘禅的话。意为：弘扬志士们的气概，不应该随随便便地看轻自己。将之运用到班级管理中，对班级里的后进生，亦是如此。

【情境再现】

新接一个班级，得知我接了那个班，同事们纷纷好心告知我，这是烂班，而且有个全校有名的"笨小孩"。很快就印证了同事所言。这个虎头虎脑的小男孩，见到你时总是用怯生生的目光看向自己的脚背，然后顾自安静地呆在角落。我找他谈话，他"嗯……嗯……"好半天，也就说了几个嗯字，你也不明白他说的是什么意思。那天，他破天荒主动找我，手里拿着一块橡皮，跑到我面前，递过橡皮，他涨红着脸，费尽力气："老师，这个……这个……"无论你怎么引导，他就是说不成一句完整的话。四年级，本该是笔下流淌四百字的年龄，而他却似乎连幼儿的水平都达不到。

同事聊天总是不经意就说起他，"无可救药的笨"是公认的评价。

课堂总是死气沉沉，无论你提多少问题，如何激发，一双双惊恐而空洞的眼睛木然地盯着你，一个个身板挺得像法师打坐，可就是让你唱足"独角戏"。一段时间接触下来后，与同学聊天才知道，以前的老师很严厉，谁不认真，就会各种惩罚，人人胆战心惊，课堂纪律是出奇的好，只是课堂也静得可怕。

为了激发师生互动，我努力创设各种情境。慢慢地，课堂上，举手的人变得多了起来，而他也会兴奋地听同学讲话，可你一叫他回答，就结结巴巴得无以复加，我的几次努力都以失败告终。

那天，我让同学推荐谁能正确流利地初读课文，基于他们的水平要求能整篇就整篇，能一段就一段，几个同学犹豫了一会举起了手，在掌声中，同学们一个个兴奋地坐下了。读着读着，下面的一段非常简短，仅仅是一句话。让谁来读呢？我的目光搜索着，小手依然林立，可他，那个静默的小男孩，那个闻名全校的"笨小孩"，那个一说话就结巴的可爱男孩，此刻，兴奋地涨红着脸，似乎显得很不安，右手刚要抬起，又放下；放下了，又悄悄举起，举起，再次放下……我知道，他的内心正激烈地斗争着：举手吧，自己能行吗？不举吧，心有不甘。

我笑着说："同学们，你们都是好学上进的好孩子，我刚才发现有一位可爱的男孩也想上进，可又担心自己不行，能不能把这个机会给他呢？"在同学们爱心似火的目光下，他满头大汗，但终于站了起来，笔直地站着，拿起了书，就是迟迟不敢开口，我朝大家笑笑：大家准备好了，我们一起深呼吸。然后朝他用力点了点头，目光中饱含着鼓励："小立，深呼吸，看好了读，能行吧？"他也用力点了点头，似乎下定决心了，他的目光落在书本那句话上了，我的心提到了嗓子眼，空气都布满紧张，终于，他一字不错地流利地读了下来。我兴奋地带头拼命鼓掌，随之，更热烈的掌声在教室里响起来，教室里有一股澎湃的成功的祝福萦绕着。而小立，此刻笑得格外灿烂，我从没见他这么笑过。他激动得眼角蓄满泪，在如雷掌声中坐下了。那是一张含泪的幸福的笑脸啊!

我说:"我想起了一句话,'恢弘志士之气,不宜妄自菲薄。'你们知道它的意思吗?就像我们墙上贴的这句话'天生我材必有用'。我们每个人都要相信自己,不能看轻自己。"在我的启发下,同学们纷纷说:"就像我们墙上贴的这句话'天生我材必有用'。我们每个人都要相信自己,不能看轻自己。"

读通一句话,或许在别人眼里极为不屑,但我知道,对他而言,那是"质的飞跃"啊!那将是他人生新的起点啊!此后,果不其然,他的成绩竟也从个位数上升到了及格最后到了七十多分。

那次,已经读初中的他还特意跑到母校,等在我的教室门口,他说:"张老师,我就是想看看您。"曾经的小男孩,已经蜕变成高大的少年了,他笑得很甜很甜。

【我的思考】

校园无小事,事事皆育人。一个瞬间,或许能改变一个人生!作为教师,面对后进生,要有发自内心的爱,要善于让他们感受到集体的爱,要抓好教育中点点滴滴的瞬间,给他们精神的力量。不同学生要有不同的要求,要让他们看到自己努力后的收获,这种收获不是与他人比赛,而是与自己比赛,让自己获得自我肯定。比成绩更重要的,是给学生的心灵种下善的种子,面对班级里相对落后的同伴,教育学生不可嘲笑,而是要真正的伸出友谊的手,为他人的进步而喝彩。教师职业,是播撒爱的职业。

宽以待人

浙江省台州市黄岩区江口街道第二小学 沈巧艺

【案例背景】

在班级中,经常会看到这样的情景:两个小孩子扭打在一起,你扯着他的衣领,他扯着你的衣袖;或者就是你一脚我一拳地大打出手。这种下手没有轻重之事,你以为孩子之间有什么深仇大恨,其实调查一番,就会发现这都是鸡毛蒜皮之事引发的案例。

【情境再现】

有一天，午休课，我刚走到本班教室门口，就听到教室里有吵闹声，伴随有学生的惊呼声，桌凳的摔倒声，还有同学们的劝阻声。我立刻意识到出事了，于是我紧走几步推开门进教室。看到我的出现，班里马上安静了下来，两个正在扭打的学生王 ** 和彭 * 立刻停下了，但双方都瞪着眼睛，扭着脖子怒视着对方。其他同学都在看着我如何处置他们。我意识到当面批评教育他们会影响到别人的学习，也不一定能解决好，何况事情的缘由也没有弄清楚。于是我平静地说："请同学们抓紧时间学习，你们俩和我去办公室。"同学们又投入到学习中去了。

在办公室，他俩似乎都感到很委屈，当我让他们分别给我叙说打架的理由时，双方不断争辩，各说各的理，试图把责任推给对方。在他们的辩解中，我还是了解了事情的经过。他俩是前后座位，因为前排碰掉了后排的文具盒而发生争执，以至矛盾激化，多亏发现及时，否则后果不堪设想。面对他们的争辩，我没有做他们的审判官，而是说："我知道你们俩都很委屈，老师能理解，现在我只想让你们想想整个事件中哪些地方自己做得不够好，想好了再和我说说。"听我这么一说，他们停止了争辩，都不吭声，低头不语。我乘机悄悄地离开办公室，到教室巡视自习情况，并故意多待了一会儿。当我再次来到办公室时，王 ** 主动上前对我说："老师，是我不对，不该背靠桌子，弄掉了他的文具盒，影响他的学习，而且出口骂人。"彭 * 见对方态度诚恳，也赶忙说："老师，我也做得不对，再怎么也不该动手打人，还严重影响了全班的自习纪律。"我一看火候已到，就用商量的语气问："你们说今天的问题怎么处理？"这次，先动手打人的彭 * 态度诚恳地走到王 ** 跟前，主动握住对方的手说："真对不起，我不该动手打人，请你原谅。"碰掉东西的王 ** 也忙说："我也请你原谅。"就这样，一场不大不小的纠纷在平静中排除了。在整个处理过程中，我几乎没说什么，但是效果出奇的好，也没有给学生留下后遗症。

【我的思考】

仔细分析一下孩子打架的原因，我们就会发现，大多纠纷都是因为一些鸡毛蒜皮的小事情，根源是孩子没有容人之心，在一些微不足道的小事情上与人斤斤计较。所以从小培养孩子的宽容之心，让孩子遇事多从对方角度思考，宽容地看待对方的言行就显得尤为重要。

在这件事情之后，我寻找了我们经典诵读内容中含有"宽容"的相关内容，特训诵读。在孩子浸润"宽容"经典之氛围中，我多多引用《六尺巷》等故事，告诉孩子们要学会有一颗"宽容"的心：1.我们要学会"心理换位"。许多孩子只习惯于从自己的角度思考问题，而不习惯于站在别人的角度上思考问题。我们要消除这种现象，办法就是"心理换位"。2.我们要学会理解他人，理解人人都有缺点。有的孩子对自己要求很高，对别人要求更高。人无完人。小朋友对朋友心情不好时说的话和做的事，我们没有必要斤斤计较。

雨果说过："世界上最宽阔的是海洋，比海洋宽阔的是天空，比天空更宽阔的是人的胸怀。"身为人师，都希望自己的学生有一个健康向上的人格，学会宽容别人，欣赏别人，善待别人，爱别人。在引导孩子学会"宽以待人"，经典的力量将继续延续。

有一颗感恩的心

浙江省台州市黄岩区江口街道第二小学　沈巧艺

【案例背景】

现在的学生，大部分感恩意识淡薄、玩世不恭、只图享受、不会做人，漠视父母和老师的关爱，不懂得感激和珍惜，不能以善意的眼光看待周围的环境，不愿用自己的付出回馈他人和社会。他们对父母要求多，替父母分忧少；对老师挑剔多，尊重理解少；考虑自己多，对同学关心少；对社会抱怨多，客观分析少……这些现象，导致孩子们"感恩"意识严重缺失。

【情境再现】

李**同学个性鲜明，从接班的第一天我就注意到了她。她的举止行为与众不同，与同学的关系也不是很融洽，经常发生矛盾，解决问题常常是使用武力。上课经常搞小动作，坐姿永远是懒洋洋地瘫在座位上，影响老师讲课。

而且她在接受老师的批评教育时，也常表现出一副满不在乎的样子。对她的种种表现，我曾予以严厉的批评，但效果不是很好。

记得一次上课，我正讲到激情澎湃处，咦，那边有人趴在桌上！定睛一看，原来就是她，我顿时火冒三丈。我昨天刚刚跟她交流过，本想她在表现上会有一个哪怕是短暂的改变，而现在，她竟睡意蒙眬！我努力压抑自己的怒火，冷静下来，放下音调，缓和语气，尽可能平等地跟她去对话。可她竟然仍是吊儿郎当地站在那里，靠着桌子一言不发。回到办公桌前，我默默地坐在那里，内心却如翻江倒海。

【我的思考】

通过与家长的沟通，我发现她的家庭环境很好。父亲经常出差在外，她与母亲独自在家。母亲对于孩子过于溺爱，造成了她过于乖张的性格。她接受了太多的爱，渐渐地，连她自己也把这一切视为理所当然。习惯了索取，即使父母亲再苦再累也必须满足她自己的要求，而她却从不懂得去为父母亲做些什么，分担些什么，稍有些不如意，便大发脾气，缺乏感恩之心。渐渐地就造成了她唯我独尊，恃宠而骄的性格。

当然李**并不是一个特例，她代表着现代孩子们的共性，新时代的孩子们多是缺少感恩的心。作为班主任，我得把"感恩教育"作为教育孩子们的切入点，对其实施全方位的"感恩教育"。

感恩教育应以活动为载体，让孩子从活动中体验感恩，并回归现实生活，从点滴做起，在生活中实践感恩。教师在教育过程中，应做到"以理服人，以情感人，情理交融，感人心灵"，让学生在不知不觉中受到教育，使其知、情、意、行在情理交融中实现自我完善，最终回报生活。

（一）创设氛围进行感恩教育

为使感恩教育活动扎实有效地开展，组织全体学生学习有关"感恩"的经典诵读内容，充分让学生认识培养自身感恩意识的重要意义。

（二）组织丰富多彩的活动，引导学生主动参与，让学生体验爱

要让丰富的感性认识转化为学生的自觉行为，必须以活动为载体，让学生在体验中萌发真情。可以通过举办各种各样的活动引导、深化和推进感恩教育。营造以"感恩"为主题的教育氛围，让学生的心灵充分接受感恩意识的熏陶，逐步培养和形成感恩思维和习惯。

我深信童心亦有感恩心。教育是个长期的过程，今后的教育教学中，我会继续对学生进行感恩教育，让感恩之树常青常绿。

第六章

入悦读中获得

悦读·悦思

——读《学记》心得体会

浙江省台州市三门海游街道中心小学 林惠英

拆开包裹，一本黄色封面的书籍映入眼中。对于《学记》，我一直抱着敬畏之心，一则知道它是中国也是世界上最早论述教育的专门著作，比夸美纽斯的《大教学论》早了一千八九百年，深为我们的老祖宗而自豪；二来对于这样古代典籍，纯文言文体的，自有一种畏惧心理。

一、悦读

炎炎暑日，捧着《学记》，自觉有一种庄重之感。然则揭开扉页，看到原文，深感自己的浅陋无知，不光有些字音不会，有些字义更是晦涩难懂。

就这样去读原文，肯定是读不下去的。我还是先去看《学记》的思想考释。它是《礼记》中的一篇，成于战国时期，为思孟学派作品。关于《学记》的成书年代考证，细细读来，也是相当有意思的。书中有反映战国时期的"礼"——政治制度和生活方式。一是"当其为尸，则弗臣也；当其为师，则弗臣也"。所谓"尸"，就是西周时期借用活着的人当作"尸"，让参加祭祀者对其顶礼膜拜的一种隆重礼仪。到战国时期，人们改用壁画的神像取代。《学记》把它作为"为师弗臣"的陪衬来揭示"君"与"臣"的对等关系，对君臣间的尊卑关系作了修正。二是"始驾（马）者反之，车在马前。"战国时期，马用以驾车是普遍现象，小马初学驾车，大马示范，小马跟在车后跑。应该说这是战国时期的特定语言。也有人认为，战国时期兵荒马乱，人们治生唯恐不得，奚暇坐下来写出这有骨有肉的《学记》来？但战国时期的"乱"，从某种角度上来说，为人们的思想解放创造了历史时期，想说什么就说什么，想做什么就做么，儒、墨、道、法、阴阳、农、兵、杂并起，形成所谓"百家争鸣"局面。一篇《学记》作于战国时期，算不得历史罕见。

看完年度考证、章句训义，回头再读原文，在句段上标标注注，才勉强读下去，但进程极慢，一天抽空背个一两段。往往读到后面，前面又忘了。这时，导师陈群英老师布置阅读小打卡，带领我们用陈琴歌诀乐读法。初次接触，心里实在紧张忐忑，跟着老师录音"依样画葫芦"，可老是画不好，气喘吁吁接不上。试录音之后，女儿听了，连连摇头，不行不行，节奏不对。唉，谁让我五音不全呢！一遍遍听读，几次下来，大汗淋漓啊！虽则磕磕绊绊，然几天下来，也有了一点样子，内心实在是非常感激陈老师的亲切和鼓励。每天端坐在课桌前的时候，是兴味盎然的，一手捧书，一手轻轻地敲打桌子。有时，读着读着，身子不由自主律动起来，遂明白古人摇头晃脑读书的意味了。读着读着，也能背上几段了，几乎不需思考，就像阀门打开，水自然泻出。但像陈老师这样一气呵成，又急缓自然，酣畅淋漓，我想仍需日日练习啊！

二、悦思

这个暑假，我是第一次完整通读《学记》，深为其思想精髓而震撼。《学记》思想上承孔子、子思、孟子还有荀子的哲学与教育学说，下启秦汉以后儒家、经学家，尤其是教育家，影响至深且巨。就是现在，它作为经历千百年历史风霜而遗留下来的精神财富，亦是弥足珍贵。

（一）张扬人性

《学记》之所以会在我国和外国思想教育史上为人们认同，经受历史考验，就因为它沿着春秋战国时期人文主义思潮，较早看到了"人"——不是抽象的自然人，而是人的社会性与个性。"人"作为教育对象，不应局限于上层，而应兼顾中下层。它意识到首先要塑造人的自身，健全人的身心。"化民"才能"易俗"，借助于教育的力量，促进社会进步，这表明教育的重要性。《学记》所谓"君子如欲化民成俗，其必由学乎！"实现这一教育目的，更有教育机构的保证，说"古之教者，家有塾，党有庠，术有序"。当作理想社会的憧憬，让治国兴邦者认识到兴学育才、化民易俗的战略意义。

（二）启发诱导

《学记》的最大贡献，在于它揭示了教学原则与方法的规律性。它明确指出，只有"道而弗牵，强而弗抑，开而弗达"，才能实现教学的"和""易"与"以思"。在教学中，教师对学生是引导、劝勉、指导思路，而不是牵拉、强迫，直接告知结果。教的载体是"人"，学的载体也是"人"。

1. 它首先强调了学生学习的主体地位，学习是学生自主的事情。教师应是学生学习的引导者、辅导者、评价者和激励者。

2. 它尤其重视在顺应学生个性发展的基础上，培养学生的独立思维能力和顽强意志。"导"之而"弗牵"，"强"之而"弗抑"，"开"之而"弗达"，"存其心"，以及"辨志""自反""自强""强立而不反"都反映出它如何重视发掘学生的学习潜力，培养学生的创造性思维以及在学习和道德修养过程中坚忍不拔的精神。

3. 课堂教学应尽量避免"满堂灌"，多给学生时间，多引导学生独立思考，切忌急于求成。"呻其占毕，多其讯言，及于数进而不顾其安。"这样形式单一，一味灌输，只能是"隐其学而疾其师，苦其难而不知其益"，学生痛恨自己的学业，并怨恨自己的老师。

我们的老祖宗在几千年前就指出教学的弊端，可是时至今日，我们仍常犯这样的毛病，绕着应试教育的指挥棒，喋喋不休而不知，忽视了学生的内在动机，要知道，没有思考，就没有学习，没有思考，就谈不上启发诱导。"启"的有方，"发"的到位，是我们真正要思考的。

（三）教学相长

《学记》可以说是历史上第一个把"学"从"教"字分离出来，作为独立的教育范畴，与"教"构筑对立的统一关系。《学记》："学然后知不足，教然后知困。知不足，然后能自反也；知困，然后能自强也。故曰：教学相长也。"

教学相长深刻揭示了教与学之间的辩证关系，两者是相辅相成，相互促进的。"学"因"教"而日进，"教"因"学"而益深。教学是一种教师与学生相互交流、不断进步与提高的过程。

从教数十年，于我而言，更能深切体会这教学相长的意义。作为教育者，不经历教的实践活动，就不会知其"不足"，只有知其不足，才能更好鞭策自己去努力进修。是的，我们教师不是万能的，学生提出的问题，能使我们开阔眼界，增加知识的广度。

如何做到教学相长，我想除了在课堂中运用启发式、探究式教学方法，我们更应该加强课堂中师生的交流。"师生互动"就是促进教学相长很好的一种方式。增强教师与学生之间的交流，可以使课堂充满活力，激起学生求知的动机和积极性。"师生互动"不仅是知识的互动，也是情感的互动；教学相长，相长的不仅是知识，更是浓浓的师生情。在教学过程中，教师与学生通过不断地交流、相互学习，学生也可以向教师提出问题，甚至质疑，这样的课堂才能取得最理想的教学效果，真正实现"教学相长"的目标。

《学记》的字里行间揭示了很多重要的教学原则和方法，是我国一份珍贵的教育遗产，中华民族的精神财富。这个暑假收获颇丰，感谢陈老师的殷殷教导和督促。著名教育家陶行知曾告诫我们："我们做教师的人，必须天天学习，天天进行再教育，才能有教学之乐而无教学之苦。"是的，悦读悦思，且思且行，才能向青草更青处漫溯！

悦而，乐而，不愠兮

浙江省台州市路桥区路桥街道实验小学　林玲

《论语》开篇《学而》讲述的是学习、处世之道。我通过反复诵读，以及查阅相关资料，实是收获颇丰。尤其是开篇第一句，有着非常深刻的教育意义，教人学习之道，教人内敛对成败的态度，教人做一个具备涵养之人方可得人尊敬。

子曰："学而时习之，不亦说乎？有朋自远方来，不亦乐乎？人不知而不愠，不亦君子乎？"

第一句"学而时习之，不亦说乎。"中的"说"是通喜悦的"悦"字。许多人在读论语的时候总会"不亦乐乎"，"不亦说乎"搞不清楚，第一句是"不亦说（悦）乎"。"学而时习之"，首先是"学"，第二个是"习"。"学"，学什么？现在的小学初中高中都有这样的现象：毕业考试完毕后，就会将所学的书直接归于废纸，甚至以扔书来显示终于解放了。试问：如果学习对于他来说是一件喜悦的事，他会这样做吗？现在的学生都是"学而时习之，不亦苦乎"啊！这是由于他所学的内容导致的。孔夫子所讲的学，是学圣贤之道，成为一个真正的人，也就只有成为一个真正的人的时候，你才会真正获得内心的喜悦。所以，学是学圣贤之道，是学人生之道，是学真正为人之道，比如在你的人生中你如何和你的父母师长相处，如何和你的恋人朋友相处，如何把你的生活过得恰到好处，过得愉快，过得幸福。生活中的许多东西做得好坏都不能改变烦恼的问题，因为学的就不是人生的问题，学的是外在的知识，而孔子的教育之道是让人如何成为一个真正的人，一个快乐的、有智慧的人。那么，光是学得这个道理也是不行的，没有实践，是不能用这个道理来很好地指导生活。所以，学而时习之的"习"就是实践。朱熹在《四书集注》中指出，"习，鸟数飞也。学之不已，如鸟数飞也。"就是鸟儿反复飞翔，就是实践，在你习得道理后一次又一次地反复实践，终于把以前没有解决好的问题解决好了。这就叫"学而时习"。你想想，当你学了这个道理后经过反复实践，解决了你的人生问题，你内心是不是会非常喜悦呢？答案绝对是肯定的。就是后面所说的"不亦说乎"。这就是学习为人处世之道应用于实践让人产生极大喜悦的原因了。

第二句，"有朋自远方来，不亦乐乎"，"朋"，很多人都将它解释为"朋友"，其实不是。查阅典籍后，"朋"应为"同师为朋"，同一个老师教出来的才叫"朋"，有共同志向的才叫"友"。"有朋自远方来"说的是，有很多很多学生都来看孔夫子。"朋"字的古字是凤凰的凤字。这是有典故的：因为凤凰飞翔的时候，百鸟跟从，所以百鸟之间就成了"朋"。所以"有朋自远方来"的意思是说，孔夫子的许多弟子从远方来看望他，他感到快乐。"远方"，在科技发达的现今，时间和空间的距离是没有明显的联系，再远的对方，乘飞机一天总会到，高铁的速度也很快，今人对"远"是没有概念的。古人的"远"是真正的远，一个地区，从东头到西头靠脚程，跋山涉水都是一个常态。这一去，一个月、十个月、三年，见上一面都实属不易。所以，古人很多的文学作品，绝大多数都是咏"离别"的，"黯然销魂，只为别而亦已。"所以不以千山万水，步行来看望一个老师，想想你的一生有几个老师，是你想着要去看望的，是要跨越几个千山万水你都还要去看望的？那么，学生们能够这样子去看望老师，这老师是有怎样的人格魅力，当自己的学养、人品得到了自己的学生这样子的尊重和喜爱以后，你的内心是如何的快乐？那么，"悦"和"乐"有什么区别呢？喜悦在心中，不流露出来就叫"悦"，喜悦流露在脸上，就叫"乐"。从内心的喜悦到喜悦流露于脸上，这个跨越也恰是说明了被人认同的快乐是发自内心的，要流露出来的快乐。

第一是你学习的喜悦，第二是你学习成就之后被人认同的快乐。那么，是不是你学有成就后就一定会被人认可呢？不一定，能被人认同，那是幸运的。许多满腹经纶、学富五车的人终身不为人所知，不被人理解，不被别人认同，从古到今，这样的人不为少数。那么这个时候很多人，当他一肚子的才华不能用上，就会郁郁寡欢，怀才不遇。所以才有了我们古代多少的怀才不遇的文学作品出世。他们悲愤、压抑、抑郁，而孔夫子讲到这个时候还能不愠，一点都不懊恼，这才是真正的君子。就是说要想成为一个真正的君子就是要有三个境界的，第一个是要有学识修养的，这是解决自己生命的问题；第二个是学得知识后被外界所认同的；第三个是学成以后，真的有水平还终身不被人知晓，这个是最不容易达到的境界了。成为一个真正的君子是喜怒哀乐不显于胸。清代王先谦先生在《庄子集释》中提到"喜怒哀乐不入于胸次。"就是人间的一切成败得失你能够从容面对，这才是真正的君子。所以说，考试考得好，考得不好，名次靠前几名，靠后几名，人生的各种际遇都要从容面对。不是说我靠前一二名，我就高兴得不得了，你落后了几名，就郁闷不快，甚至自杀。遇到事事成功，我就喜悦，遇到失败我就承受不了，郁郁寡欢。

初探浩瀚古文学　拾得数枚珍贝

——读《学记》有感

浙江省天台小学　娄吟莺

2018年的暑假，在陈群英老师的带领下，我与工作室的伙伴们开启了共读国学经典之路。我们共读的第一本经典为古今教育的"圣经"——《学记》。假期里，自己与《学记》每日相伴，先是一页一页地读通读顺，然后是读懂读背，当理解了文字背后的含义，当自己与古人对上话时，深深地折服于古人的智慧！后来，在导师的指导下，我们一起用陈琴歌诀法来诵读，更是感受到了古文学的音律美。《学记》犹如浩瀚之洋，当我再次深入地诵读时，越读越发现其魅力无限。它虽言简意赅，但所表达的教育理念，所阐述的教育方法，在2000多年后的今天，仍不为过，细细品来，里面的文字如同一枚枚珍贝，越品越有味。

珍贝之一——"和易以思"（和谐育人）

《学记》有云："君子之教，喻也。道而弗牵，强而弗抑，开而弗达。道而弗牵则和，强而弗抑则易，开而弗达则思。和易以思，可谓善喻矣。"

多么精辟的言语！这就是我们现在提倡的和谐教育的精髓呀！君子的教育，要引导而不强拉，勉励而不挫伤，启发而不说尽。课堂上，我们要以生为本，顺势而导，这就是"道而弗牵"；学生做得好的就多表扬，做得不够好的要多鼓励，而一味的批评只会挫败学生的自信心，因此，我们得"强而弗抑"。对于学生的疑问和困惑，我们要启发，但不能直接告之答案，给学生留有思考的空间。做到了这些，和谐的课堂氛围，融洽的师生关系，有潜力的教育机制自然也会生成。

回忆自己平时与孩子们的相处之道，我也常用上"强而弗抑"。一直以来，我都是担任着小学中低年级的班主任。低年级的孩子，由于良好的学习习惯未能形成，课堂常规未能规范，常常会一不小心就犯错，许多孩子在提醒或批评后还是会犯同样的错。多年来，我常常把"称赞""鼓励"这对法宝用在孩子的第一次上，效果还是蛮好的，我常借用的奖品就是最简单的五角星。

比如，一年级孩子的第一次书面作业，按照要求认真完成的，我会在班级中进行大大的表扬，并在展台上进行一一展示，再用五角星犒劳。引得这些孩子是无上光荣，其他孩子更是无比羡慕。等到再布置作业时，孩子们会把要求听得更认真，第二天上交作业时，得到表扬的孩子一定会更多。连续两三个星期后，孩子认真作业的习惯就会形成。

不过，我们都知道，每个班级里总会有几个后进生，他们的习惯形成就会比别人慢几拍甚至更多。就像我们班上的小宁，一个单亲家庭的孩子，常年跟着不识字的奶奶生活。开学初，作业时有不完成的。有一次，检查作业时，她不做作业的老毛病又犯了，全班就她一人没得到五角星了。事后，我偷偷地对她说："小宁，今天你没能得到五角星了，真难过。"看着她也是一副愁眉苦脸的样子，我又说话了："不过，老师相信你明天肯定能得五角星的。下午你一回家就会马上做作业的，对不对？"她很用力地点点头，于是，我就奖了她一颗五角星。"这颗五角星是奖给明天的你。"第二天，她的作业真的就很好地完成了。我连续关注她，期待她，她按时完成作业的习惯就在我的"强而弗抑"中逐渐养成了。

对于孩子，做得好的，我们不要吝啬对他们的称赞；做得不好的，我们就多些鼓励。现在想来，自己的这一招，在2000多年前的《学记》里就有迹可寻。强而弗抑则易，鼓励而不挫伤，孩子就会感到容易接受，教育也会有事半功倍之效。这一妙招，今后还得用，变着花样。

珍贝之二——"长善救失"（走心育人）

《学记》曰："知其心，然后能救其失也。教也者，长善而救其失者也。"

人无完人，是人就会有过失。更何况我们教育的对象是孩子。明白这一点，我们就能坦然面对孩子的过失与不足。那么，我们应该怎样去补救孩子的不足呢？《学记》里明确地指出了，要"知其心"，教师要明白学生的心意；要"长善救失"，我们要发扬学生的长处，而补救、避免学生的短处。

记得几年前，我们学校请了全国优秀班主任方海东老师来做师德培训。方老师做了半天的讲座，我当时听得醍醐灌顶，我感动于方老师带班的用心，感动于方老师对孩子的走心。他曾说过，在一个班级里，总会有那么几个上帝派来折磨你的孩子。我们该怎样面对这些孩子呢？一个剥鸡蛋的故事，让方老师开启了孩子的心扉，走进了孩子的内心世界，接下来，转换孩子就变得得心应手了。

原先，对于孩子屡次犯错且屡教不改的现象，自己总会生气甚至是恼火。后来，我渐渐地学会了设身处地为孩子们着想，学会了真正地蹲下来和孩子们说话。当有孩子上学迟到时，我不会马上生气地批评他，会问一问"你为什么迟到？"可能是他父母吵架了。当孩子没有完成作业时，可能是他昨晚发高烧了。当有孩子在课堂上打瞌睡时，当有孩子偷偷地从家里拿出100元钱时……我也会心平气和地先问一声："**，你为什么会这样？"然后和他们一起商讨怎样才不会这样。

原来，自己的这些策略的改变，都是在努力地"知其心"，当我们打开孩子的心扉，走入孩子的内心，孩子们就会开始信任我们，会开始向上向善。

珍贝之三——"豫时孙摩"（有效育人）

《学纪》曰："大学之法：禁于未发之谓豫；当其可之谓时；不陵节而施之谓孙；相观而善之谓摩。"

"豫时孙摩"，这是多么有效的教育方法！在育人的过程中，我们需防患于未然，谓"豫"；在教学新知时，要交给学生所急需的，谓"时"；教学要循序渐进，谓"孙"；学习过程中要互相观摩，谓"摩"。"豫"，让我们警醒：要走近学生，了解学生的思想动向，要有先见之明。"时"，让我们明白：哪些知识是孩子已知的，学生知识的就近发展区域又在哪里。"孙"，是原则，知识要由易到难有梯度，我们的学习得循序渐进，不能逾越。"摩"与"独学"相对，只有互相观摩，才不会"孤陋而寡闻"，我想，我们现在提倡的小组合作、结伴学习，都源于这里的"摩"吧！这些教育方法在2000多年后的今天，仍是行之有效！

咱老祖宗创下的《学记》不愧是教育科学宝库中的一件珍品！其实，《学记》里的珍贝还有许许多多，比如："尊师重教"的教育思想，"教学相长"的价值判断，"治学务本"的教育理念……一本《学记》，让我初窥到了国学经典的博大精深，感受到了在古文学面前自己的渺小微弱，唯愿在陈老师的指引下，与队友们互勉共进，一起前行，行走得更远更坚定，一起采撷，撷得更多浩瀚古文学中的珍贝！

让教育返璞归真

——读《学记》心得体会

浙江省台州市路桥小学　罗海平

【题记】如今信息化社会，教育需要突出个性化，交流强调互动化，价值要体现多元化。而各种教育观点也百家争鸣，如何由心而发，由生而发，由情而发，让我们的教育回归本真。

在这即将不惑之龄，有幸遇到陈群英老师，有幸成为陈群英老师领衔的工作室一员，有幸一起共读《学记》，本人深感受益匪浅。《学记》是儒家经典之作，它所传达的教育思想和理念，正在华夏子女一代继一代的传道授业中潜移默化。对于这一本纯文言文体的书籍，我是满怀敬意，也倍感惶恐。

初识"真身"——真深！

7月3号，初见《学记》那金灿灿的封面，见陈老师随身带来，我就有了肺腑之想，肯定是一本精彩的书籍，想赶紧纳入一本！正巧会议中，陈老师提出了共读计划。于是打开当当网一扫，一点，7月4日，我就满心欢喜地捧得圣书而归！刚巧家有小儿，也有背经典的任务，于是经典诵读，亲子共进之路即刻开启。初识《学记》，不免深感自己的肤浅，有好些字连读音都不会，更别提全文理解了。于是我就参看"今注""今译"，再借助百度，咬豆子似的硬着头皮上，初识的感觉——真深！

共读真传——传真！

这段时间《学记》的共读，一直在传真。它告诉我们教育要返璞归真。作为我们班主任，要"真"——真要职，真实干，真顺心！下面我就从读《学记》的总体印象来谈谈我的观点！

一、真要职

细读教育部关于中小学班主任工作的规定："班主任是中小学日常思想道

德教育和学生管理工作的主要实施者，是中小学生健康成长的引领者，班主任要努力成为中小学生的人生导师。"这足以说明了我们班主任工作的重要性。我们是学生的人生导师，是孩子健康成长的引领者。正如《学记》中所言："君子如欲化民成俗，其必由学乎！"道理也是如出一辙。"是故古之王者建国君民，教学为先。"也正体现了教育对百姓，对人生成长的重要性。然而，纵观教育一线的实际情况，我们大部分班主任都身兼主课，而且课时数较多。大家似乎都会有一种错误的认识：班主任是辅助各科课任老师的，本末倒置。

《学记》有曰："今之教者，呻其占毕，多其讯言，及于数进而不顾其安，使人不由其诚，教人不尽其材。"古人尚且如此，倍加关注"尽其材"。而历经数千年的教育研究和教育改革，我们尚不能更好地考虑这一问题。是对"真要职"的一种忽视，对学生因地制宜，因人施教的粗略处理。这是身处教育一线的我，诵读《学记》理会古人的育人之道，不禁杂思又生。"乱花渐欲迷人眼，浅草才能没马蹄。"花儿的绽放固然美丽，但教育的大地也别忘了展示绿草的生机，这样才能让社会长治久安，和谐发展。只有让大片绿草也绿意盎然，才能埋没纷争喧嚣残留的痕迹。这也是我对习近平总书记主张的经典诵读的理解，让教育回归本真。

二、真实干

每日诵读《学记》，也日渐强化我的意念：教育乃春秋大业，乃立国之本。故此作为班主任，我们必须要教学相长，教育学生与自己学习互相促进。"虽有嘉肴，弗食，不知其旨也；虽有至道，弗学，不知其善也。是故学然后知不足，教然后知困。知不足，然后能自反也，知困，然后能自强也。故曰：教学相长也。《兑命》曰："敩，学半。其此之谓乎？"不正是这个理吗？下面我就班级管理，谈谈《学记》对实干的指引。苏霍姆林斯基对班级管理的要求告诉我们：①关爱孩子、了解孩子、深入内心；②给孩子活动的时间和空间；③发挥学校环境对学生的教育作用；④通过集体教育培养学生的思想道德品质；⑤积极转变学生的道德概念为道德信念，重视实践；⑥整合教育力量，让各种教育和谐化；⑦让德、智、体、美、劳"五育"同发展。

听完大师的要求，我们可以把班级管理分成三方面：日常管理、班级文化、班级活动。关于这三方面，我觉得我们需要做到：管理民主化、活动主题化、班级文化生命化。

构建班级文化，要借班级活动这一重要载体。所以班级活动主题化尤为重要。

吸收名师专家的先进理念，班队活动课程在小学低中高段应有不同的关注内容：低年级注重养成教育，中年级专注于合作教育，高年级更关注责任教育。其实好多课程并不分先后顺序，没有明显的分界线而是并列存在的。不同的年段，有重点的关注，可能更符合孩子的成长规律。

近年来，队活动渐渐由当初的精细雕琢的"春晚式"，演绎成现在简略、高效的微队课。由当初的关注活动的形式，到现在更专注于活动的内容，更看重于活动的效果。所以队活动的平民化，也是新形势下对队活动理解的一个转变。

三、真顺心

班主任工作是一件精细活儿，也是一项顺心的工程。我一直以为此顺心是指我们的工作要顺从孩子心智的发展。我们应该从大处着眼：先成人，后成才。"不要让孩子输在起跑线上"，其实真正的起跑线是做人。我们要让孩子悦纳自己，欣赏他人。我们为师者必须努力提升自己，多加习得，才能让我们的教育尽其德，顺其心，尽其材，扬其能。

没有好学实干，怎能保证不会"隐其学而疾其师，苦其难而不知其益也"？很幸运，在陈老师的引领下，我能走进《学记》，走进古人的智慧，以此领悟教育之道，以此剥之陋习，以此共促发展。前方的路还远着，我将上下求索。

学不可止，方为人师

——读《学记》心得体会

浙江省台州市实验小学　孙丹娟

2018年7月，暑假伊始，我何其有幸，成了陈群英老师领衔的首届台州市名班主任工作室中的一员，从此踏上了"品读国学经典，促进班级管理"

的探索创新之路。陈老师和我们这个工作室的姐妹们年龄相仿，却是个有着无数光环令人仰慕的好老师。她是全国经典素读创始人陈琴老师的核心弟子，是中华传统文化教育优秀个人。初见她，是那天面试的时候。我是考生，她是面试官，我紧张地站在讲台上，她端正地坐在教室中间，我侃侃而谈，她耐心聆听。她的笑让我印象深刻，她的笑是盛夏里的一缕凉风。再见她，是在市教育局会议室，她作为名师工作室老师代表发言，我被她身上的强大气场吸引，被她深厚的文化底蕴吸引。原以为人到中年，在自己工作岗位上本本分分，教好书就可以了，怕苦，怕累，喜欢过安逸的日子，这样的想法让我对自己个人的成长失去了追求。可是没想到，认识了导师，让我重新认识了自己，我决定一切从头开始，从读书开始。读书要成为我日常工作生活中不可或缺的一部分，我相信日积月累地读经典会让我成为一个有内涵的像导师一样的好老师。

　　工作室学员首次会面时，导师布置给我们学员共读的第一本书就是《学记》，当她从包里拿出浙江古籍出版社出版的，潜苗金译注的《学记》这本书时，我眼睛一亮，我也有这本书，一直在案头，想读而又一直未细读。这下好了，导师布置任务了，有压力就有了动力，趁暑假好好读起来。七月，我们自学。我捧起书，对照着注译一字一句学习。八月，导师教我们用陈琴歌诀乐读法诵读，坚持每日打卡。用了12天时间，导师教我们读完了《学记》全文1229个字，又安排我们用两天时间每天全文诵读三遍，打卡一遍，最后做到全文通背是我们的目标。我喜欢陈琴歌诀乐读法，初次接触就喜欢上了，读起来朗朗上口，时而欢快跳跃，时而抑扬顿挫，时而一气呵成，让人不自觉就想舞之蹈之。不管什么场合我都在用陈琴歌诀乐读法听读《学记》，在卫生间洗脸洗澡的时候听读，在厨房洗菜做饭的时候听读，在阳台洗衣服的时候听读，家人都说我走火入魔了。每次打卡前，我都要听导师范读的录音很多遍，继而跟读，最后把自己最满意的一遍打卡上传。每次自己打卡前我都会听听工作室其他老师的打卡录音，做到取长补短。我很在乎导师对我的评价，不足的地方我立即改正，导师肯定我，我会高兴好久，"好听""诵读得有气势了""读得真带劲，使人也想歌诀"……导师一句句发自肺腑的鼓励让我学习的信心倍增。读着读着，深奥的文言文变得浅显起来，里面所表达出的很多教育理念不正是我们一线教师一直在践行的吗？为人师就应该掌握扎实的教育理论，我后悔自己怎么不早点接触它。读着读着，才发现自己虽是人师，却如此浅薄，读着读着，我感觉到自己越来越有力量。

《学记》继承了先秦儒家，尤其是孔子和荀子重视教师问题的光荣传统，认为教学成败的关键在教师。有了好的教师，不合理的规章制度可以得到斧正，不科学的内容体系可以获得调整，不明确的教育目标可以被明确，所以教师是提高教育质量的关键。其中有一句话我感触特别深："记问之学，不足以为人师，必也其听语乎。"意思是说：只靠事先备好的课，然后照本宣科，背诵现成的答案，是当不好老师的，做一名合格的教师，必须有渊博的知识为基础，且精通自己所教授的专业知识，形成合理的知识结构，随时准备根据学生的提问并给以圆满的回答才行。这样才能"善待问者如撞钟，叩之以小者则小鸣，叩之以大者则大鸣，待其从容，然后尽其声"。这世间的学问我又能明白多少呢？会不会有一天我答不出学生提出的问题？会不会有一天因为不学习根本跟不上这个社会快速发展的步伐？这些问题在我读完《学记》后一遍遍反问自己。平时自己读书甚少，工作繁忙，家务繁忙等都成了影响自己读书的种种借口。我们的导师，我对她还不是十分了解，但是从微信群里隐约中了解了一些关于她的零星，她身为一校之长，不用说，工作肯定比我们普通教师忙得不知超过多少倍，却从不忘记读书，每天深夜她都还挑灯夜读，有时睡眠时间短得仅仅三四小时，转天又满血复活，这样一个充满活力的女子，身上究竟有什么魔力？我想应该是书本的魔力吧！读书能够让我们体验不同的人生，延长自己的生命；读书能够为我们添一些厚重的质感，读书能够为我们添一些文化的雅致；为我们的工作添一些巧妙与机智。比起她，我一个普通教师更应该有充分的时间可以读书，今后我一定利用一切可利用的时间来读书，读各种经典，让自己精神世界变得丰盈起来，知识储备丰厚起来，来适应学生的要求，适应社会的要求。

愉快的暑假生活临近尾声，新的学期即将到来，工作室诵读《学记》打卡也暂告一段落，但我不会停止读书。《学记》值得所有从事教育的人慢慢研读，反复品读。它是引领我驶向经典海洋的一叶扁舟，我将带上吃苦的劲头去乘风破浪，永不停息。我决定把《学记》放进教育的行囊中，带着它继续行走在教育的路上，时常翻开来读读，但愿常读常新，永读永获。我要学习孔圣人的学无止境的优秀品质，以陈群英老师为榜样，努力学习，锲而不舍，在教育这片深情的土地上尽情绽放，对得起"为人师"这个神圣的称呼，是我的毕生追求。

闲话《蒙曼品最美唐诗》

浙江省台州市黄岩区西江小学教育集团 王巧

寒假里这本书一直就搁在我的床头柜上。儿子每晚睡前傍着我看他的各色儿童书，我便翻开这本《蒙曼品最美唐诗》。儿子一支笔，我一支笔，看到喜欢的句子，随性画上一道，或者点上数语。我觉得自己就是典型的感性人物，每每看理论抽象的书籍，我便昏昏欲睡，这本《蒙曼品最美唐诗》却让我看得"沉醉不知归路"。

想起高中那紧张的时期，常和同桌偷偷在桌子底下翻阅《唐诗的故事》《宋词的故事》，我总觉得那些辞藻华美的唐诗都比不得这些诗歌背后的故事吸引我。你看，这么多年来，这么肤浅的爱好，却依旧一成不变。也许，就是女人爱八卦的本质吧！

一、"品"便是"聊"

爱这本书大约就是爱上蒙曼讲的故事。这故事是什么？无非就是诗中那一个个典故。通古博今的蒙教授旁征博引，信手拈来便是一环套一环的故事。故事一说，这诗便也理解大半了。

你看骆宾王《在狱咏蝉》中说"西陆蝉声唱，南冠客思亲。不堪玄鬓影，来对白头吟。"咱们历年教科书中就一个解释"南冠是囚徒之意"，但是蒙教授认为"南冠"的含义要比囚徒更深。她引用了《左传》中"南冠楚囚"的典故。"南冠"最早见于《左传·成公九年》："晋侯观于军府，见钟仪，问之曰：'南冠而絷者，谁也？'有司对曰：'郑人所献楚囚也。'使税之，召而吊之。再拜稽首。"用白话讲，这个故事讲的是楚共王七年，钟仪随军出征，战败，沦为战俘，成了"楚囚"。虽然作了阶下囚，郧公的头颅依然高昂，带着自己国家帽子。晋景公感叹钟仪有义有信，就放了他回国。因此，"南冠"在古代诗文中通常是那些被冤枉和诬陷而陷入困境的人的自喻。

骆宾王用"南冠"其实就是他自己被诬下狱的内心独白。再结合下一句"白头吟"，作者引用了卓文君《白头吟》来解释骆宾王认为朝廷辜负他对国家的一片痴情，犹如司马相如辜负卓文君的痴恋一般。两个典故一讲，结合写作的背景，一首诗便解释得酣畅淋漓了。

读这本《蒙曼品最美唐诗》，其实我觉得"品"便是"聊"。古人云"诗言志，歌咏言。"雅致的文人给诗歌披上那层"犹抱琵琶半遮面"的细纱，而蒙教授轻言细语间信手拈来历史长河中的故事，那层面纱便轻轻撩开，让我们窥得"唐诗"的真容。就像她自己说的"古人虽然讲究用典，但是，用典的最高境界不是让你看不懂，而是让你不知道典故也看得懂，但是知道了典故会知道得更加透彻。"

二、"品"更是"悟"

看完这本书，我确然惊讶地发现蒙教授这本书中引用《红楼梦》中的文字达到了十二处之多。

开篇《五味人生品五味诗》引《红楼梦》宝玉与冯紫英行酒令。酒令的"悲愁喜乐"就成了她这本书的精神纲领，"喜怒哀乐怨"这五情成就了唐诗历史地位，也成就唐诗的魂魄，更成就唐诗的永恒。

诗是诗人写的，也是写给人看的。纵然堪比嫡仙的李白也有愁苦悲怨之时，"玉阶生白露，夜久侵罗袜。"不去遥想李白又借此发什么样的悲怨。只是，当你有一日也与自己的爱人闹别扭，辗转反侧，难以入眠时。心中瞬间跳入这句"玉阶生白露，夜久侵罗袜。"内心是否有那么一瞬间的共鸣，这便是唐诗的魅力了。穿越千年而来，在你心头轻轻一颤。

冬日里，撤开空调，和朋友后院花房炭火取暖，嗑嗑瓜子，话话家常。这炭火却比空调更有人情味。再往炭火上温一壶茶，小小剽窃一下白居易的《问刘十九》"绿蚁新醅酒，红泥小火炉。"换作"绿蚁新醅茶，红泥小火炉。"那份惬意和闲散便足以驱散冬日的寒冷。

蒙曼说："人心在五情中回环往复，起伏不定。"唐诗中的"五味五情"足以让你在人生"悲愁喜乐"时寻找到慰藉心灵、感悟生命的良方！

一场与诗词的邂逅

——品读陈更《几生修得到梅花》

浙江省台州市仙居县第一小学 张晓英

人与人相遇，不一定会有故事发生，但一定会有个相斥或相吸的气场存在。感谢遇见，让我在一段段旅程中有所收获。人与书相遇，亦是如此。漫步读书之旅，我又遇见了陈更——诗词中温婉灵动的才女，洋溢在她身上那通透、纯粹的诗意如阳光肆意泼洒，温暖我心。

品读了她的作品，感觉她是真的喜欢诗。她用心用情走进这些古人，去发现他们的精神坐标，去感知他们的灵魂温度，用自己独特的感受，把这些最令自己欣赏的个性才情展示在我们面前。

思念·恬淡——韦应物

"怀君属秋夜，散步咏凉天。"静静地想念一个人是美好的。"山空松子落。"这是丘丹所在的地方，一颗松子落下，已胜过千言万语。能隐隐感觉到，俗世缠身的韦应物，对这禅境的向往。"幽人应未眠。"韦应物在想：丘丹这样的雅人，在这样的夜晚，肯定舍不得这美丽的夜色，不忍睡去吧！秋夜可爱，天清风凉，人在自然中容易忘却人世繁杂，把心放空。但此时韦应物心头却浮现出故人，足见友情之重。《秋夜寄丘二十二员外》是封两地书。一封信，两个空间，我在秋夜漫步想念你，你在空山静坐亦未眠。

松子落地轻微，他用来隐喻人心里感情的细腻，韦应物的诗总是在恬淡背后藏着饱满的生命力与压抑的深情。"今朝郡斋冷，忽念山中客"，早晨起来感到有凉意，由我冷想到你冷，就想"欲持一瓢酒，远慰风雨夕"。"淮面秋雨夜，高斋闻雁来"，南方萧瑟的秋雨之夜，有雁声北来，他想到这大雁或许就要回故乡了，而自己归期渺茫，引出了乡愁。韦应物笔下，强烈的情绪都显淡雅，甚至当他想要呐喊的时候，还是略带温柔，还是要连声唤着"胡马"，还是有"雪""路迷""日暮"这样柔软朦胧的字眼，这是一种隐忍的深情。

胡马，胡马，远入燕支山下。跑沙跑雪独嘶，东望西望路迷。迷路迷路，边草无穷日暮。

恬淡其文，深情其人，陈更读懂了他的细腻与淡雅。这些来自诗人与读诗者精微的感知，诠释了"用心"二字。用心感受生活赐予的，怀平和之心，恬淡活在每个当下，且行且从容……

相守·相知——白居易

与韦应物的恬淡相比，陈更说白居易对天地万物生灵都满怀深情。"两度见山心有愧，皆因王事到山中"。白居易出公差，常经过骆口驿，孤单赶路，驿站于山野中给人以人情味，驿站旁的青山也有了家的味道。他在不同季节怀着不同的心事来这儿，而山忠厚相守，将忙碌的游人拥入怀中。"今年到时夏云白，去年来时秋树红"，两种山色，却牵出万千情愫来。他看着山，回想着，心里便沁满温情和感动：山一直等在这里，可他每一次都不是为山而来，无暇细赏，他觉得歉疚，朴实又诚恳。多情之人，故地也是多情的。

白居易的感情是纯粹的。"野火烧不尽，春风吹又生"，他能体悟到生命感发的力量，他是深情的；"可怜九月初三夜，露似真珠月似弓"，他真诚赞美秋夜可爱，这是他的疼惜细腻。读到这里，我的心里也泛起柔情，想起曾经历过的最美好的事，曾见过的最美的风景，好像也突然领悟到人对天地、对万物生灵的爱。我们因俗务缠足而错过了多少夏云白，秋树红啊！

而他对元稹的那份过命的交情，则体现在他们的书信往来中。下雨了，白居易给元稹寄诗："不堪红叶青苔地，又是凉风暮雨天。"吃不饱了，给他寄诗："畲田涩米不耕锄，旱地荒园少菜蔬。"和朋友在一起时，给他寄诗："忽忆故人天际去，计程今日到梁州。"在宦官当道奸逆横行的世道，一对共怀理想的好朋友，一为笼中鸟，一为槛内猿，每当对方寄来一封书信，不论说什么都不再孤独。这份友情已成为生命的一部分，友人已去，独自一人怎能不悲伤？"夜来携手梦同游，晨起盈巾泪莫收"的是牵挂，"君埋泉下泥销骨，我寄人间雪满头"是无奈。元稹离世九年，69岁的白居易还总是梦见他，写下了《梦微之》。人生难得牵挂，难得知己。"同心一人去，坐觉长安空"，白乐天对友人不疏不弃、生死不舍的喟叹，直击古今多少人的心坎啊！

所以，原谅时光，记住美好，那些在若水时光中沉淀下来的点点滴滴，当是心间最珍贵的纯净，当是人间最温暖的情意，当值得以一生一世来珍惜！

回归·大爱——陶渊明

好的文字就是唤醒，恰似"一波才动万波随"。陈更在品读陶渊明的《移居》其一时，说陶渊明是懂得幸福真谛的人。她说"每次读陶渊明，我都不禁感叹，这小日子过得真滋润啊！"他搬家，只要一群淳朴可爱可亲合得来的邻居，感受人间烟火。"闻多素心人，乐于数晨夕。"朋友们都住在附近，常来常往，大家在一起斗嘴皮子。好文章一起欣赏，有什么疑惑说与朋友，朋友不经意的指点就让人茅塞顿开。"邻曲时时来，抗言谈在昔。奇文共欣赏，疑义相与析。"这样令我们羡煞的滋润日子只是陶渊明的小确幸之一。

"采菊东篱下，悠然见南山"，我也特别喜欢这首《移居》。田园诗里总有回归的愿望。"将家就鱼麦，归老江湖边"，"结庐在人境，而无车马喧"，"怀此颇有年，今日从兹役"。一张张诏书下来，朝廷让他去做官他完全没有动心。他知道自己真的不想要。他是一个真正有情怀有风骨的田园诗人！

陈更喜爱他是因为他的一句话："此亦人子也，可善遇之。"陶渊明家里来了个劳工，他跟家人说，他也曾是父母的心头肉啊，可别欺负人家。在那个政权更迭、战火连绵的乱世，他成全心里的爱，爱家里的劳工。但他依然忍不住要想整个社会的出路和百姓的幸福，他希望有一天所有人都能幸福，所以他写出了《桃花源记》。"有风自南，翼彼新苗"，南风爱春苗，吹拂着它，让它张开翅膀生长。在陶渊明的世界里，处处都有爱。

"山涤余霭，宇暖微霄。有风自南，翼彼新苗"，正如陶渊明的两句诗一般，这本书就像一个亲切的朋友，在一个晴朗的午后，坐在山南的溪边，从诗人所处的大环境到人物性格，从他们的人生际遇到辗转之所，讲述了那多少年前的故事。我无法将陈更一本书中几十位诗词达人的心情札记在此串珠捡玉般一一摘录分享。读陈更笔下的诗人和诗歌，我如鱼儿般在清流中自由徜徉，源远流长的诗词天地，滋养我，度化我。这是一场两个时空的对话，它让我更懂得从容、珍惜与爱。邂逅诗词，有情有味有诗意！

来，我们一起来读《论语》

浙江省天台县实验小学　张燕

著名学者钱穆曾经说过："今天的中国读书人，应该负两大责任：一是自己读《论语》，一是劝人读《论语》。"

为什么他要发出这样的呼声？我们又应该向孔子汲取哪些智慧呢？这些问题都可以从《论语》中找到答案。大家都知道，《论语》是一本记载孔子及其弟子言行的书，书中集中体现了孔子的政治主张、伦理思想、道德观念及教育原则等方面。因此，《论语》堪称人生哲学书，其中所蕴含的道理充满了为人处事的智慧、经世致用的哲理，对人的启迪无疑是多方面的。2000多年前的《论语》，古人视之为宝，我们也视之为宝，古人手不释卷，我们仍然爱不释手。几千年的流传，《论语》的智慧早已深深烙刻在我们中华民族的文化柱上，流淌在每一个炎黄子孙的血液里。

走进《论语》这本书，源于台州市名班主任工作室，源于学校对经典文化的重视。2018年10月24日这一天，我从童局长、徐主任和导师的手中接过了这本儒家经典著作《论语》，看着导师在书的扉页上题的字："慎终如始，则无败事"，我感到温暖，更知任重而道远。我花了近一年时间，每天跟着导师用陈琴歌诀乐读法认真诵读并已打卡了两遍《论语》。每次读，我都会深深地被《论语》所折射出的一系列的儒家思想和智慧所折服。

所以，习近平告诉我们要有文化的自信，这是对传统文化的自信，这是对中华民族的自信，这是对五千年历史的自信。

2012年12月5日，习近平同外国专家代表座谈时提及"三人行，必有我师焉。"

2013年3月1日，习近平在中共中央党校建校80周年庆祝大会上发表重要讲话强调"学而不思则罔，思而不学则殆。"

2014年9月18日，在印度世界事务委员会发表题为《携手追寻民族复兴之梦》的重要演讲中，总书记提到"己所不欲，勿施于人"。

总书记身体力行展示了《论语》的智慧，展示了《论语》的魅力，展示了中华文化的自信。在这些熠熠生辉的儒家思想中，在当今风云变幻的世界里，最有实践意义的，就是——"忠恕"。

忠，是中人之心，尽心待人、忠于本心，己欲立而立人、己欲达而达人；

恕，是如人之心，推己及人、换位思考，己所不欲、勿施于人。

这样的理念、思想，在如今听来，令人分外感动。因为，这些关乎体谅、诚恳、理解、尊重的品质，随着历史长河的向前推进，越来越沉入河底，其踪杳杳。难怪钱穆先生要向全国人民发出向孔子汲取智慧的呼声。

放眼当今世界，矛盾一点就着，战争一触即发，有人一言不合就背信弃义，有人自己强大却不允许别人生存，动不动就威胁，动不动就制裁……这都是因为他们不懂得"忠恕"，不懂得这个在中华民族血液中流淌的《论语》智慧。他们不知道曾经在两千多年前的东方，有一群知识分子，他们和而不同、周而不比，他们想人之所想、急人之所难，他们老吾老以及人之老、幼吾幼以及人之幼，他们尽管性情不同、出身不同、成就不同，但是在"忠恕"的感召下，都践行着儒者的光荣与梦想，体察万物，悲悯苍生。

"忠恕"不仅是古代知识分子个人修为的守则，更是中国文化在今天提供给世界的智慧准则。

旷日持久的巴以战争，是宗教信仰的冲突；

以美苏为首的东西集团冷战，是政治形态的冲突；

国内的贸易顺差与国外的反倾销举措，是经济体制的冲突；

所有这些冲突，其解决之道，都可在"忠恕"的智慧中寻找答案。

习近平总书记一番话令人豁然开朗：

"要解决这些难题，不仅需要运用人类今天发现和发展的智慧和力量，而且需要运用人类历史上积累和储存的智慧和力量。"

习近平总书记在《习近平用典》中就大量引经据典来阐述自己的思想和观点，其中引用《论语》中的名言最多，这就是在向中华文化汲取智慧，向孔子汲取智慧。

2013年，我国提出了"一带一路"的倡议，大家共商、共建、共享，构建人类命运共同体。这都是因为我们忠，尽己之心，去付出和助益；这都是因为我们恕，待人如己，去换位和体谅。这都是因为我们诚恳、理解和尊重这个世界。能让我们有如此大格局的是因为我们读懂了《论语》，读懂了孔子的智慧！

因此，任何人做事，都不应当私利当头，而应当时时考虑大家的利益，这样才会成为一个有仁德的人。

所以，纵观以儒家文化为主体的中国传统文化，结合今天社会主义的理论成果，我们更应具备一份中华民族的文化自信。中国文化，不仅属于过去，也属于未来；不仅属于中国，也属于世界。

在《论语》智慧的指引下，中华民族一直是个有爱的民族，中华民族一直是个有智慧的民族，中华民族一直是个有梦想的民族。

反观当今世界，还有多少国家明白《论语》的智慧，懂得仁爱的价值。在墨西哥和美国之间硬生生地造起一堵高高的墙，美其名曰是为了让美国再次强大，却让无数追求所谓美国梦的人妻离子散，命丧边境，这是仁吗？这是爱吗？香港的暴徒伤害警察在西方某些人眼里是争取所谓的自由，而同样的事发生在他们自己国家时却被指责为暴行，这是仁吗？这是爱吗？在别的国家发动战争，却不允许难民到他们国家避难，这是仁吗？这是爱吗？

这都是因为，今天的他们，不懂得《论语》的智慧，不懂得《论语》的仁爱，不懂得《论语》给予的温度。

我想，1988年75位诺贝尔奖获得者不约而同地让今天的我们回首2000多年前孔子的智慧，《论语》的智慧，中华文化的智慧，似乎是历史的偶然，其实更是今天世界的必然选择。

《论语》是儒家的宣言，也是儒家的"圣经"，它的影响，可以说是经过了几千年历史的大浪淘沙，对中国甚至是全世界人们的影响，可以说是深远的、根深蒂固的。将《论语》带进我们的生活中去，我们会有更不一样的收获与体验。《论语》值得我们去进一步的挖掘其中的深切内涵，更值得我们去学习。

当钱穆先生期望的这一天到来，当全世界的人都读懂《论语》，当他们明白了《论语》的智慧，懂得了仁爱的温度。那么，这个世界就不会有隔阂，不会有歧视，不会有战争！

所以，来，我们一起来读《论语》，来，全世界的人一起来读《论语》。

有一种力量，让人泪流满面

——读《给教师的建议》体会

浙江省椒江区中山小学　王苏芳

阳光打在你的脸上，温暖留在我们心里。有一种力量，正从你的指尖悄悄袭来；有一种关怀，正从你的眼中轻轻放出……

我是一个积极开朗、自信乐观的小学语文老师。我喜欢朗读，会带着学生在书海中漫步；我喜欢唱歌，在不惑之年，还跟着老师系统地学习民歌演唱。对于新生事物，我总是愿意尝试、分享。而小时候的我，却是一个胆小、敏感、不愿意吐露心声的孩子。

我至今仍能回忆起那个中午，穿过只能透着一点点光亮的走廊，去参加演讲选拔。我的声音细若蚊蝇，我想，离我只有2米距离的老师大概也只能勉强听清。我默默地坐在教室里等待，在怦怦的心跳里有一种声音在说："肯定选不上了，没什么大不了的。"可小心眼里还是有一点点期待。宣布结果时，老师当着全班同学的面说："你的声音是班级里最好听的，普通话也不错，在演讲这方面很有天赋的。"接下来的几天，几乎每个中午我都在老师的办公室度过，我获得了年级段第二名。有了这一次的成功经验，每一次有关于语言表达的比赛，我都会积极地去参加。在《给教师的建议》中我看到这样一段话"成功的欢乐是一种巨大的情绪力量，它可以促进学生好好学习的愿望，在任何时候都不要急于否定他们。"时隔多年，我清楚地知道，我并不具有语言方面的天赋。但那一次偶然的经历却给予了我力量。

我还发现一个有趣的现象：在学生参加比赛中，最快乐的，往往是获得第三、第四名的学生，而不是获得冠军的那个。因为，他还会代表团体再去参加更高级别的比赛。"你可以更好，你再努力一点，加油。"每一个肯定背后都包含着更高的要求。但总会有一场比赛使孩子遭受挫折，继而忘记获得第一名时的雀跃。而当初获得第三、第四名的孩子却把欢乐留在了领奖台上。社会学研究有一种现象叫"第十名现象"。长大以后更有出息的学生，往往不是班里面的前3名，而是那些中等偏上的学生。我想，他们获得成功的快乐可能比前3名更多吧！

当我们很弱小的时候，我们的力量从哪里来？从别人的认可带来的自信而来。而我们的学生恰恰是需要我们发现与持续地给予认可的。苏霍姆林斯基说："每一个儿童身上都蕴藏着某些尚未萌芽的素质。这些素质就像火花，要点燃他就需要星火……"作为这个瞬息万变时代里的教师，我们仍需坚守初心："让每一个孩子拥有足够的力量，能够在发现世界的同时，去发现自己，点燃自己，做最好的自己。"

而这一份力量足以让每一个孩子泪流满面。

读 悟 思

——《学记》读书心得

浙江省台州市玉环市环山小学　陈光

"玉不琢，不成器，人不学，不知道。"关于《学记》我只会背诵寥寥几句，它的地位，它的经典，它的精髓，从未深知，作为一名教育者，深感惭愧。机缘的巧合，这次在陈群英老师的带领下，用陈琴歌诀乐读法尝试一遍又一遍地去诵读，不知不觉有了点点滴滴收获。

一、读经典之内涵

《学记》是世界上最早的一篇论学专著，比夸美纽斯的《大教学论》和卢梭的《爱弥儿》还要早。这样经典中的经典，字里行间，如行云流水，言简意赅，字字珠玑。它的体系极为严整，系统全面地阐明了教育的作用和目的任务，教育教学制度、原则和方法，教师的地位和作用，在教育教学过程中师生关系和同学之间的关系。虽然只有千余字，却微言写大义，令人高山仰止。

二、悟教育之兴废

《学记》一文中非常犀利地指出了教之所由"兴"与"废"，作为"为师者"的一线教师无不裨益。在读书的时候，我把二者对照着读，期待能读出自己的一些见解。

"发然后禁，则扞格而不胜"，当事情发生了才去禁止，这显然是来不及了，因此要在事情出现苗头的萌芽阶段就要防患于未然，"禁于未发之谓豫"，作为班主任，更要学会观察学生的表现，有敏锐的洞察力。

"时过然后学，则勤苦而难成"当时机过了再去学习，必然艰苦加倍而难以收敛，班级管理工作也如此，比如抓住时机处理突发事件，运用"冷处理细心谈"等方法，不要让事态蔓延，"当其可之谓时"。

"杂施而不孙，则坏乱而不修""不凌节而施之谓孙"告诉我们做事情要有计划有目标有顺序，在班级管理过程中尤其是学期初，就要对整个学期的班级工作列好计划，根据目标，有序地安排活动，更要在活动的过程中循序渐进地进行养成教育，培养学生良好的学习习惯。

"独学而无友，则孤陋而寡闻"，因此要进行榜样示范法，正面教育为主，让学生"相观而善之"。

而面对"燕朋逆其师，燕辟废其学"这样的小团体，更要进行个别教育，各个"击破"，尤其是小团体里的"核心人物"更要多关注。不论怎样的学生，他的身上总有"闪光点"，用"放大镜"放大他的优点，让他在"小步子"中尝到"大喜悦"，从而矫正不良行为，在小团体中形成正向舆论，从而使班级形成良好的班风学风。

三、思践行之得失

《学记》篇幅短小，内容却十分丰富，我们熟知的——"教学相长"原则阐述了"教"与"学"的辩证关系；启发诱导原则，可以说是《学记》里最基本的原则，"道而弗牵"引导而不强拉，"强而弗抑"勉励而不挫伤，"开而弗达"启发而不说尽；学习观摩的原则，"相观而善之谓摩"，学生之间互相交流、互相学习等等。

触动我的是"藏息相辅"的原则，就是课内与课外，劳逸结合的原则。上学就要认认真真，"时教必有正业"，下课玩个痛痛快快。可是，我们发现现在的孩子一般被"圈养"在教室里，上课的时候无精打采，没有集中注意力听讲，下课的时候也不会好好地玩，低年级乱追逐易发生碰撞的安全事故，高年级根本不愿"动弹",偷偷埋头看小说,有的甚至带手机玩,屡禁不止,这样又导致上课没有精神的恶性循环。如果班队课或课外能展开有益的活动,不仅能增长学生的技能,更能对"正业"产生兴趣,正所谓"不兴其艺,不能乐学"。

我们发现,寓教于乐的班队活动不仅能激发学生的学习兴趣,让学生体验成功的喜悦,还能增强班级的凝聚力。同时要信任学生,让学生组建合作小组,自己组织班队活动。低年级的时候示范上班队课,中年级培养一些班干部主持班队,高年级就可以放手让学生自己来。因此,《学记》中说,"安其学而亲其师,乐其友而信其道,是以虽离师辅而不反也。"

多年的班主任工作中,我接了一茬又一茬的学生,而每一届的学生各不相同,学生之间存在着差异性,这是我们教育的困难所在。《学记》中就说,或失则多,或失则寡,或失则易,或失则止。如果"知其心",就能"救其失"。所以说"攻心为上"。对于学生,粗暴的方法解决不了问题,可能当时表面上是解决了,而隐性的问题没有解决。因此,这些年来,我致力于心理健康教育理论的学习,并且把理论联系到实际的班级管理中来,以课题为载体,开展个案研究、团体辅导研究等,收到比较好的效果。然而,教育的问题还是层出不穷,需要不断地探索,探索更多打开难题的"钥匙",让一把钥匙开出一把锁来。

掩卷思之,我最大的感受是自己的学识是那么浅薄,"记问之学,不足以为人师"。"学然后知不足",唯有多阅读、多诵读、多思考、多提问、多请教,夯实基础,方有底蕴。

清代张潮在《幽梦影》中"少年读书如隙中窥月,中年读书如庭中望月,老年读书如台上玩月,皆以阅历之深浅,为所得之浅深耳。"已经步入中年的我,却感到还没有达到庭中望月那个境界。

王阳明先生说:"知者行之始,行者知之成"。虽无法庭中望月的我,却有一腔热情,愿与伙伴们且行且思。

浸润，再浸润

——《经典即人生》读后感

浙江省台州市黄岩区江口街道第二小学　沈巧艺

发掘真正的内心，并不容易，像淘金一样把泥沙混杂的种种想法，淬砺过火焰，明白自己真实的向往。静静地教书，教自己想教的内容，过自己想过的生活，于是，就到陈琴老师那里去。

《经典即人生》告诉我文字中的人生，语文中的人生，教书的人生。

陈老师大音希声，《经典即人生》这本书汇集了她几年来的教育随笔，教育思考，对她十几年来坚持"素读"课程，从理论到实践，均有充分翔实的论证。我先后两次拥有这本书，第一次买的时候，是在导师带我们去长沙学习时，对读书部分感悟较深。前一阵子导师又送给我们每人一本。这次，我更是仔细阅读，许多段落画了黑色的红色的圈点，很多篇章看了多次。由于自己的浅薄无知，就像陈老师说的"错过童年和青少年时期的阅读，已经是目前绝大多数中国人终生的痛，这种痛，在教师身上尤为惨烈"。虽也有秉烛夜读的时候，虽也经常看起来颇能读书的样子，毕竟散乱不成章法，零乱几无所得。阅读本书倍感自己愚钝，反复读几次，才能逐渐领悟其中精髓，进展非常艰难。看到陈老师与孩子们在课堂的互动，自然化育，灵性激荡，非学养深厚不能及也。

教学实践篇：经典是最好的支点

教弟子于幼时，便有正大光明气象！让学生个个手不释卷，饱读经典，《大学》《中庸》《论语》《孟子》，出口成诵，滔滔不绝，挥洒自如，令人惊叹！

曾经羡慕，陈老师带着孩子们走得那么高远，远得似乎永远不能达到，例如，我在课堂上也曾经学习着，带领孩子们背诵诗歌、《大学》《论语》的，算下来，近2年时间好像也不少了，却从来没有出现这样自然灵动的细节——"昨天学的《清平乐》是谁写的？"我顺入复习。晏殊！异口同声。"知道他们是父子俩吗？哇，这么厉害！"一片哗然。"把父亲晏殊的《清平乐》背诵一遍当作复习。"全班立刻响应。"父子俩写同样词牌的词，你更喜欢谁的？"我喜欢晏几道的"一棹碧涛春水路，过尽晓莺啼处"。我喜欢晏殊的"金风细细，一枕小窗浓睡。""现在来看看这首词。词牌是《清平乐》，上阕按照4-5-7-6的字数，下阕按照6-6-6-6的字数来入律，讲究押韵，用这个词牌填的词，词风都很淡雅。"——这样的话，一字一句，我从来没有这样从容自然地说过，这样的心灵和谐的师生对答在课堂上从来没有出现过！为什么？根源是我自己尚且从来没有真正走到诗词中去！自然不能内化成平常的语言说出来！我下的那些所谓头悬梁锥刺股点灯熬油的苦功夫，都是在背诵公开课的衔接语导入语。没有教师的学养，怎么滋养出这样的课堂？灵气来自真正的心灵，来自我口说我心！我带着孩子们背诵，好像总是在急急躁躁地赶路，为了背诵而背诵，背诵积淀的目的是没有错，缺乏宽容舒缓的氛围，理解融合的氛围，使得孩子们隔离在诗歌经典之外，很多时候成了他们的辛苦劳累！从而降低了兴趣，也降低了效率。教育的真谛，在于唤醒和激励。我想根本原因是陈老师幼年的启蒙与积淀，长期的语文价值取向，让她在很高的起点上，又兼有佛心佛性，博大深邃包容，正确的教育理念，领着孩子们向着高峰攀登，一直在以丰富的语文知识，丰厚的经典积累在滋润自己的课堂，是经典的支点撬起了这样精彩的课堂！

庞健行先生在文章中这样记载陈老师的课堂："学生很自由，很活跃，兴致很高，毫无倦意。"对所学内容毫无倦意！兴致勃勃！这是什么样的境界？更何况，这是在学生和老师低成本的付出下得到的！陈老师一直赞同语文课的"低成本"。在她的课上，更多的是生命的宽容、爱、自然、和谐，这样生命与人性的常态。陈老师自述"我的学生发言从不举手，但言辞有序，礼节有度。"这样的课堂正是我心中的理想状态，心中早已经摒弃了机械生硬的"一二！""安静！"诸如此类更多复杂烦琐的组织方式，既然这样的机械口号不是我心中所取，那就一定要找到自己的理想所在！我读到陈老师在上诗词格律知识的训练课后，因为孩子们的表现，下课后她"出了教室门，不由得哼起了小曲——小荷才露尖尖角，早有蜻蜓立上头"，我仿佛能看见陈老师轻盈的脚步，看见她喜悦的表情，那样生动地浮现在我的眼前，还是那宽宽的走廊，还是那走廊尽头的明净教室！

对经典的文本，能思考，能证悟，狠杀生日攀比之风，孩子们铭记的不是老师的喋喋不休，不是老师的吐沫星子，而是一句千古名言"君子之交淡如水，小人之交甘若醴"；老师的课堂提问，不是对文本的肢解，支零破碎而是对思维的启发，对智慧的启迪："读杜甫的《八月十五夜月》思考：这首诗都在写一个意思，每句都围绕月的一个特点来写，是什么？""老师为什么要以比较沉重而惋惜的曲调来吟诵这首如此感情激烈的诗？"孩子们的思维被激发后，课堂上闪耀着光芒，看到孩子们的发言，这是只学语文课本的孩子永远无法企及的高度与深度，"思维的快乐，是维系课堂魅力的源泉。"怪不得他们热爱自己的琴妈妈，"树长六个年轮，未必能成栋梁，花开六个春秋，未必赢得郁香，您给我的六年却为何如此金光闪闪？琴妈妈，我们还是这样叫您，握别的手尚有余热，我们的魂魄已然夜夜归来，您细听满园花开的声音，是我们对您深深的祝愿，要快快乐乐啊，要健健康康"。模仿席慕蓉的《七里香》，把对陈老师，他们心目中的琴妈妈，感激与祝愿，亲密与想念，表达得如此文雅，如此远远超越世俗！

经过多年的实践，陈老师对经典素读读什么内容，如何教，都有自己独特而深刻的思考。在内容的安排上，首先是本民族的经典，低年段的蒙学经典，中年段《大学》《中庸》《论语》《老子》、诗歌等，高年段《孟子》《古文观止》《史记》等。其次引入世界优秀经典读本。对老师的要求，陈老师认为：要想有好的功效，不是随便读读就可以的。认为语文老师首先是个读书人，要有文言素养，陈老师对语文老师的阅读不吝笔墨，她引用亨利·大卫·索罗的话说"首先要读最好的书，以免得来不及将他们读完。"是的，生命太短暂，今生读书已迟！尊敬的陶继新先生提倡我们读书要"取法乎上"，犹在耳畔！谁又知道这些被耽误了的人，错过了童年和青年时期读书人的苦！这种生命的惨烈的苦！不知道在得亲爱的琴师点化后能否脱胎换骨，我希望将来的路，能目视前方，能不离理想，能视野开阔，生命格局变大，无所谓得失，无所谓高低坑洼与颠簸不定，在理想中，在经典中，找到灵魂的家园，安定漂泊无依的灵魂！

要读懂这本书，最重要的是要明白，陈老师为什么要建设这样的"素读"系统课程？她把课程已经建设成为什么样子？在漫长的十几年光阴中，她是如何建设的？她何以能做到这些？支撑她走到现在的支点是什么？

陈老师在这本书中详细地介绍各学段"素读"课程的安排，详细举例来说明，各类文体如何有趣有效地引导孩子们进行素读的积累，把看似高深的经典课程，利用好现在的班级教学体制，并借助现代化的多媒体技术，低成本高效率，真正为学生节约了学习的成本，降低了老师的备课成本。陈老师这样论述经典素读的效果：最重要的是本来很差的孩子，家长惊讶地发现，一年以后孩子就能迎头赶上，整个班级齐头并进。

孩子们的语文素养非常明显地提高，孩子们经典诗歌读多了，灵性也化作诗歌从心底流淌出来。看看孩子们写的诗歌"常几天河北路，爸爸饮酒过度，醉眼闯红灯，却被警察捉住，呕吐，呕吐，引来野狗无数。""昨日商场日暮，小子昂首阔步，掏出两元钱，捧走美味食物，中毒中毒，吃得下泻上吐。假冒名牌可恶，害我毒素满腹，上当还受罪，且向哪方投诉？求助，求助，增加打假力度。"孩子们表现出优于大人的语言表现力。家长们反映，孩子们在升入初中和以后的学习过程中，记忆力好，学东西快，不感到吃力。而且，很多家长反映，孩子在读经典后，知道如何与家长朋友相处，行为举止有很大改观。变得好有教养！这几点，陈老师虽然是轻描淡写，寥寥数字都成为一个个孩子一个个家庭的现实，会有多重的分量！其中的任何一点，都值得一个不满足于现状的人眼馋羡慕，"采菊东篱下，悠然见南山"，南山在哪里？快去问素读！

生命滋养在阅读中：最是那翻开书页时的悠然感动

陈老师在经典的浸润中，早已"百毒不侵"，在《经典即人生》中，看见陈老师对教育规律的把握，对教育现实的认识，没有慷慨激昂的话语，没有愤世嫉俗的言行，教育的弊端她洞若观火，教育的黑暗她明明白白，陈老师的菩萨心性，她自度，且度人。从容，宁静，苦与痛，哀与愁，她一个人承受，就像把生命的落花，轻轻拂于宽宽的河面，静静地埋葬它们，在世间只留下生命的馨香。她的生命价值在于为教育，为儿童，为世间继承并发展创造了"素读"经典课程的实施系统。在同事中的相处，鹤立鸡群的孤独，她悠然一个人走着，走在高高的树荫下，走在无人的鲜花径，她以包容和退让成全自己，她以不争，以无私坦然地给予，赢得自己的现在。陈老师是自己在家晨读的。阅读是陈老师最自然的生命姿态。似乎还能看见在心的一角，那时候的陈老师声音弱弱的，作完报告后，在台上站立着，随兴完整地背下一首席慕容的长诗，震撼了我，这是多么自然的生命形态！听过那么多报告讲座，有谁这样从自己记忆的行囊中随手取出一首诗吗？似乎是时尚达人随手从大包里取出的一个小耳钉，一支口红，一个稀奇古怪的饰品——请原谅我用这样通俗的比喻，这样作报告的专家太稀少了，世所罕见，头脑中装着诗歌随时取用的老师太少了，就像一个会变魔术的人！这是一种怎样的吸引力！

四百多首古诗词烂熟于心，四书五经中的许多名家名篇也是烂熟于心，这一点，谁能做到？诵读的童子功，深厚的文化根，广阔的阅读视野，看看陈老师曾经翻阅的那些书，她的心走过的那些书径：

《我的精神自传》："我愿证明，凡是行为善良与高尚的人，定能因之而担当患难。"善良已经稀缺，善良而高尚如何寻觅？因为钱理群，确信我们的民族也不缺这样的脊梁！"想象力就是一切，它是生命发生之预览！""信为道元功德母，长养一切诸善根。""你心所念，不管善恶，终有一天都会如期而至，如马泰效应一般，你之所有，会助你更多，你之所无，会令本身也要剥夺。"我所相信的，我所想象的，我所吸引的，必将成为现实。我希望得到的，那么现在就当作我已经拥有，信力决定一切，相信什么就会有什么！赞叹陈老师的眼力——"才高的人，对人情世故的穿通绝对不会有智障，只不过，他们尽管洞彻一切的术心，也精通一切的阳谋和阴谋，但他们永远走不出自己的心灵之外。"陈老师自然听见《广陵散》戛然而止的声音！《庄子》不知道懂得人有无机会掉泪，不知道掉泪的人是否还记得读过"吾为其无用而掊之"！读《幸福的方法》，陈老师高度重视"幸福的方法，如果有什么绝妙的方法，我觉得，大概只有一个，那便是有爱的包围。""没有真爱的滋养，心灵难以安放，任何方法都不可能成为令人幸福的人。"物质易得，真爱难求！真爱的获得，又岂是勤奋努力就能及的！徐志摩不是也说"得之，我幸，不得，我命"吗！爱情，放在够不着的地方。现实中竭力让自己生活好。陈老师非常喜欢爱默生的《论自助》，相信她对一个人的孤单奋斗体验至深，引用了多段文字" 我们的行为如果善，就是我们的天使""除了你自己，什么也不能给你带来真正的安宁。除了自己的胜利，什么也不能带给你永恒的宁静。""顺从内心的召唤，你就是宇宙中最伟大的天才。""一个真正的人不属于别的时间与空间，而是万事万物的中心。"陈老师独自奋斗的过程中，必定体验奋斗伴随而来的种种况味，例如误解，例如自强，陈老师痛楚地反思自己的怯弱，真诚地坦白自己，带领学生感受内心的能量，感受自身的动力，在陈老师的精神领地里，爱默生如同瓦尔登湖，纯净高洁，回荡着天籁之乐！还有神秘的纪伯伦，那些曾经也沉醉过的诗歌，还有杜拉斯的"与你那时的面貌相比，我更爱你备受摧残的面容"，获得深沉温暖的安慰，还有卢梭《一个孤独的散步者的遐思》，叔本华和尼采我不太读过，马克·奥勒留的《沉思录》却也静心阅过，领悟过，不过我缺乏过目不忘的本领，看过即忘，那种被高贵征服的沉静感受还留在心上。

陈老师不同于我们的地方是，她能背诵，她能大段地背诵，烂熟于心，这就是她优异于我们的地方，同时也是她给予学生能量源泉！"灵魂对于那些曾创造了辉煌艺术成就的人，正是在他自己的心灵里找到自己的原型。"——隔着几十年的岁月看过去，七八岁的小姑娘，一句句一声声地吟着念着"雨中百草秋烂死，阶下决明颜色鲜。著叶满枝翠羽盖，开花无数黄金钱……"

我看书，看过即忘，看不懂那些难度更大的，记不住那些古典凝练的，更多时候，服从于世俗的标准，被世俗的见识牵着鼻子走，随波逐流，不知道自己到底想要什么，在迷糊困顿中徒费光阴，既然命运待我还算不薄，既然有幸跟着陈老师学习，那就向着那个世界去吧！

"人要尽量去独立行动，自己的所作所为将会逐一证明自己是正确的。""读诗可以令我们心不死。"尽管"广陵散早已断绝矣！"仍可以从"无所希望中得救！"因为"一册在手，可以避开喧闹。"给孩子阅读的习惯，奠定生命的高度，给自己一个阅读的习惯，在人生的关键时刻，从心碑上把那些话拿出来，医治我们的心智，甚至修正我们的人生态度，左右我们的步调！

在那个世界里，文字是修正灵魂的良药，经典即人生！

《给教师的建议》读后感

浙江省台州市黄岩区永宁小学 张国红

拜读前苏联著名教育家苏霍姆林斯基写的《给教师的建议》，深感获益匪浅。该书给老师们提了一百条建议，每一条建议探讨一个问题。它将生动的现实事例和精辟的理论分析相结合，读这样的一本书，就是与高人谈话，给人启迪，发人深思。

苏霍姆林斯基说："一个学生对教材感知、理解、识记得快，在记忆中保持得长久而牢固；而另一个学生的脑力劳动进行得就完全不同：对教材的感知很慢，知识在记忆中保持得不久而且不牢固。""不要向儿童要求他不可能做到的事。"这一说法与孔子的因材施教不谋而合，也是当下进行的"精准教育教学"的最好注解。

我们读师范时就学过，也知道每一个人都是世界上独特的自己，但现实中，我们总是忘记了这一点。

比如，对学生，经常听同事为学生的成绩焦虑不已，从没开始分班就开始了焦虑，尤其是教六年级或初三的，更是天天焚火般的心情。有一次，旧同事闲聊，说自己也不知怎么，就天天失眠了，原因是下学期要教六年级了。也听兄弟学校的一位同事说，学校里有老师祈祷自己赶紧怀孕，因为下一学期就要教六年级了。每学期，每到抽考时间，就有老师早早打听，今年抽考哪个年级，哪个学科。为何老师如此焦虑，一方面是责任心作祟，一方面就是当前我们给每个学生放在同样的天平上称重，我们总是习惯了用同一种标准对学生。也有人呼吁取消高考，也有改革让学生选考……但从中小学这个基础阶段的教育来看，整个社会形成的剧场效应，人人焦虑却无能为力。因为不可否认高考依然是当下实现教育公平的一个重要砝码，不管平时怎么强调素质教育，等到统考到来，等到一分定人生的那一刻到来，其他的"教育美颜"都要让位。从学生、家长到老师，层层加码，人人忧心。

　　反思自己的教育教学实际，我做到因材施教了吗？我切切实实做到保护和培养学生的"自尊"了吗？我有没有向学生提出了他们根本做不到的要求？在当前的评价制度下，我们能保持理性吗？有几次，开始时，还提醒自己，学生总是有差距的，有好生必然有差生，这符合自然界的发展规律，也把班级目标设定为：每天进步就好，人人进步就行。但等到真正看到学生成绩，尤其是那些个位数的成绩的学生时，还能记得这些真理名言吗？

　　说起老师的工作量，绝大多数老师认为：只要你拿红笔，你就累，不光是工作量大的劳力之累，更是压力重重的劳心之累。（拿红笔的即：要参加笔头测验，平时要改作业的科目），更有学校在安排老师的办公室时特意将语数英科与其他非考试科目的老师分开安排，因为怕引起主科老师心理不平衡。而现实中，不少老师有门路的想方设法调离教学一线或者借用到其他部门，或者转岗任教不需考试的科目。办公室里经常有语数英科老师委屈哭诉：我为了教这几个人，天天抓办公室辅导，放弃了自己的休息，花在他们身上的精力足足比其他人多了三倍的精力都不止，听写都已经听过了，课文也要求背诵了，重点难题我仔仔细细分析讲解了，看看写的这些作业，就跟没教一样，这些学生是不是上辈子欠他们钱没还啊？

　　我们想保护和培养学生的自尊，想因材施教，但回到现实中，我们还会突然就忘记了——每个人是不一样的！我们怎能要求一条鱼去爬树呢？很多老师都会感叹：不说成绩，看一个个学生都非常可爱，一说成绩，高兴与和谐便飞到九霄云外，弄得不好还要鸡飞狗跳。

　　"不忘初心，牢记使命"，为每个孩子更好的成长助力，为每个孩子的幸福生活奠基，是我们老师的职责，但是，在教育的道路上走着，走着，我们还记得曾经出发时的初心与使命吗？跟保护和培养学生的自尊比起来，我们是该好好地正确看待成绩了。

　　近几年来，不断高涨的学生自杀率，也给我们敲响了警钟。虽然现在每个学校要求配备心理健康老师，每个班主任都拥有 C 证，但解决问题要从源头抓起，如何减少或者杜绝学生轻生才是根本所在。

　　学生为何轻生？生命只有一次，难道他们不知道？生无可恋，才会轻生。或者说，在他们的生活中，痛苦大于快乐的体验，彻底击垮了活下去的信念。

苏霍姆林斯基说："成功的欢乐是一种巨大的情绪力量，它可以促进儿童好好学习的愿望。请你注意，无论如何不要使这种内在的力量消失。缺少这种力量，教育上的任何巧妙措施都是无济于事的。""不要有任何一天使学生花费了力气而看不到成果"。

德国教育家第斯多惠说："教育的艺术在于唤醒、激励和鼓舞。"作为老师，我们要尽己所能帮助每一个孩子把他们潜藏的力量和可能性发掘出来，展示出来。我们应该带着尊重与关怀的心来对待每一位学生。我们的教育要给学生希望，要让每个学生看到自己的价值，找到生活的意义。我们要引导学生正确认识自己，辩证看待问题，既不高估，也不妄自菲薄。就像一位专家说的，学生十道题做对了九道，我们常常会将所有注意力集中到错的那一题，为了这错的题目，我们直接忽视了学生付出努力做对的九道，我们自以为责任心爆棚地盯着这道错题，伤心、失望，"我都已经讲过的题，你怎么还错了？这么简单的送分题啊，错了！"那些痛心疾首，何尝不是告诉我们，我们的注意力理性了吗？我们的引导恰到好处了吗？

如何让学生看到成长的快乐，努力的成效，并让这种动力永不停歇？哲学告诉我们，任何事物的发展都有其自身的不可改变的规律，我们无法改变规律，我们要善于发现规律，遵循规律，利用规律。教育的规律，学生成长的规律，需要我们努力去发现去遵循去利用。我们要做一个善于走进学生内心的老师。懂教育，懂学生，懂自己，方能做好教育。

当下，很多老师忙于应付各种检查，各种琐事，以致于没有时间读书。教师这个最应该读书的群体，却远离了读书，无异于舍本逐末。"磨刀不误砍柴工"，假如，我们都忙于应付，往往会形成恶性循环，越忙越累，越没时间看书，越纠缠在忙累里。

好书不厌百回读，越读体会将越多，感悟越深，目前只是一些粗浅的体会，接下来的日子里，我会继续汲取知识的力量，将之转化成教育的生产力，帮助每一个孩子更好地成长！